근대의 국경
역사의 변경

근대의 국경
역사의 변경

―변경에 서서 역사를 바라보다

임지현 엮음
비교역사문화연구소 기획

Humanist

■ 엮은이의 말

1

이 책은 '비교역사문화연구소'의 창립을 기념하여 2004년 4월 23일과 24일 양일 간에 걸쳐 한양대학교에서 열린 국제학술대회 '근대의 국경, 역사의 변경(Frontiers or Borders?)'에서 발표된 논문들을 묶은 것이다. 대회의 의도는 '변경 연구(border studies)' 혹은 '변경사(border history)'의 성과와 방법론을 소개하고, 변경의 시각에서 동아시아의 역사 논쟁을 되짚어보자는 것이었다.

고심 끝에 '변경 연구'를 연구소 창립 기념 학술대회의 주제로 정했다. 그 직접적인 계기는 한·중 간의 고구려사 논쟁이었다. 2003년 '비교역사문화연구소'의 창립을 준비하면서 나는 주로 신문지상을 통해 고구려사 논쟁의 추이를 착잡하게 지켜보고 있었다. '고구려사가 중국사냐 한국사냐'라는 비역사적 물음 앞에서 중국의 역사학과 한국의 역사학은 국가의 경계에 따라 어김없이 편이 갈렸다. 국민국가의 정치권력과 같은 텍스트로 짜여진 근대 역사학의 비밀이 다시 한 번 드러난 것이다.

현재 중화인민공화국의 영토를 중국사의 공간적 범주로 간주하는 원칙에 서서 고구려사가 중국사라고 강변하는 '동북공정'의 시각도 문제이지만, 이에 맞서 고구려사는 한국사라며 한국의 역사 주권을 지키겠다는 한국사 주류 학계의 대응도 정당화될 수는 없다는 게 나의 생각이었다.

근대의 산물인 국민국가를 먼 과거에 투사하는 시대착오적 인식론의 문제를 지적하자는 것은 아니다. 그렇다면 문제는 오히려 간단하다. 학술적인 논쟁으로 해결의 실마리를 찾을 수 있는 것이다. 문제는 이 논쟁을 통해 드러난 먼 과거에 대한 기억과 현재의 집단적 정체성의 관계이다. 그 '기억과 정체성'의 관계가 놓여 있는 정치적 맥락, 즉 고구려사에 대한 역사 논쟁을 규정하는 권력관계를 점검하지 않는 한, 한·중 간의 고구려사 논쟁은 평행선을 달릴 뿐이다.

21세기 벽두부터 무서운 폭발력을 갖고 동아시아의 시민사회를 뜨겁게 달군 역사 논쟁은 과거에 대한 집단적 기억이 정치적으로 도구화되는 메커니즘을 잘 드러내준다. 한국, 일본, 중국과 같은 현재의 국민국가의 집단적 정체성을 뒷받침하는 기억으로서의 역사학은 냉전이 붕괴되고 지구화가 전면화되면서 세계 도처에서 정치적·경제적 경계가 무너지고 재정립되는 세계사의 흐름과 밀접한 관련이 있다.

구소련이나 유고에서처럼 영원히 지속될 것처럼 보였던 국경이 무너지고 잊혀진 역사적 경계가 새삼 되살아나는가 하면, 유럽연합의 확대가 그에 대한 반작용으로 민족적 정체성을 강조하는 역사학의 반동을 낳기도 하고, 또 유럽과 비유럽의 역사적 경계가 차별의 현실을 불러오는 등 현실의 국가권력 혹은 자본이 요구하는 집단적 정체성을 강화하는 방향으로 기억의 정치학이 작동하기 시작한 것이다. 21세기 벽두부터 동아시아를 달군 잇단 역사 논쟁은 기본적으로 이와 같은 세계사적 현실을 반영한 것이었다.

2

시민사회의 역사의식은 '기억과 정체성'의 관계가 설정되는 방식에 따라 만들어진다. 그렇게 만들어진 시민사회의 역사의식은 다시 21세기 동아시아의 미래를 밑에서부터 규정하는 문화적 토대가 된다. 이러한 관점에서 볼 때 '고구려사가 중국사냐 한국사냐'라는 물음은 비역사적일 뿐만 아니라 반역사적이다. 이 물음을 통해 생면부지의 먼 과거에 대한 기억이 한국과 중국의 국가권력이 의도하는 국민적 정체성을 강화하는 정치적 기제로 작동하는 것이다. 이 물음에 대한 정답을 놓고 싸울 것이 아니라, 질문의 구도 자체를 정치적으로나 인식론적으로 의심하고 해체해야 하는 이유도 여기에 있다.

'변경사'의 시각에서 고구려사 논쟁을 되짚어보려는 것은 바로 그러한 작업의 일환이다. 고구려사 논쟁에 관한 한 '변경사'는 한국과 중국의 국가권력이 먼 과거를 전유하는 기제로서의 '국사' 패러다임에 대한 훌륭한 학문적 대안이자 정치적 대안인 것이다. 고구려의 역사와 고구려의 옛 사람들을 현대 국민국가의 정치적 전유 구도에서 해방시킨다는 것은 곧 국가권력이 주도하여 의심의 여지도 없이 자명한 것으로 만들어온 '우리'라는 집단적 정치성을 해체하고, 다양한 정체성들이 자유롭게 '헤쳐 모여' 할 수 있는 소통적 네트워크를 동아시아에 뿌리내리는 작업인 것이다.

'변경사'의 관점에서 고구려사를 바라보는 것이 강대국인 중국의 민족주의 앞에서 약소민족인 한국의 저항 무기인 민족주의를 무장

해제함으로써 중국의 패권주의를 도울 뿐이라는 상투적인 반박은 사실상 아무런 근거가 없다. 국가적 힘이나 역사적 경험의 비대칭성을 염두에 둔다고 해도, 동아시아 민족주의의 '적대적 공범관계'라는 구도에서 보면 한국의 민족주의는 중국의 민족주의에 대한 저항 기제라기보다는 오히려 정당화하고 강화하는 기제일 뿐이다.

중국의 국가권력의 관점에서 무서운 것은 '고구려사는 한국사다'라는 한국 민족주의의 아우성이 아니다. 정작 무서운 것은 만주, 간도, 신장, 티베트, 타이완 등 역사적 변경을 중국의 '지리적 신체(geo-body)'에서 떼어내는 '변경사'의 시각인 것이다. 그럼에도 중국의 '동북공정'에 분노하는 한국의 민족주의자들이 '변경사'의 문제의식에 선뜻 동의하지 못하는 것은 그들 역시 한국의 '지리적 신체'에서 고구려를 떼어내야 하는 아픔을 감당해야 하기 때문인 것이다. '변경사'의 시각은 고구려를 떼어내는 그 아픔이 실은 민족주의가 만들어낸 역사의 가상 현실에 지나지 않으며, 그 가상 현실 밑에 은폐되어 있는 역사의 실재를 드러내는 것이다.

3

주변의 시각에서 중심을 비판하고 소수자의 견해를 피력하거나 고집하는 것은 한국 사회에서도 이제 흔히 생각하는 것처럼 크게 위험한 것은 아니다. 단지 불편을 감수해야 할 뿐이다. '근대의 국경, 역사의 변경' 국제학술대회를 준비하면서 그 불편을 새삼 재확인하지 않을 수 없었다. 고구려사가 중국사라는 주장뿐만 아니라 한국사라는 주장에 대해서도 비판적인 이 '국적 불명'의 문제의식을 이해하는 후원자를 구하기가 쉽지 않았다. '국사'를 해체하자고 하는 것에 대한 국가 기관의 지원을 기대하기도 어려웠다. 여전히 국가가 공공성을 독점하고 있는 상황에서 공공재단도 여의치 않았다. 이 학술대회는 파리에 본사를 둔 '여행포럼 LHM'의 권우철 대표와 남양 알로에 이병훈 대표이사의 개인적 후의 덕분에 치러질 수 있었다. 두 분께 고개 숙여 인사드린다. 연구소 창립과 학술대회 개최를 기념하는 리셉션을 베풀어주신 한양대학교의 김종량 총장께도 깊이 감사드린다. 피곤하기 짝이 없는 긴 비행과 남루한 숙소, 빈한한 환경 속에서도 대회의 취지에 동의하여 좋은 논문과 뜻깊은 토론을 해준 윌리엄스, 에릭 소니스, 모리스-스즈키, 이성시, 왕밍커 등 외국의 발표자들, 후학을 위해 자발적 동원을 기꺼이 감내해준 정두희, 김한규, 김병준 선생님, 흔쾌히 번역의 자원봉사를 강요당한 신성곤, 이종훈 선생님을 비롯한 번역자들, 대회진행을 힘들게 책임진 연구소의 박환무 고문과 김용우 선임연구원 이하 연구소 식구들 모두에게 감사드린다. 책을 만드는 데는 휴머니스트의 선완규 편집장과 더불어 이증훈, 박환무 두 분의 수고가 컸다.

불편도 익숙하면 불편하지 않다. '비교역사문화연구소'는 그 불편함이 익숙해져 몸에 익을 때까지 끊임없이 주변의 시선에서 소수자의 견해를 피력하고 문제를 제기할 것이다. 도움을 주신 모든 분들께는 불편함이 편하게 느껴질 때까지 싸우고 낮은 포복으로 모든 경계를 넘어서겠다는 다짐으로 감사의 말씀을 대신한다.

2004년 9월 15일
임지현

차례

• 엮은이의 말

1. 고구려사의 딜레마—
 '국가 주권'과 '역사 주권'의 사이에서—임지현

1. '국가 주권'의 개념적 개입　19
2. '역사 주권'의 대항 논리　22
3. '국가 주권'과 '역사 주권'의 자태 전환　24
4. 영토순결주의　25
5. 기원주의　28
6. 시대착오주의　30
7. '제국민화'　32

2. 변경에서 바라보다—
 근대 서유럽의 국경과 변경—크리스 윌리엄스

1. 두 학자의 경계　39
2. 변경 연구의 역사　41
3. 역사·문화·인간학적 공간으로서의 '변경'　48
4. 근대 세계의 '변경'—갈등과 공존, 분리와 통합　54
5. 잉글랜드와 웨일스 사이의 경계　60
6. 창조적 공간으로서의 변경 연구　67

3. 동유럽의 역사적 변경과 종족-민족 논쟁—
   제1차 세계대전 이후의 국경들—리나스 에르소니스

1. 종족-민족에 관한 연구 논의   77
2. 언어적 경계들   84
3. 지리학과 전쟁의 목적   92
4. 전도된 민족체의 원칙들   99
5. 폴란드의 역사적 국경들   105
6. 폴란드−리투아니아 논쟁   110
7. 서유럽과 동유럽의 차이   118

4. 동북아시아 변경의 역사—
   발해사의 배타적 점유를 둘러싸고—이성시

1. 변경사로서의 발해사   123
2. 자국사로서의 발해사   128
   1) 중국
   2) 러시아(구소비에트연방)
   3) 북한·한국
3. 근대 프런티어로서의 동북아시아 역사   135
4. 변경과 근대국가의 모순   141

5. 일본 고대에서의 '우리'와 '그들'의 경계―
이적(夷狄)론의 과거와 현재―다나카 사토시

1. 일본 고대사 연구의 공간 인식　149
2. 세 가지 틀―'이적' 연구의 기본적 문제 구성　151
   1) 민족론―일본 인종의 아종·이민족으로서의 이적
   2) 변경민론―저항하는 마이너리티에서 '의사(擬似) 민족'으로
   3) 북방·남방사―광역적 교류와 자타 인식
3. 국경을 넘어선 '지역' 응시　182

6. 근대 일본의 국경 만들기―
일본사 속의 변경과 국가·국민 이미지―테사 모리스-스즈키

1. '지리적 신체(geo-body)'로서의 국가·국민　195
2. '일본'은 언제부터?　197
3. 변경으로부터의 비전　202
4. 시간과 공간 속의 변경들　204
5. '조몬시대'는 어디에 있었나?　210
6. 누가 과거를 소유하는가?　212

7. 영웅, 변경을 가다―
   중국 전근대·근대의 상상된 변강(邊疆)―왕밍커

1. '기반 역사'로 만들어진 중국사   221
2. 역사심성―형제조상과 영웅조상   223
3. 중국 고대의 영웅조상 심성과 확산 과정   227
4. '영웅사변기'에서 상상된 고대 화하의 공간과 혈연   231
5. 한대 이후의 '신화', '역사'의 역사   238
6. '영웅사변기'와 근대 중국의 민족사   245
7. 탈영역화된 '역사 지식' 체계   258

8. 중국과 중화인민공화국 사이―
   요동과 티베트 역사공동체의 역사적 위상―김한규

1. 역사공동체와 국가   269
2. 티베트 논쟁   271
3. 고구려사 논쟁   276
4. 티베트 역사공동체   281
5. 요동(遼東) 역사공동체   290
6. 다양한 역사공동체들에 대한 이해와 통찰   299

• 일러두기

1. 이 책에서 사용하는 '변경 연구', '변경사'는 영어의 'border studies', 'border history'를 각각 번역한 말이다. 다양한 번역의 가능성에도 불구하고 굳이 변경이라는 번역어를 고집한 것은 'border studies'의 문제의식을 반영하기 위해서이다. 즉 국민국가의 닫혀 있는 국경이 아니라 서로 다른 민족과 문화, 일상의 관습과 경제생활이 경계를 넘나들며 서로 갈등, 적응, 혼합, 통합되는 교류의 장으로서 경계 지역의 역동성을 주변의 시선에서 새롭게 인식하려는 문제의식이 그것이다.

2. 영어에서도 border, frontier, boundary, borderland/zone 등이 필자에 따라 또 같은 필자라도 문맥에 따라 다르게 사용되므로, 적절한 문맥에 따라 변경, 국경, 경계, 분계 등의 단어로 옮겼다.

3. 변경, 국경, 경계, 분계를 나누는 기준은 다음과 같다.
분계 : '변경 연구'가 학문 분야로 자리잡기 전에 '국경'으로서의 frontier와 대조하여 전근대의 경계를 뜻하는 의미로 boundary가 사용된 경우 분계로 옮겼다.
경계 : 기본적으로는 boundary의 번역어이다. 공간적 경계뿐만 아니라 같은 역사 공간 혹은 사회 내부에서 계급, 민족, 언어, 정체성 등 간의 집단적 경계를 의미하는 경우 또는 근대 국민국가의 국경과 전근대의 경계 지역으로서의 변경을 통칭하는 경우에도 경계라 옮겼다.
변경 : 근대 국민국가의 엄격한 국경과 대비하여, 경계 넘나들기가 가능하고 유연한, 다양하고 이질적인 문화가 만나 서로 갈등, 대립, 적응, 혼합, 통합되는 교류의 장이자 독특한 하이브리드 문화를 만들어나가는 역사적 공간을 칭한다. 어느 하나의 단어로 환원될 수 없고 border, borderland/zone, frontier 등이 모두 위와 같은 의미를 지니는 것으로 사용될 때 변경이라 번역했다.
국경 : 근대 국민국가의 경계를 나누는 획일적이고 확고한 선으로서, 혹은 국제법적 용어로 지도 위의 선으로 국가 간의 경계를 나타낼 때 국경이라 번역했다. frontier와 border가 모두 문맥에 따라 같은 의미를 지닌다.

4. 변강 · 변방 : 화이관에 입각한 중국적 세계 질서에서 '이적'이 사는 중국 대륙 주변의 역사지리 공간을 의미한다. 중화주의의 중심에 서는 시선을 떨구고 주변의 시각에서 보면, 이들 변강?변방 지역이야말로 '변경사'에서 주목하는 변경이 된다.

Frontiers or Borders ?

1.

고구려사의 딜레마
— '국가 주권'과 '역사 주권'의 사이에서

고구려사의 딜레마
— '국가 주권'과 '역사 주권'의 사이에서

임지현(林志弦)

한양대 사학과 교수. 서강대학 사학과를 졸업한 뒤 동대학원에서 서양사상사를 전공했다. 1989년 〈맑스 엥겔스와 민족문제〉로 박사 학위를 받았다. 폴란드 바르샤바 대학, 영국 포츠머스 대학의 민족주의 연구회 등에서 연구하고 강의했다. 2003년 영국 글래모건 대학의 외래교수 겸 하버드 대학 엔칭연구소의 초청연구원으로 유럽의 역사서술과 민족주의 문제를 비교 연구했다.

《바르샤바에서 보낸 편지》강, 1998.
《민족주의는 반역이다》소나무, 1999.
《이념의 속살》삼인, 2001.
《우리 안의 파시즘》(편저) 삼인, 2000.
《오만과 편견》(임지현·사카이 나오키 대담), 휴머니스트, 2003.
《국사의 신화를 넘어서》(임지현·이성시 엮음), 휴머니스트, 2004.

1. '국가 주권'의 개념적 개입

 '동북공정'으로 촉발된 한국과 중국의 고구려사 논쟁의 인식론적 특징은 '국가/국민 주권(national sovereignty)'이 먼 과거에 대해 개념적으로 개입한다는 점이다. '56개 민족으로 구성된 통일된 다민족국가'인 중화인민공화국의 영토를 중국사의 공간적 범주로 규정하는 중국의 공식적 역사인식에서 이미 그것은 잘 드러나 있다. 그것은 변방의 소수민족과 그들이 세운 국가를 '이적(夷狄)'으로 타자화해온 전통적 '화이(華夷)' 사관과의 단절을 의미하는 것이었다. '중화'의 관점에서 타자화해온 소수민족의 역사를 통일적 다민족국가의 역사로 편입시키는 관점은 현재의 중화인민공화국을 역사의 기점으로 삼아 거꾸로 역사를 거슬러올라가는 '거꾸로 선 계보학'으로서의 '국사(national history)' 패러다임의 전형적인 속성을 드러낸다.[1] 고구려사를 중국사의 일부로 편입하려는 '동북공정'의 시도는 이 점에서 사실상 새로울 것이 없다. 전통적 역사서에서 변방의 오랑캐로 타자화해온 고구려의 역사가 느닷없이 중국사의 일부로 편입되는 것은 바로 '국사'의 힘인 것이다. 티베트, 신장 등 변방의 역사가 중국사의 일부로 편입되는 것도 같은 맥락으로 이해할 수 있다.

 변방의 역사를 이처럼 오늘날 중국의 국민국가를 향한 발전의 단선적 시각으로 재단한다면, 중국과 대립, 갈등하고 떨어져나오려는 원심력적 경향을 지닌 역사는 배제되거나 잊혀져야 한다. 훗날 한반

---

[1] Benedict. Anderson, *Imagined Communities*, revised edition(London, 1991), p. 205.

도의 역사로 흡수된 '예맥'족의 역사는 물론이고, 만주 지역을 중심으로 요나라와 금나라 등 독자적인 정치체를 구성했던 거란, 말갈, 여진 등의 역사 또한 말살된다. 최선의 경우라도 통일된 다민족국가로서의 중화인민공화국을 종점으로 하는 목적론적 역사 서술 속에서 주변으로만 취급될 뿐이다. '국사'의 패러다임은 이처럼 다양하고 복합적인 복수의 '역사들'을 국민국가를 축으로 하는 단수의 대문자 '역사'로 재구성하며, 그만큼 그것은 폭력적일 수밖에 없다. '누구를 위한 역사인가'라는 관점에서 볼 때, '국사'는 폭력적이면서도 또 정당하다. 주류가 아닌 소수자의 입장에서 볼 때, '국사'의 폭력성은 두드러질 수밖에 없다. 그럼에도 불구하고 '국사'의 정당성이 의심의 여지없이 관철되고 수용되는 것은 그것이 그 국민국가의 주류를 역사적으로 정당화하기 때문이다.

 '동북공정'의 역사관에 내재된 폭력성은 사실상 '국사' 패러다임에 내장된 폭력성의 연장선상에 서 있다. 물론 고구려를 고대 중국의 지방 민족 정권으로 보는 동북공정의 시각은 기존의 해석에 비해 다소 돌출적인 것이 사실이다. 예컨대 중국의 기존 '국사' 교과서는 발해를 단호하게 중국사로 규정하고 있는 데 비해, 고조선과 고구려에 대한 기술은 소략하거나 아예 생략되어 있다. 그것은 발해가 현재 중화인민공화국의 영토 내에 존재했었으나 고조선과 고구려는 요동과 한반도에 걸쳐 존재했기 때문일 것이다. 중화인민공화국의 영토적 통합성이라는 원칙에서 보면 한반도에도 걸쳐 있는 고조선과 고구려는 다소 껄끄러운 예인 것이다. 만주와 한반도의 북부에 걸쳐 있던 '한사군'에 대한 언급을 아예 회피하고 있는 것도 같은 이유에서일 것이다.[2] 따라서 한반도 북부에까지 뻗어 있던 고구려를 중국사의 일부로 편입시키려는 동북공정과 중국 정부의 시도는 현재의 영토를 엄격한 기준으로 삼는 원칙을 부정하건서까지 고구려사에 대한 집착을 보인다는 점에서 단순히 '국사' 패러다임의 문제만은 아닌 것이다. 그 밑에 깔린 정치적 의도가 궁금하지 않을 수 없다.

'동북공정'을 주도하는 '변강사지연구중심'의 인터넷 사이트를 보면 그 정치적 의도를 쉽게 알 수 있다. 이 연구소는 '댜오위다오(센카쿠 열도)'와 '남사' 군도, 흑룡 강-우수리 강 유역, 인도와 베트남과의 접경 지역 등 주요 영토 분쟁 지역에 대한 연구와 더불어 고구려사에 대한 연구를 핵심 연구 과제로 설정하고 있다.[3] 기본적으로 이것은 역사의 '변경'을 국민국가의 근대적 '국경' 안으로 끌어들여 쟁점이 되는 분쟁 지역이나 접경 지역에 대한 중화인민공화국의 국가 주권을 확인하고 정당화하려는 시도라고 판단된다. 주변국들이 이 지역에 대한 역사 연구를 통해 자국의 역사 주권을 확인하고 또 그것을 통해 영유권을 정당화하려는 시도에 대한 중국 나름의 대응이라는 측면도 있다.[4] 중화인민공화국의 영토적 통합성을 신성불가침의 원칙으로 간주하고 그 원칙을 과거의 역사에 투영하는 한, 또 그 주변국들이 역사 주권을 근거로 현대 국민국가의 관점에서 접경 지역의 영유권을 주장하는 한, 동북아시아 공통의 과거로서의 '변

---

(2) 김한규, "'단일 민족'의 역사와 '다민족'의 역사-한·중 양국 교과서의 역사 서술과 이해," 《기억과 역사의 투쟁》, 2002년 당대비평 특별호(삼인, 2002), pp. 100~112.
(3) 김범수, "동북공정 누가 이끄나," 《한국일보》 2004년 1월 20일자 16면.
(4) 呂一然 主編, 《中國邊疆史地論集》(1991), 이개석, "동아시아의 역사 분쟁과 중화주의적 역사 의식," 2004년 철학연구회 춘계발표연구회 발표 논문에서 재인용.

경'은 없다. '동북공정'의 역사 해석에서 잘 드러나듯이, '변경'에 대한 '국경'의 폭력적 전유는 '국가/국민 주권' 개념이 역사 해석에 개입하는 것을 통해 정당화된다.

2. '역사 주권'의 대항 논리

중화인민공화국의 현 영토를 중국사의 공간적 범주로 규정하고 고구려의 역사를 중국사에 통합하려는 '국가/국민 주권'의 개념적 개입에 대해 한국의 역사학계는 '역사 주권(historical sovereignty)'을 무기로 반격한다. 고구려인은 한 민족의 조상인 '예맥(濊貊)'족이며, 선사시대부터 한반도와 만주/요동이 문화적 형질적으로 밀접한 관련을 맺고 있었다는 주장 등이 그것이다. 현재 국경의 영토적 통합성 원칙이 아니라 역사적 발생론의 관점에서 볼 때, 고구려사는 마땅히 한국사의 일부라는 것이다. '고토 수복'을 외치며 한국의 '국가/국민 주권'을 만주 지역까지 넓히자는 극단적 민족주의자들을 제외하면, 한국의 역사학계나 시민사회의 주류는 역사적 정통의 계승을 강조하는 '역사 주권'의 관점을 취하고 있다. 중국의 '국가/국민 주권'적 해석에 비하면, '역사 주권'의 관점은 현대 '국민국가'의 관점을 먼 과거에 그대로 투영하는 시대착오주의에서 다소 자유로운 것처럼 보인다. 역사적 연속성이나 문화적 친근성을 강조하기는 하지만, '역사 주권'을 근거로 그 영역을 우리나라의 국경 안으로 편입시켜야 한다는 정치적 주장으로까지 발전하기는 쉽지 않은 것이다.

그러나 잠재적 위험성이라는 측면에서 '역사 주권'의 관점이 갖는 문제도 '국가 주권'의 해석 못지않다. 그것은 인식론의 문제가 아니라 국제관계를 규정하는 힘의 문제이기도 하다. 마주 보는 힘의 관계가 역전될 때, '역사 주권'은 곧 '국가 주권'의 문제로 비약되어 국제적 갈등을 낳게 된다. 2004년 9월 3일 여야 의원 59명의 발의로 대한민국 국회에 제출된 '간도 협약 무효 결의안' 등은 '역사 주권'과 '국가 주권'의 간격이 생각보다 크지 않다는 것을 반영한다. 물론 이 결의안은 일본과 청나라 사이에 체결된 협약이므로 국제법적으로 무효라는 주장에 근거하고 있지만, 그 밑에는 간도는 역사적으로 우리 땅이라는 '역사 주권'의 사고가 자리잡고 있다. 고구려사는 한국사라는 '역사 주권'적 발상이 '국가 주권'의 요구로까지 발전하는 것은 그리 어려운 일이 아닌 것이다. 한국의 '역사 주권'의 관점 또한 중국의 '국가 주권'의 관점만큼이나 정치적인 것이다.

또 '역사 주권'의 논리도 자민족 중심주의의 시각에서 변경이 갖는 역사적·문화적 복수성과 다양성을 무시하고 폭력적으로 역사를 획일화시키기는 마찬가지이다. 예컨대 역사 주권의 관점에서 고구려사를 한국사로 간주하는 입장은 '예맥'족을 고구려사의 주체로 설정하는 대가로, '예맥'족과 더불어 고구려 역사의 주역이었던 말갈, 거란, 여진 등을 주변화하고 배제시킨다. 그것은 '동북공정'이 훗날 한민족의 역사로 통합되어 간 '예맥'족을 주변화시키고, 만주 지역을 중심으로 독자적인 역사 활동의 주체였던 말갈, 거란, 여진 등 소수민족을 현대 중국의 국민국가로 흡수하여 전유하는 것과 마찬가지이다. 요컨대 '국가/국민 주권'과 '역사 주권'의 변별성을 넘어서 이들이 함께 기대고 있는 '국사'의 패러다임 자체가 역사의 소수자를 타자화하고 배제하는 메커니즘을 내장하고 있는 것이다. "고구려사는 중국사인가 한국사인가"라고 문제를 제기할 때, 답과는 상관없이 이미 그 문제 제기 자체가 소수자에 대한 억압과 배제를 결과할 수밖에 없는 것이다.

3. '국가 주권'과 '역사 주권'의 자태 전환

'동북공정'의 '국가 주권'과 마찬가지로 한국의 '역사 주권' 역시 오늘날 한반도의 완성된 국민국가를 종착점으로 하는 단일한 '선(線)'으로 변경의 역사를 파악한다. 이는 선을 가로질러 넘나들며 복수의 점들로 산포된 변경을 하나의 선으로 획일화시킨다는 점에서 '국가 주권'적 해석과 인식론적 틀을 같이한다. 사실상 '국가 주권'과 '역사 주권'은 국사의 패러다임을 구성하는 한 동전의 양면이다. 독도 혹은 죽도를 둘러싼 한국과 일본의 갈등이나, 센카쿠 열도 혹은 댜오위다오를 둘러싼 중국-일본-대만의 갈등에서 양자의 친화력은 잘 드러난다. 무인도인 이 섬들의 영유권을 놓고 벌어지는 갈등에서 동북아시아 각국은 이 섬들에 대한 '역사 주권'을 강조함으로써 이에 대한 각자의 '국가 주권'을 정당화하는 것이다. 이 섬들은 본국과의 문화적 연대를 입증할 수 있는 주민이 없는 무인도이기 때문에 각국은 자신의 영유권을 역사 자료를 통해 주장할 수밖에 없다.

대체적으로는 쟁점이 되는 그 변경 영역을 실정법적으로 지배하고 있는 국가가 '국가 주권'적 해석을 선호한다면, 이웃 나라에 대한 그 영토의 정치적 귀속을 내심 인정하지 않는 다른 국가는 '역사 주권'적 해석을 선호하는 것이 아닌가 한다. '국가 주권'과 '역사 주권'은 국제적 현실 정치에서 힘의 관계가 뒤바뀔 때마다, 상호 자태 전환이 가능한 한 동전의 양면인 것이다. 이는 비단 동북아시아어서만 목격되는 현상이 아니다. 국제적 힘의 관계와 국경선이 바뀔 때마다, 변경 지역에 대해 서로 번갈아가며 '국가 주권'과 '역사 주권'의 해석을 주고받았던 독일-폴란드, 폴란드-리투아니아, 폴란드-우크라이나, 우크라이나-러시아 등의 논쟁들도 같은 맥락에서 이해된다. 민족에 대한 정치적 해석에 기초한 국민국가가 현대의 정치적 국경을 자신의 역사적 영역으로 규정하는 데 비해, 혈통적 민족 개념에 근거한 민족국가의 경우 선사시대의 역사적 정통으로 거슬러 올라가는 경향을 보인다는 그로흐(Miroslav Hroch)의 지적은 동북아시아 역사 논쟁의 경우에도 어느 정도 타당한 것이 아닌가 한다.[5] 다민족국가인 중국이 '국가 주권'의 관점을 견지하고, 혈통적 민족 개념이 완고한 한국이 '역사 주권'의 시각을 견지하는 것 자체가 그 좋은 예이다.

4. 영토순결주의

'국가 주권'을 무기로 고구려사의 배타적 전유를 지향하는 중국의 역사 서술은 '영토순결주의'의 특징을 드러낸다. '영토순결주의'는

---

[5] Miroslav Hroch, "Epilogue," in M. Diaz-Andreu and T. Champion, *Nationalism and archeology in Europe*(London: UCL Press, 1996), p. 295.

'우리나라 고유의 영토'에서 이민족의 역사적 흔적을 부정하고 지우려고 노력한다. 고구려를 고대 중국의 지방 민족 정권으로 보고, 고구려사를 중국사의 계통 속에 흡수하고자 하는 '동북공정'의 역사의식에는 바로 이 '영토순결주의'가 관통하고 있다. 여기에서 고구려는 '중화민족'이라는 새로운 하나의 민족으로 융합된 다양한 소수민족의 일부로 간주된다. 이러한 역사적 사고 체계가 함축하는 결론은 중국에 흡수되지 않고 한반도의 역사로 통합된 고구려사의 흔적은 부정되고 말소되어야 한다는 것이다.

'근대의 국경'이 '역사의 변경'을 가두어두는 한, 한반도의 역사로 통합된 고구려의 흔적을 인정한다는 것은 불편한 일이다. 영토의 일부일지라도 고구려가 위치했던 변경 지역에 대한 한반도의 역사적·정치적 권리를 인정해야 할지도 모른다는 두려움에서 벗어나기 어렵기 때문이다.

그것은 마치 한반도의 근대 역사학이 일본의 '임나일본부' 설을 결사적으로 부정하고, '한사군'의 위치를 자꾸 북상시켜 한반도의 역사지리에서 추방하려는 것과 같은 논리이다. 근대 국민국가의 영토적 통합성을 '지리적 신체(geo-body)'로 신성화하는 한, 영토순결주의는 불가피하다. 또 실제로 일본의 근대 역사학이 만들어낸 '임나일본부'설은 한반도에 대한 제국 일본의 역사적 권리를 뒷받침하는 논리로 전화되면서 일본의 조선 침략을 정당화한 것도 사실이다. 고구려사에 대한 한반도 역사학계의 '역사 주권'적 해석은 간도와 만주에 대한 장차 있을지도 모를 한반도의 역사적 권리 주장에 대한 중국의 의심을 부채질한다. 그것은 다시 '국가 주권'적 해석이 내포하는 중국의 '영토순결주의'를 더욱 강화하고, 고구려사에 대한 중국의 배타적 주장은 다시 한반도의 '역사 주권'적 해석을 강화한다. 이처럼 근대 국민국가의 관점에서 고구려의 역사를 배타적으로 전유하려는 주장이 지배적인 한, 변경으로서의 고구려 역사가 지닌 문화적 다양성과 복수성은 중국이나 한국 어느 일방에 의해 폭력적으로 획일화된다.

그 결과 역사적 주체로서의 민중에 대한 민중사의 요란한 강조에도 불구하고, 정작 고구려사의 주인인 고구려인이 설 땅은 사라지게 된다. 역사적 고구려인은 이제 한민족의 역사로 통합된 '예맥' 계통과 현대 중국의 영토로 흡수, 통합된 '거란·말갈·여진' 계통으로 해체되고, 한국사냐 중국사냐에 따라 어느 일방의 계통만이 강조되고 다른 하나는 배제될 따름이다.

과학성과 실증성을 자랑하는 이 근대 역사학의 성과들은 고구려가 서 있던 그 대륙의 일부를 '간도(間島)'라 불렀던 평범한 전근대인들의 소박한 역사인식에 비하면, 그야말로 유치하고 무지몽매할 뿐이다. 그것은 '정치적 기획'으로서의 '국사' 패러다임에 포박된 근대 역사학이나 민족주의의 이데올로기적 헤게모니에 포섭되어 '국민화'된 한국과 중국의 현대인들로서는 도달하기 어려운 경지이다. 고구려와 발해가 자리잡았던 그 땅을 청과 조선 사이에 끼인 섬이라는 의미에서 '간도'라 부를 수 있었던 그들의 인식은 생생한 삶의 체험에서 우러나온 '변경'에 대한 인식이라는 점에서 각별히 주목된다. 고구려의 역사를 중국과 한국 양국의 '국사'라는 폭력에서 구출해, 그 시대를 살았던 다양한 고구려인들에게 돌려주어야 하는 이유도 여기에 있다.

5. 기원주의

고구려사에 대한 중국의 '국가 주권'적 해석이 휘두르는 '영토순결주의'라는 무기에 대해 한국의 '역사 주권'적 해석은 '기원주의'로 응답한다. 고구려의 선조는 신석기시대 이후 만주와 한반도 북부에서 농경생활을 하던 '예맥'족의 일파로, 고조선과 부여를 건국한 '예맥'족의 다른 일파와 구분되는 독자적인 문화를 형성함으로써 고구려로 성장해나갔다는 것이다. 이들은 또 국가의 성장 과정에서 말갈족이나 거란족을 거느리고 고구려인으로 동화시켰으며, 이렇게 다종족으로 구성된 고구려인이 삼국통일 이후 백제인, 신라인과 어우러져 한민족을 형성했다는 것이다.[6] 물론 한국의 '역사 주권'적 해석이 '영토순결주의'를 품고 있듯이, 중국의 '국가 주권'적 해석도 기원주의의 일단을 내비친다. 고구려인이 고대의 한족인 '화하(華夏)'족의 후예라는 주장 등이 그러하다.

그러나 다민족주의의 현실에서 벗어날 수 없는 중국과 달리 단일민족의 혈통을 강조하고 원초주의적 민족 개념에 기초하고 있는 한국의 역사 서술은 아무래도 '기원주의'의 경향이 강하다. 그것은 단군부터 통일된 민족국가에 이르기까지 한민족의 역사를 하나의 연속적인 선으로 가정한다. 조상의 뿌리를 강조하는 '기원주의'는 다시 민족의 영속성을 자명한 원리로 전제하고, 민족은 초역사적인 자연적 실재라는 원초론적 민족 개념을 강화한다. 일반적으로 민족의 기원을 끊임없이 상기하는 것은 시간의 불가역성에 도전함으로써,

---

(6) 여호규, "고구려 족속 기원," 《한국일보》, 2004년 1월 27일자, 23면.

죽지 않고 영속적으로 이어지는 과정(anti-death process)으로서 민족을 각인시키는 기억의 의식화 과정이다.[7] 60~40만년 전 한반도에 살았던 구석기인들이 혈통적·문화적 단절 없이 현대의 한국인으로 이어진다는 북한 역사학의 주장은 극단적인 예이지만, 신석기 시대의 '예맥'족을 한민족의 뿌리로 삼고 그것을 근거로 다시 고구려에 대한 '역사 주권'을 강조하는 남한 역사학도 논리적으로는 크게 다르지 않다.

또 다른 한편으로 원초적 민족 개념과 결합된 기원주의는 고대의 다양한 종족들이 이합집산을 거듭하면서 전근대의 민족체(nationality)나 근대 민족(nation)으로 합류하거나 이탈하는 역사의 복합성을 부정한다. 민족의 선형적 발전에 맞지 않는 역사 사실들을 가지치고, 전 역사 과정을 고정불변의 민족으로 환원시키는 비역사적 '민족 본질주의'가 그 밑에는 도사리고 있다. 이 고정불변의 민족에 포섭될 수 없는 소수민족들은 비본질적인 것으로 주변화되거나 배제될 수밖에 없다. '기원주의'는 이처럼 '변경'이 갖는 다민족적 복합성과 복수성을 하나의 민족사로 본질화시키고 변경을 도경에 가두어놓는다는 점에서 '영토순결주의'와 인식론적 기반을 공유한다.[8]

---

(7) Timothy Brennan, "The national longing for form," Homi K. Bhabha ed., *Nation and Narration* (London: R. K. P., 1990), p. 51.
(8) 혈통의 기원과 중요성을 강조하는 경향은 종족적 경계가 유동적인 유목민족의 경우에 특히 잘 드러나는데, 여기에서도 정작 중요한 것은 혈통에 대한 생물학적 증명이 아니라 혈통적 순수성을 믿는가 하는 사·회-심리적 측면이다. John A. Armstrong, *Nations before Nationalism*(Chapel Hill: Univ. of North Carolina Press, 1982), pp. 27~37.

6. 시대착오주의

고구려의 역사에 대한 중국의 '국가 주권'적 해석과 한국의 '역사 주권'적 해석, '영토순결주의'와 '기원주의'는 모두 시대착오주의라는 큰 물줄기 속으로 합류한다. 고구려라는 먼 과거에 대한 집단적 향수를 조장한다는 점에서 그것은 얼핏 역사의 옷을 입지만, 몸통은 민족 본질주의이다. 전근대의 역사적 변경을 근대 국민국가의 국경으로 환치하는 '국가 주권'의 해석이나, '기원주의'가 함축하는 민족 본질주의는 모두 근대 국민국가의 인식 틀을 그것이 부재했던 먼 과거로 투영한다는 점에서 비역사적이며, 시대착오적이다. 먼 고대의 역사지리에 '중국', '한국', '일본'과 같은 근대의 역사적 실재를 투영하는 시대착오주의는 사실상 동북아시아의 각종 역사 교과서 등에서 흔히 발견되는 의도적 개념 장치라고 생각된다.[9] 역사 단위로서의 근대 국민국가는 먼 옛날부터 분할될 수 없는 하나의 실재라는 생각을 은연중에 유포함으로써, 시대착오주의는 국민국가의 본질적 정당성을 강화하고 국가 권력의 헤게모니가 시민사회에 뿌리내리게 하는 장치인 것이다.

물론 그것은 중심에 대한 주변부의 역사학적 저항 담론이기도 했다. 장엄한 국사를 가진 서양의 제국주의 국가에 대해 자기 고유의 유구한 '국사'를 구축하는 것은 서양의 국사에 대한 저항의 한 방편이었던 것이다. '우리 고유의 국사'가 저항의 무기가 된다면, 인식론

---

(9) 예컨대 일본의 '새 역사 교과서'의 지도들에 대한 테사 모리스-스즈키의 날카로운 분석을 보라. 이 책 197~200쪽 참조.

적 가치에 대한 고려는 잠깐 접어둘 수 있다는 생각도 가능하다. 그러나 자기 고유의 국사에 대한 이 욕망이 기대고 있는 이론적 지주는 역사주의였다. 그것은 역사적으로 가장 앞서가고 있는 장소로서의 자격을 '서양'에 투사하여 상상된 지리에 역사적 실정성을 부여하고, 서양 따라잡기를 역사적 목표로 설정함으로써 서양을 보편적 지표로 설정했다. 고도화된 문명을 가진 먼 과거를 근대 민족의 관점에서 재구성함으로써, 세계사의 시민권을 획득할 수 있다는 믿음이 고대에 대한 시대착오적 해석의 밑바닥에 깔려 있는 것이다.[10]

이 점에서 고대사의 역사 서술에서 흔히 나타나는 시대착오주의는 단순히 역사인식의 문제가 아닌 내면화된 오리엔탈리즘의 문제를 다른 한편으로 제기한다. 요컨대 제3세계의 민족적 정체성을 구성해온 '민족 본질주의'의 사유방식 자체가 이미 19세기 유럽의 국민국가가 만들어낸 '국사(national history)'의 틀을 보편적 준거로 간주하는 오리엔탈리즘적 인식의 산물인 것이다.[11] 따라서 근대의 국경으로부터 역사적 변경을 구출하는 작업은 서구 중심주의의 해체와도 직결된다. 민족적 정체성을 상대화시키고 복합적 관계와 과정 속에서 바라보는 변경 연구의 문제의식이야말로 근대 국민국가를 역사 발전의 보편적 모델로 강요한 오리엔탈리즘을 극복하는 계기인 것이다. 국경이 서로 분절되는 것들을 억지로 묶어주는 서구

---

(10) 이에 대해서는 김지현, "국사의 안과 밖-헤게모니와 '국사'의 대연쇄," 임지현·이성시 엮음,《국사의 신화를 넘어서》(휴머니스트, 2004), pp. 15~33.
(11) Jie-Hyun Lim, "The Configuration of Orient and Occident in the Global Chain of National Histories: Writing National Histories in the North-East Asia" *Paper presented for ESF/NHIST Conference of 'National Histories in Europe: Narratives, Genres and Media', University of Glamorgan, 20~22 May 2004.*

중심적 근대의 닫힌 공간이라면, 경계 혹은 변경은 서로 교차하고 넘나드는 탈오리엔탈리즘의 열린 공간인 것이다.[12]

7. '재국민화'

동북아시아의 이념적 지형에서 세계화는 민족주의와 모순적으로 접합되어 있다. 세계화가 본격화된 1990년대 이후 동북아시아의 민족주의는 국가 권력이 일방적으로 강제하는 방식이 아니라 시민사회의 자발적 동의를 획득함으로써 상당한 탄력을 받고 있다. 세계화의 도전 앞에서 흔들리는 집단적 정체성의 위기가 오히려 민족적 정체성의 의미나 그것을 뒷받침하는 이데올로기로서 민족주의를 강화하기 때문이다. 먼저 국가의 공식적 담론 체계에서는 민족의 발전과 번영을 위해 자본 주도의 세계화를 적극적으로 수용해야 한다는 식으로 민족주의가 세계화를 포섭하는 양상이 드러난다. 또 시민사회의 차원에서는 다국적 기업에 대한 통제와 국가적 개입의 명분으로 민족주의가 자본 주도의 세계화에 대한 저항 담론으로서의 위상을 부여받기도 한다.

세계화는 이처럼 국민국가 체제의 위기이지만, 동시에 '재국민화'를 위한 호기이기도 하다. 실제로 국가 권력의 '재국민화' 전략은 민족주의를 세계화의 저항 담론으로 생각하는 시민사회의 동의 아

---

(12) Homi, K. Bhabha, "Introduction: narrating nation," in Homi K. Bhabha ed., *Nation and Narration*, p. 5.

래 강력한 진지를 구축하고 있다. 동북아시아의 지역 차원에서는 독도(죽도), 센카쿠 열도(댜오위다오), 남사 군도 등의 영유권을 둘러싼 해묵은 영토 분쟁이 '재국민화'의 비옥한 토양을 제공해주고 있다. 일본의 '새 역사 교과서'와 중국의 '동북공정'을 둘러싸고 밑으로부터의 민족주의 열풍을 불러일으킨 동북아시아의 역사 논쟁은 바로 세계화가 동북아시아에 미친 충격과 그에 대한 대응이라는 관점에서 이해된다. 민족주의가 '공동체(Gemeinschaft)의 관용어들을 이용하는 사회(Gesellschaft)의 현상'[13]이라는 점을 이해한다면, 왜 먼 과거에 대한 역사 논쟁이 새로운 민족주의의 물결을 선도하며 또 영토순결주의, 기원주의, 시대착오주의 등의 비역사적 사고방식들이 이 논쟁을 지배하는지 쉽게 이해할 수 있다.

동북아시아의 역사 서술을 지배하는 민족, 공통의 조상, 단일 혈통, 순결한 고유 영토 등과 같은 '공동체'의 관용어들이 특정한 이해를 대변하는 지배 이데올로기로서의 민족주의의 '사회'적 성격을 은폐해주기 때문이다. 동북아시아의 역사 논쟁이 대내적으로는 '재국민화'를 통해 시민사회를 규율하고 대외적으로는 서로가 서로를 강화시키는 '적대적 공범관계'를 맺고 있는 민족주의의 지배 헤게모니를 강화시킨다고 믿는 것도 이 때문이다.[14] 그러므로 '근대의 국경'에 갇힌 '역사의 변경'을 구출하는 작업은 단순히 역사 서술의 인식론적 시시비비를 넘어서, 시민사회에 깊이 뿌리박힌 민족주의의 단단한 헤게모니에 균열을 내는 작업이기도 한 것이다. '국사'의 관점

---

[13] Ernest Gellner, *Nationalism* (New York: N.Y.U. Press, 1997), p.74.
[14] 동아시아 민족주의의 적대적 공범관계에 대한 분석으로는 임지현, 《이념의 속살》(삼인, 2001); 임지현/사카이 나오키 대담집, 《오만과 편견》(휴머니스트, 2003) 등을 보라.

을 넘어서 '변경의 역사'라는 관점에서 고구려 역사를 바라보는 것, 그래서 고구려사를 고구려인에게 되돌려주는 것은 단순히 역사적 원근법의 문제만은 아니다. 그것은 과거에 대한 성찰적 역사상을 바탕으로 21세기 동아시아 민중의 비판적 연대를 향한 첫 걸음일 것이다.

Frontiers or Borders ?

2.

변경에서 바라보다
— 근대 서유럽의 국경과 변경

변경에서 바라보다
—근대 서유럽의 국경과 변경

■■□ 크리스 윌리엄스(Chris Williams)

웨일스 글래모건 대학 산하 변경연구센터의 소장이며, 역사학과 교수이다. 웨일스 동남부의 변경에서 태어나고 자라 변경적 정체성을 지닌 그는 옥스퍼드 대학과 웨일스 대학에서 공부했으며, 웨일스 근대사와 영국 근대사, 특히 탄광 노동자에 관한 여러 권의 책을 출간했다. 현재 그는 영국에서 가장 큰 규모의 변경 연구 프로젝트를 이끌고 있다.

Democratic Rhondda: Politics and Society, 1885~1951 (University of Wales Press, Cardiff, 1996), *Capitalism, Community and Conflict: The South Wales Coalfield, 1898~1947* (University of Wales Press, Cardiff, 1998).
그 밖에도 빌 존스와 함께 편집한 *With Dust Still in His Throat: A B. L. Coombes Anthology* (University of Wales Press, Cardiff, 1999. 빌 존스와 함께 편집한 쿰즈(B. L. Coombes)의 책, *These Poor Hands: The Autobiography of a Miner Working in South Wales* (University of Wales Press, 2002, original edition 1939)에 서문과 주를 썼다. 태너(Duncan Tanner), 홉킨(Deian Hopkin)과 함께 엮은 *The Labour Party in Wales, 1900-2000* (Manchester University Press, Manchester, 2000)이 있으며, 최근에는 *A Companion to Nineteenth-Century Britain* (Blackwell, 2004)을 편집했다.

1. 두 학자의 경계

1905년까지 인도의 총독을 지낸 커즌 경은 1907년 옥스퍼드 대학에서 '국경(frontier)'을 주제로 로마네스 강연을 한 적이 있다. 그는 아시아에서 대영제국의 지위에 지대한 관심을 갖고 있었을 뿐만 아니라 올소울즈 컬리지의 펠로우이기도 했던 인물로, 실제 국경 분쟁에 관한 현실적 통찰과 추상적이고 학술적인 평가를 결합시킬 수 있는 적임자였다. 그는 청중들에게 그 문제의 중요성을 분명하게 각인시켰다.

> 국경은 칼날 위에 서 있습니다. 전쟁이나 평화, 국민의 사활이라는 근대의 현안들이 그곳에 달려 있습니다. 가정의 안위가 국민 개개인의 최대 관심사이듯 확고한 경계는 국가 존립의 조건입니다.[1]

1996년 탁월한 정치학자 앤더슨(Malcolm Anderson)은 《국경: 근대 세계의 영토와 국가 형성(*Frontiers: Territory and State Formation in the Modern World*)》이라는 중요한 연구서를 발표했다. 그 역시 인상적인 두 문장으로 자신이 다루고 있던 주제의 본질을 포착하고자 했지만 커즌과는 전혀 다른 데에 초점을 맞추었다.

---

(1) Lord Curzon of Kedleston, 《국경: 1907년 로마네스 강연(*Frontiers: The Romanese Lecture, 1907*)》(Oxford, 1908), p. 7. 커즌 경에 관해서는 Davis Cannadine, 《귀족정의 면모: 근대 영국의 위용과 몰락(*Aspects of Aristocracy: Grandeur and Decline in Modern Britain*)》(New Haven and London, 1944), pp. 77~108.

현대의 국경은 하나의 관할권이나 정치적 지배권이 끝나고 다른 지배권이 시작되는 지도상의 선에 불과한 것이 아니며, 정치생활에서 논란의 여지없이 당연한 것도 아니다. 국경은 정치생활을 이해하는 관건이다. 국경의 정당성을 검토하다 보면 국적, 정체성, 정치적 충성, 배제, 포함, 국가의 한계선에 관한 중요하고 극적인 문제들이 제기된다.[2]

이 두 편의 글이 각각 그 시대를 대변하는 것이라면 20세기에 일어난 관점의 변화는 가히 충격적이다. 커즌의 가장 큰 관심사는 국가와 제국의 보전이었으며, 지정학적 군사적 안위였다. 앤더슨도 이같은 쟁점들을 외면하지는 않았지만 그는 경계 너머 혹은 경계를 가로지르는 집단적 충성심에 더 많은 관심을 기울였다. 자연히 커즌은 국민들이 자신이 거주하고 있는 국가의 목적에 순응하는 것을 당연한 일로 여겼다. 반면 앤더슨은 때로는 국가가 어떻게 그 주민들의 경험을 주조하는지 또 때로는 주민들의 경험이 어떻게 국가를 주조하는지를 보여주었다. 이제 막 시작 단계에 있는 '변경 연구'라는 학문 분과가 전하는 메시지가 있다면 그것은 변경의 의미는 국경 부근에, 혹은 경계 위에 살고 있는 사람들의 경험과 정체성 속에 위치해야 한다는 것이 될 것이다.

---

[2] Malcolm Anderson, 《국경: 근대 세계에서 영토와 국가의 형성(*Frontiers: Territory and State Formation in the Modern World*)》(Cambridge, 1996), p. 1. 앤더슨은 보트(Aberhard Bort)와 함께 《경계와 정체성: 유럽연합의 동부 경계(*Boundaries and Identities: The Eastern Frontier of the European Union*)》(1996)와 《유럽의 경계(*The Frontiers of Europe*)》(London, 1998)라는 두 권의 중요한 논문집을 출간했다.

2. 변경 연구의 역사

변경 연구란 무엇인가? 미시건 주립대학의 미켈슨(Scott Michaelson)은 변경 연구(border studies)를 가리켜 "지난 10년 사이 가장 중요한 이론적 전환"이라고 했다.[3] 그에게 변경 연구는 '문화 연구, 민족 연구, 다문화 연구, 포스트모더니즘 인류학의 경계'에 있으며, 여러 학과로부터 차용해온 것들이 특징이 되는 분야이다. 그래서 그 분야는 '학문 틀과라는 것, 정체성, 문화정치에 관한 시의 적절한 문제들에 문호가 열려 있다.' 그러나 그의 정의는 시사적이기는 하지만 학문 분과에 관한 것으로는 불완전하다. 왜냐하면 정치지리학, 국제법, 국제안보 연구, 환경 연구와 포스트콜로니얼리즘 이론 등 소속 학자들이 변경 연구에 관심을 가질 모든 분야들과 연계하지 못하기 때문이다. 더욱이 그처럼 널리 산재해 있는 학자들을 한곳으로 끌어들일 정도의 잠재력을 가진 주제에 관해 그것이 무엇인가라는 물음에 해명하지 못하기 때문이다.

변경 연구가 처음 모습을 나타냈을 때 그것은 먹시코-미국 국경 지역에 집중되었다. 양국 학자들은 통상, 교역, 이민, 유동성, 정체성, 문화 등의 문제를 다루었다. 1986년 《변경 연구(*Journal of Borderlands Studies*)》지가 샌디에이고 대학 경계넘어서기 연구소에서 창간되어 샌디에이고 대학 출판부에서 출간되었다.[4] 창간호에는 환경 문제, 수자원 관리, 노동력 분배 양상, 분쟁 해소와 기업의

---

(3) http://www.msu.edu/~smichael/border.html. Accessed 03 March 2004
(4) http://home.sandiego.edu/~joana/Journal. Accessed 03 March 2004

발전, 변경 지역의 언론매체 등을 다룬 논문들이 수록되었고, 모두 멕시코-미국 '국경 지역'에 집중되었다. 역사가가 아닌 사람들을 겨냥했음이 분명한 역사적 개관과 기존 연구에 관한 개관까지 모두 그 지역에 집중되었다. 다른 지역에 주목한 논문은 단 한 편으로, 인도의 분할령이 동인도의 지역 발전 전략에 미친 영향에 대해 다루었다. 이제 《변경 연구》의 포괄 범위가 차츰 확대되고 있다. 물론 그 일차적 관심은 여전히 멕시코-미국 변경 지역에 머물러 있으며, 미국과 캐나다의 경계가 그 다음 관심사이기도 하다. 그러나 최근 소수이기는 하지만 나이지리아, 말레이시아, 독일, 카리브 지역, 브라질, 중동과 북극의 경계 문제를 다룬 논문들도 눈에 띄고 있다. 그리고 시기적으로 주로 현대에 집중하고 있으며 사회과학적 접근법을 취하고 있지만 간혹 역사적 성격이 강한 논문들을 싣기도 한다.

유럽에서 《변경 연구》에 견줄 만한 학술지는 없다. 그러나 최근 수십 년 사이 많은 연구 기관들이 설립되었고, 그 중 많은 곳이 영국과 유럽 대륙 전역에서 특정 학과를 배경으로 출현한 기관들이다. 아래 목록은 그 연구 기관들 중 일부이다.

유럽의 '변경 연구' 기관들

Centre for Cross Border Studies(Armagh, Northern Ireland, UK)

Centre for International Borders Research(Queen's University, Belfast, UK)

Centre for Regional and Transboundary Studies(Volgograd,

> Russia)
>
> Danish Institute of Border Region Studies(Aabenras, Denmark)
>
> Geopolitics and International Boundaries Research Centre (School of Oriental and African Studies, University of London, UK)
>
> International Boundaries Research Unit(University of Durham, UK)
>
> Nijmegen Centre for Border Research(Nijmegen, The Netherlands)
>
> Centre for Border Studies(University of Glamorgan, Wales, UK)

    이 기관들 중 일부는 대학원 과정을 운영하고 있다. 런던 대학에 국제변경연구 석사 과정이 있고, 벨파스트 소재 퀸스 대학과 더블린 시립대학이 공동 운영하는 경계지역연구 석사 과정이 있다. 그러나 변경 연구 학과도 없고, 그 주제에 관한 학사 과정도 없다는 사실에서 알 수 있는 것은 적어도 당분간은 경계 연구가 그 한계에 봉착해 있다는 점이다.

    변경 연구 분야의 학문적 발전에서 반드시 거론되어야 할 학자들이 몇 사람 있다. 인류학자 도넌(Hastings Donnan)과 윌슨(Thomas Wilson)은 최초로 《경계의 정체성들: 국가 간 경계에서 본 국민과 국가(*Border Identities: Nation and State at International Frontiers*)》(Cambridge, 1998)라는 중요한 논문집을 편집했고, 이어

《국경: 정체성, 국민, 국가의 변경(*Borders: Frontiers of Identity, Nation and State*)》(Oxford, 1999)라는 탁월한 연구서를 공동 저술했다.[5] 유럽의 어느 역사가도 이에 필적할 만한 저서를 내지 못했지만, 살린스(Peter Sahlins)의 《분계선들: 피레네 산맥에서 프랑스와 스페인의 형성(*Boundaries: The Making of France and Spain in the Pyrenees*)》(Berkeley, 1989)은 프랑스사와 스페인사라는 구체적인 맥락을 넘어 엄청난 영향력을 발휘했다.[6] 핵심적인 텍스트는 드물지만, '경계'나 '분계'에 관한 언급은 드물지 않다. 도넌과 윌슨에 따르면 "1990년대 중반에 이르러 경계는 학계의 유행어가 되었다. 그 결과 그 어휘가 적용될 수 없거나 적용되지 않는 분야나 경험을 상상하기 어려울 정도가 되었다. 그 어휘는 그야말로 어디에나 있지만 아무데도 없는 것이 될 위험에 처했다."[7] 그러므로 변경 연구의 중요성을 분석하는 일이 진척되기 위해서는 그 핵심 용어들을 좀더 세심하게 정의하는 일이 선행되어야 할 것이다.

충분히 이해할 수 있는 일이지만 유럽의 모든 언어에는 영어의 경계(border), 분계(boundary), 국경(frontier)과 같은 개념들을 포괄하

---

(5) 이 글을 서술하면서 나는 여러 학과를 아우르는 도넌과 윌슨의 신뢰할 만한 개관에 큰 빚을 졌다.
(6) 예컨대, 콜리(Linda Colley)의 《영국인: 국민 만들기(*Britons: Forging Nation, 1707~1837*)》(New Haven and London, 1992)에서 살린스의 책을 참고하고 있는 점을 들 수 있다. 커즌 경은 그의 《국경》 p. 4에서 "국경은 문명 세계 거의 모든 외무부서의 주된 관심사가 되고 있다"는 점을 고려할 때, "그 주제를 하나의 전체로 다루도록 영향을 줄 만한 …… 작용이나 조약은 아직 없다"는 점은 '주목할 만한 사실'이라고 말했다. 콜(John Cole)과 울프(Eric Wolf)의 역사학 논문집인 《감춰진 경계: 알프스 계곡의 생태와 민족(*The Hidden Frontier: Ecology and Ethnicity in an Alphine Valley*)》(New york and London, 1974) 역시 참고하라.
(7) Donnan and Wilson, 《경계》, p. xiv.

는 일련의 용어들이 존재한다. 그 모든 어휘의 어의를 연구하거나 언어학적으로 조사하는 일은 매력적일 뿐만 아니라 시사하는 바도 크지만 이 글의 범위에서 벗어나는 일이다.[8] 여기에서는 그와 같은 용어들로 묘사되는 다양한 상황과 조건들을 분명히 하는 것이 좀더 유용할 것이다. 그 용어들에 부합하는 정치사회적 '현실'은 대략 세 가지로 구별할 수 있다. 첫째, 국가들 사이의 분할선이다. 일부는 이를 국경(frontier)이라 하고, 일부는 이를 경계라 하며, 일부는 이를 분계라 한다. 〈프롱티에르: 어휘와 개념(Frontière: the word and the concept)〉에 관한 탐색에서 페브르(Lucien Febvre)는 이것이 프랑스어인 '프롱티에르(Frontière, '리미트 limite' 역시 그렇지만)'의 세 가지 용례 중 하나일 것이며, 영어의 '분계'도 동일한 현상을 기술하는 데 사용된다고 설명했다.[9] 둘째, 범위가 확정되지 않은 어떤 지대가 있다. 곧 분할선으로부터 그 선으로 구획지어진 영토 안쪽으로 들어가는 지대이다. 이 역시 변경(frontier), 변경지대, 주변부(periphery) 혹은 좀더 구식 표현으로 변방(march)으로 지칭된다. 정치지리학에서 이 두 번째 정의는 '변경지대'라는 용어를 사용해 분할선을 중심으로 갈라진 양 정치 구역에 속한 각 영역을 모두 지시하는 한편, 변경(border)이라는 용어는 그 분할선에 인접한 한쪽 구역의 영역만을 지칭한다.[10] 그러나 이 같은 정의가 일반적으로 적용되는 것은 아니

---

[8] Anderson, 《국경》, p. 9. 유럽의 주요 언어들 중 독일어에서만 grenze라는 하나의 어휘로 통용하고 있다는 점에 주목하라.

[9] Lucien Febvre, 〈프롱티에르: 어휘와 개념(Frontière: the Word and the concept)〉, Peter Burke, ed., 《페브르의 저술을 통해 본 새로운 종류의 역사(A New Kind of History from the Writings of Febvre)》, London, 1973, pp. 208~18: p. 216. 1928년에 처음 발표된 논문이다.

[10] Donnan and Wilson, 《경계》, pp. 44~5.

다.[11] 선을 의미하는 첫 번째 정의와 지대를 의미하는 두 번째 정의 모두 공간적인 것이다. 세 번째 정의는 공간과 기능을 결합시킨 것으로, 외침에 맞서 국가를 보호하기 위해 만든 방어선을 의미한다. 영어에서 이는 보통 '전방(frontier; 이미 살펴본 대로 이 용어는 그런 의미에만 한정되지는 않는다)'이 되며, 프랑스어에서는 ('서부 전선'의 의미로 영어에 응용된) '전선(front)'이 될 것이다.

자연히 위의 정의 중 어느 것도 확정적인 것이라고 할 수 없다. 어떤 경우 '전방'은 방어를 위한 울타리가 아니라 지속적으로 확장되는 국가, 제국 혹은 생활방식의 경계를 의미한다.[12] 미국 문화의 형성에서 프런티어와 '서부'의 역할을 검토한 고전 에세이에서 터너(Frederic Jackson Turner)가 사용한 것이 바로 그 개념이다.[13] 여기서 우리는 공간적 정의와 (군사적이기보다는 문화적인) 기능적 정의가 결합된 또 다른 의미를 얻을 수 있다. 선이나 지대의 개념에 한정하려 해도 그 선은 얼마나 선명하게 그어진 것인가, 그 지대는 얼마나 큰 것인가, 국가 안으로 좀더 들어갈 때 그 경계지대가 끝나는 곳은 어디인가라는 문제가 제기된다. 일부 학자들은 갑작스러운 변화보다 점진적인 변화의 의미를 포착하기 위해 '선명하지 않은 경계'라는 용어를 사용한다. 분명 그 용어의 모호한 성격은 포착하기 어려운 경계의 현실을 반영한 것으로 이해할 수 있다.[14] 이 용어에 고

---

(11) Nira Yuval-Davis, 《국민의 공간과 집합적 정체성들: 경계, 분계, 국적, 젠더관계(National Spaces and Collective Identities: Borders, Boundaries, Citizenship and Gender Relations)》 1997년 5월 22일 그리니치 대학에서의 취임 연설로 법적·영토적 '한계선'으로서의 '국경(border)'과 가상의 '한계선'으로서의 '경계(boundary)'를 구별한다.
(12) Donnan and Wilson, 《경계》, p. 48.
(13) Turner, 《미국사에서 프런티어(The Frontier in American History)》.

정된 의미를 부여하기보다 그 모든 정의는 유동적이고 가변적이어서 각 맥락 속에서만 완전히 이해될 수 있다는 점을 인정해야 한다. 멕시코-미국 경계에 관해 부스타만테(Jorge A. Bustamante)는 다음과 같이 이야기했다.

> 연구되는 경계 현상의 성격에 따라 남과 북에 적용되는 경계 지대의 범의는 다양해진다. 경계의 경제 교류, 환경 문제, 인구의 역동성은 모두 저마다 다른 지리적 '범위'를 가지고 있으며, 우리가 마음속에 품고 있는 '경계'의 지도 위에 각기 다른 개념의 공간을 투사한다.[15]

또 주목해야 할 것은 모든 경계가 지상의 경계는 아니라는 사실이다. 해상의 경계는 지상의 경계와 동일한 지위를 갖지만 그 나름의 독특한 성격을 지닌다. 해상의 경계는 지상의 경계만큼 엄격한 분할선으로 인식되지 않으며 (적어도 대외 전쟁 시에) 방어와 경비도 덜 삼엄하다. 또한 중요한 해상 활동과 교역을 할 경우 해안선을 따라 지역 문화가 내륙의 문화와 다를 수 있지만, '경계지대'의 의미가 해안 지역과 일치되는 경우는 드물다.

---

(14) Robin Cohen, 《정체성의 경계: 영국인과 타자들(Frontiers of Identity: The British and Others)》(Harlow, 1994).
(15) Jorge J. Bustamante, 〈멕시코-미국 경계: 모순의 선(The Mexico-U.S. Border: A Line of Paradox)〉, Robert L. Earle and John D. Wirth, eds., 《북아메리카의 정체성들: 공동체의 추구(Identities in North America: The Search for Community)》(Stanford, 1995), pp. 180~94: pp. 180~1.

3. 역사 · 문화 · 인간학적 공간으로서의 '변경'

이 글은 국가 간의 정치적 분계로서의 경계에 집중하고 있기는 하지만 그 용어가 다른 종류의 공간적 · 비공간적 경계와 연관될 수 있다는 점에 대해 인정할 필요가 있다. 다른 형태의 공간적 경계에 관한 예를 들자면, 국가에는 다른 언어를 사용하는 집단이 있을 수 있으며, 그 집단은 국가 내에서 어느 정도 특정 지역에 밀집해 있을 수 있다. 그 언어 집단이 희소해지는 지점이 바로 언어의 경계가 될 것이다. 마찬가지로 도시사가들과 인문지리학자들은 오랫동안 도시 영역 안에서 사회경제적 지위, 계급, 민족에 따라 주거지가 분리되는 양상에 주목해왔다. 또한 정치지리학자들과 선거연구자들은 특정 국가 안에서 정치적 충성이 지역화할 수 있는 정도에 관해서도 많은 증거를 산출하고 있다. 일반적으로 비공간적 경계를 확인하기는 좀더 어려운 일이다. 그래서 과연 이런 맥락에서도 경계 연구라는 용어가 필요한가라는 물음이 제기된다. 그러나 경계라는 것이 정체성의 문제와 관련이 있는 한 그 물음에 대한 답은 긍정이 될 것이다. 핀란드의 정치문화 지리학자 파시(Anssi Paasi)는 다음과 같이 지적한 바 있다.

> 분계는 경계 지역에만 존재하는 것은 아니다. 교육, 미디어, 소설, 기념관, 기념식, 볼거리와 같은 여러 관행에서도 경계가 드러난다. 그것들은 경계와 경계의 갈등에 관련된 내러티브들의 효과적 표현이자 타자의 지시어들로 기능한다.[16]

그러므로 경계는 공간적으로만, 즉 지상에만 구축되는 것은 아니다. 경계는 내러티브를 통해 사람들에게 공통의 경험, 역사적 기억에 관한 의식을 제공함으로써 사회적 관행과 담론 속에서도 구축된다. 궁극적으로 공간적 차원과 비공간적 차원을 분리하는 일은 불가능하다. 경계가 교차되고 경험되는 실제의 맥락과 그 상징적 의미를 분리하는 일은 불가능하다. 점점 더 분명해지는 것은 추상적인 것에서 구체적인 것으로, 유형의 분류에서 역사로 옮겨갈 때에만 경계의 의미를 이해할 수 있다는 점이다.

모든 경계는 역사적이며 인위적이다. 어떤 경계들은 바다나 사막, 산맥, 강과 같이 분명한 지리적 특징에 따라 정해졌기 때문에 '자연적인' 것으로 여겨질 수도 있다. 하지만 그 경계들 역시 역사적으로 구축된 것이며 우연한 것이다. '자연적' 국경이라는 것은 허상이다. 페브르의 말처럼 '그 같은 개념은 장구한 역사적·정치적 사실들에 덧씌워진 가면이다.'[17] 물론 경계의 형성 과정과 지형의 관련성을 부정하려는 것은 아니다. 예컨대, 해상의 경계와 천문에 따라 정해진 경계 (즉 위도와 경도에 의해 결정된 경계) 사이에 그을 수 있는 질적 구분의 결과로서, 그 같은 과정의 성격에 중요한 차이가 있을 수 있다는 사실을 부정하려는 것도 아니다. 그러나 설사 강의 흐름이나 산맥의 화강암 축을 따라 경계가 생겼다 해도 그 선이 존재하는 것은 누군가 그 선이 존재해야 한다는 데 동의했기 때문이라

---

[16] Passi, 〈사회적 과정으로서의 분계: 유동의 세계에서 영토권(Bouncaries as social process: territoriality in the world of flows)〉, David Newman, ed., 《분계, 영토, 포스트모더니티 (*Boundaries, Territory and Postmodernity*)》(London, 1999), pp. 69~88: p. 76.
[17] Febvre, 〈프롱티에르〉, p. 215

는 점을 인정해야 한다.[18] 협박에 따른 동의였다 하더라도 말이다. 일례로, 서유럽에서 프랑스와 스페인을 가르는 피레네 산맥은 분명 영국 해협만큼이나 '자연적인' 국경으로 여겨진다. 1839~40년 사이 15개월 동안 그 지역에 체류했던 19세기 영국의 여행가 엘리스(Sarah Ellis)에게는 그 산맥이 사실상 넘을 수 없는 '지상과 천상의 장벽'으로 보였다.[19] 그러나 20세기 작가 라파엘(Frederic Raphael)이 1990년에 쓴 에세이에서 언급한 것처럼 실제로는 그렇지 않다.

주의 깊게 살펴보면 피레네 산맥은 결코 높은 장벽이 아니다. 그 산맥은 특정한 교류를 용이하게 하는 관문이기도 하고, 그것을 가로막는 닫힌 문이기도 하다. 산맥 곳곳에 갈라진 틈과 감춰진 계곡, 바위 웅덩이가 널려 있다. 그리고 역사의 물결은 그곳에 지체되어 있을 법하지 않은 온갖 종류의 삶들을 가두어두었다.[20]

한 번 더 라파엘의 말을 인용하자면, 실제로 "피레네 산맥을 따라 경계 안에 경계들"이 존재한다. 많은 작가들이 정치적 경계, 분수령, 등성이나 화강암 축의 중간선 등의 차이에 관해 언급했다.[21] 산맥이

---

[18] George Carey, 〈서문(Forword)〉 Ronald Eyre et al., 《국경(Frontiers)》(London, 1990), p. 7.
[19] Ellis, 《피레네의 여름과 겨울(Summer and Winter in the Pyrenees)》(London, 1841), p. 24.
[20] Raphael, 〈자연적인 단절: 프랑스-스페인(Natural Break: France-Spain)〉, Ronald Eyre et al., 《국경》 pp. 240~66: p. 243.
[21] Raphael, 〈자연적인 단절〉, p. 263; Charles Packe, 《등반가들을 위한 피레네 산맥 안내서(A Guide to the Pyrenees: Especially Intended for the Use of Mountaineers)》(London, 1867), pp. 9~10, 143; Hilaire Belloc, 《피레네 산맥(The Pyrenees)》(London, 1909).

결코 넘을 수 없는 장벽이 되는 경우는 드물다. 산악지대의 사람들은 험준한 지형을 통과할 수 있는 길을 찾아낸다. 결국 국가 간의 분할선은 정해져야 하는 것이다. 피레네 산맥의 경우 살린스가 보여주었듯이 1659년 피레네 조약으로 분할에 관한 광범위한 원칙이 합의되었지만, 국가 간의 경계는 1854년과 1868년 사이 바욘 조약의 일환으로 확정되었다.[22] 경계는 주로 산맥의 남북 경사면에 인접한 계곡들 사이에 이미 존재하고 있던 많은 경제, 문화, 언어의 영역에 따라 정해졌다. 그 계곡들은 종종 인접한 알프스 초원지대의 용익권을 장악하기 위한 공식, 비공식 조약들을 체결하게 했다.[23] 바욘 조약 이후에도 여전히 예외적인 경우들은 남아 있었다. 발 다란, 프랑스의 세르다뉴, 발 카를로스와 이라티 계곡 상부는 '자연적인 국경'이라는 가설에서 보면 완전히 '잘못된' 곳이라 할 수 있을 것이다. 그 지역들에서는 분할선이 그리 명확하지 않기 때문이다.[24]

피레네 산맥이 '자연적인 국경'이 아니라면 그 의미 역시 고정된 것이 아니다. 나는 다른 연구 기획에서 19세기와 20세기 영국과 미

---

[22] Sahlins, 《경계》. 살린스의 연구 지역이 피레네의 모든 국경 지역을 대변하는 것은 아니라는 해석을 보려면 William A. Douglass, 〈남과 북이 만나는 지점에 관한 동부의 해석에 대한 서부의 시각: 피레네 경계지대의 여러 문화(A western Perspective on an eastern interpretation of where north meets south: Pyrenean borderland cultures)〉 Wilson and Donnan, eds., 《경계의 정체성》 pp. 62~95 참조.
[23] David Alexander Gómez-Ibáñez, 《서부 피레네: 프랑스와 스페인 경계지대에 대한 다른 평가(The Western Pyrenees: Differential Evolution of the French and Spanish Borderland)》(Oxford, 1975), p. 1.
[24] Sharif Gemie, 〈프랑스와 발 다란: 1800년부터 1825년 사이 피레네 경계의 정치와 국민의 지위(France and the Val D'Aran: politics and nationhood on the Pyrenean border, 1800~1825)〉, European History Quarterly, vol. 28 no. 3 (1998), pp. 311~45.

국 여행가들의 저술에 나타난 피레네 산맥의 재현에 관해 연구한 적이 있다. 그런데 많은 여행가들이 베링-굴드(Sabine Baring-Gould)와 유사한 방식으로 경계의 프랑스 측과 스페인 측의 지형과 기후를 대비시키고 있었다.

> 프랑스 쪽에는 눈과 얼음, 흐르는 시내, 기름진 골짜기, 비옥한 초원과 숲, 부유한 촌락 등 생기 넘치는 계곡과 언덕이 있다. 그러나 남쪽 경사면에서 볼 수 있는 것이라고는 불모의 암석, 뙤약볕에 메마른 목초지뿐이며, 염소도 쉴 수 없을 만큼 누추하고 비좁은 돌집들이 이곳 저곳에 드문드문 흩어져 있다.[25]

베링-굴드는 지형을 묘사하며 두 나라의 상대적 이점에 대해, 두 나라의 특질과 결함을 상징하는 풍경에 대해 가치판단을 덧붙이고 있다. 1787년 영(Arthur Young)은 경계를 넘어 스페인에서 프랑스로 향하면서 마치 '신세계'에 진입하는 듯한 충격을 경험했다.

> 카탈로니아의 자연적이고 볼품 없는 도로에서 곧바로 프랑스 고속도로 특유의 탄탄함과 장대함을 모두 갖춘 우아한 포장도로를 밟게 된다. 급류가 흐르는 하천 바닥 대신 훌륭하게 만들어진 다리를 건너게 될 것이며, 거칠고 황량하고 가난한 시

---

(25) Baring-Gould, 《피레네 산맥(*A Book of the Pyreeees*)》(London, 1907), pp. 2~3. 미국의 인류학자 소텔(Ruth Otis Sawtell)과 트리트(Ida Treat)는 《피레네의 원시 문화지역(*Primitive Hearths in the Pyrenees*)》(New York and London, 1927)에서 '모래와 돌로 이루어진 불모지, 스페인'과 '비옥한 초지의 온화한 프랑스'를 대비시켰다.

골에서 벗어나 문명과 진보의 한복판에 서 있는 자신을 발견하게 된다.[26]

사이드(Edward Said)의 《오리엔탈리즘(Orientalism)》의 렌즈를 사용하면 영국과 미국의 많은 작가들이 스페인을 '오리엔탈화했다'는 사실을 포착할 수 있을 것이다. 1913년 오코너(Vincent Clarence Scott O'Conner)는 경계를 넘는 것이 마치 '서양에서 동양으로', 매력적이지만 몰락하는 동양으로 가는 것처럼 느껴졌다고 적었다.[27] 1928년 윌리엄스(Becket Williams)는 피레네 동부 쿠르그 마다메 부근에서 단 10분 만에 프랑스에서 스페인으로 갈 수 있으며, 마치 "그 10분 동안 5세기의 시간을 뛰어넘어 중세로 들어가는" 것 같다고 썼다.[28] 피레네 산맥은 유럽 문명의 실질적인 끝이며, 그리스도교 세계의 끝이고, 법치의 끝이었다. 산맥의 반대편에는 이슬람은 아니지만 이슬람 색채가 짙은 오리엔트 문화가 있었다. 우랄 산맥과 코카서스 산맥에도 비슷한 상황이 적용되었다.[29] 확실히 경계는 지

---

(26) Arthur Young, 《프랑스와 이탈리아 기행(Travels in France and Italy)》(London, 1934), p. 37.
(27) O'Conner, 《피레네 기행(Travels in the Pyrenees)》(London, 1913).
(28) Williams, 《피레네 고지의 여름과 겨울(The High Pyrénées in Summer and Winter)》(London, 1928).
(29) Peter H. Hansen, 〈수직적 분계, 국민 정체성: 영국인들의 유럽과 대영제국 전방 등반(Vertical Boundaries, National Identities: British Mountaineering on the frontiers of Europe and the Empire, 1868~1914)〉, Journal of Imperial and Commonwealth History, vol. 24 no. 1(1996), pp.48~71. David Morgan, 〈몽골인과 유럽인에 대한 페르시아인의 인식(Persian Perceptions of Mongols and Europeans)〉, S. B. Schwartz, ed., 《암묵적 이해(Implicit Understandings)》(Cambirdge, 1994), pp. 201~17: p. 210은 그 같은 관점이 역으로도 작용할 수 있음을 설명하고 있다. 곧 11세기와 12세기 페르시아 작가들은 '문명은 피레네에서 끝난다.' 그 너머에는 야만적인 그리스도교 세계가 존재한다고 여겼다.

도 위의 선 그 이상의 의미이다. 거기에는 상징적 중요성이 가득 담겨 있어 다양한 방식으로 읽힐 수 있다.

4. 근대 세계의 '변경'—갈등과 공존, 분리와 통합

지금까지 나는 근대의 경계가 지닌 유동적이고 다차원적인 성격을 설명하는 일에 집중했다. 그러나 쉽게 포착되지 않는 역동적인 역사적 현실을 이해하는 일이 단순한 정의나 유형학을 허락하지 않는다 하더라도 우리는 여전히 근대 세계에서 경계가 갖는 중요성과 의미를 이해해야 한다. 여기서 커즌에게로 다시 돌아가 보자. 그는 나폴레옹 치하의 프랑스로까지 거슬러올라가 자신이 '국경 전쟁(frontier wars)'이라 칭한 것의 전개 과정을 추적했다. 그는 나폴레옹이 '프랑스는 불가능한 국경'을 고수했기 때문에 패했다고 주장했다.[30] 더 나아가 "19세기 가장 중요한 전쟁은 대부분 국경 전쟁이었다"고 주장하며, 커즌은 자신이 역사의 일반 법칙이라 여기는 것을 다음과 같이 진술했다.

> 종교 전쟁, 동맹 전쟁, 반란, 영토 확장 전쟁, 왕위 계승이나 왕위 찬탈 전쟁 등 언제나 개인적 요소가 주요인이었던 전쟁들이 국경 전쟁으로 교체되는 경향이 있다. 거주가능한 지역의 축소로 각국의 이해관계나 야심이 서로 첨예하게 대립하고 화

---

(30) Curzon, 《국경》, p. 5.

해할 수 없는 충돌을 야기하는 지점에 이르게 되어 나타나는 국가와 왕국의 팽창 전쟁으로 교체되는 경향이 있다.[31]

이 같은 주장의 전반적인 진실을 전적으로 확신할 수는 없다. 하지만 실체는 아닐지라도 목적으로서 스스로를 분명하게 의식하고 있는 국민국가의 외적 경계를 지상에 투사한 것이 국경이라는 페브르의 정의를 받아들인다면, 한 가지 주장을 개진할 수 있을 것이다.[32] 근대 내셔널리즘의 성장은 국민들 사이를 가르고 있는 것이 무엇이든 그들은 근본적으로 동등한 자격을 갖는다고 주장하는 이데올로기에 의지하고 있다. 이론상으로 경계선 부근에 살고 있는 국민들은 수도에 살고 있는 국민들과 마찬가지로 중요하다. 국민국가 시대는 구체적인 영토, 구체적인 문화와 구체적인 국가의 상응성을 강조하며 국경을 공식화했다. 국민국가의 시대는 경계를 지금까지보다 훨씬 더 적절하고 민감한 것으로 만들었다. 영토의 경계가 그어진 국민국가의 본질은 경계의 위치, 그리고 그 안위와 분리될 수 없었다. 경계는 상징의 형태로, 그리고 실체로서 국가를 대변했다. 필연적으로 국민 만들기(nation-building)가 지리적으로 동일하더라도 질적으로 다른 경계의 구축을 수반하는 새로운 국가 형성의 현실을 인접국들에게 강요했다. 커즌에게 1904~1905년 러일 전쟁, 1870~1871 보불 전쟁, 1866년 보오 전쟁은 모두 '국가의 팽창'에 의해 유발되었기 때문에 여전히 '국경 전쟁'으로 볼 수 있는 것들이

---

(31) Curzon, 《국경》.
(32) Febvre, 〈프롱티에르〉 p. 212.

었다.³³⁾ 그러나 커즌은 그 같은 팽창이 급속한 인구 성장과 시장을 요구하는 경제적 필요에서 결정된 것이지만 일단 '지구상의 빈 공간들'이 채워지고 모든 국경이 확정되면 그 문제가 좀더 쉽게 조절될 것이라고 낙관했다.

좀더 오랜 역사를 지닌 강대국들은 계속 국경을 두고 서로 분쟁을 벌일 것이다. 그들은 약소한 인접국의 영토를 침략하고 합병할 것이다. 근본적으로 국경 전쟁은 사라지지 않을 것이다. 그러나 흡수할 영토가 적어질수록, 무사히 영토를 흡수할 기회가 적어질수록, 혹은 약소국들이 중립을 택하거나 강대국들에 분할되거나 강대국의 확고한 보호령이 될 경우 새로운 땅의 쟁탈이나 몰락하는 국가들의 유산을 쟁탈하는 일의 심각성은 줄어들 것이다. 현재 우리는 과도기를 겪고 있다. 이 과도기가 지나면 좀더 안정적인 조건들이 나올 것이고, 점점 더 많은 국가가 잘 조정된 국제법의 영역으로 진입할 것이다.³⁴⁾

사실 커즌이 강연을 했던 1907년에는 아직 엄청난 국경 분쟁의 시대가 찾아오지도 않았었다. 제1차 세계대전에 이은 베르사유 조약은 민족자결의 원칙을 중시했다.³⁵⁾ 그 원칙은 합스부르크제국과

---

(33) Curzon, 《국경》, p. 6.
(34) Curzon, 《국경》, pp. 7~8.
(35) James Anderson and Liam O'Dowd, 〈경계, 경계 지역, 영토권: 모순적인 의미들, 변화하는 중요성(Borders, boder regions and territoriality)〉, *Regional Studies*, vol. 33 (1999), pp. 593~604: p. 600은 제1차 세계대전을 '국경 변화의 중요한 이정표'로 본다.

오스만제국을 모두 해체시키면서 옛 경계의 일부를 변화시킨 것은 물론, 많은 경계를 새로 만들었다. 그리고 20세기 유럽사와 세계사에 정통하지 않더라도 경계의 갈등이나 국경 분쟁이 여전히 역사의 중심에 있다는 사실을 깨닫는 것은 그리 어렵지 않다. 대영제국의 영토 보전은 다일랜드 분할과 아일랜드 자유국가의 건설에서 영향을 받았으며, 그로 인해 지속적인 문제에 노출되었다. 1936년 라인란트의 재점령, 1938년 오스트리아 합병, 1938년과 1939년 수데텐란트 장악과 그 이후 체코 공화국의 나머지 지역 장악, 단치히(그단스크)의 지위를 둘러싼 분쟁, 그리고 1939년 나치 독일의 대외정책은 모두 경계 문제를 전면으로 부각시켰다. 특히 1945년 동유럽에서 유럽의 경계를 다시 긋는 일은 독일, 폴란드, 그리고 이제 (내부에 수많은 국경을 가진) 소련으로 부활한 러시아를 재규정했다. 한편으로 탈식민화와 다른 한편으로 냉전은 1945년 이후 수십 년 동안 독일과 그 수도 베를린의 분할, 과거 인도 대영제국의 분할, 팔레스타인 분할 등 다양한 예의 분할을 초래했다. 유럽의 '철의 장막'에서는 물론, 프랑스령 인도차이나와 한반도에서도 이데올로기적 대립 체계로서의 새로운 경계가 만들어졌다. 이란과 이라크, 인도네시아와 말레이시아, 구유고슬라비아, 구소련의 코카서스 국가들의 예에서 볼 수 있듯이 대영제국, 프랑스제국, 네덜란드제국, 포르투갈제국의 종말도, 유럽 공산 진영의 해체도 이 같은 과정을 종식시키지는 못했다.[36] 지역주의, 탈중심화, 권한 이양은 경계를 양산했으며,

---

(36) 후자에 관해서는 Tuomas Forsberg, ed., 《분쟁 영토: 구소비에트제국의 국경 분쟁(*Contested Territory: Border Disputes at the Former Soviet Empire*)》(Aldershot, 1995).

세계 어느 곳을 보든 경계를 둘러싼 갈등이 있었거나 최근까지 있었음을 알 수 있다.[37]

그러나 경계에는 갈등에 관한 이야기만 있는 것은 아니다. 경계는 갈등의 기회뿐만 아니라 공조의 기회도 제공하며, 분리의 기회와 통합의 기회도 제공한다. 부분적으로 경계 연구 분야의 발전에 따라 경계는 더 이상 단순한 분계선이 아닌 통합, 적응, 혼합의 자리가 될 수 있다. 마르티네스(Oscar J. Martinez)는 국경의 경험이 사례마다 얼마나 다른지를 입증해 '경계지대 교류'라는 용어를 발전시키는 데 일조했다.[38] 그가 '고립된 경계지대'라고 부르는 곳에서는 국경을 넘나드는 일상적 교류가 금지되어 있으며, 해당 국가들 사이 혹은 변경 주민들 사이의 긴장과 반목으로 인해 일상적으로 경계를 넘나들며 접촉하는 일이 드물다. '공존의 경계지대'는 각 국가 사이 혹은 변경 주민들 사이의 긴장과 반목이 적어 경계를 넘나드는 교류가 어느 정도 가능한 곳이다. '상호의존적 경계지대'는 인접국의 경계 지역들이 공생관계에 있는 곳이다. 이곳에서는 국가 간의 중요한 구분은 남아 있지만, 경계 지역을 가로질러 어쩌면 그들 국가 간에 어느 정도의 이원적 내셔널리즘이 존재한다. 마지막으로 '통합된 경계지대'는 상품과 사람들의 유동에 아무런 장애가 없으며, 두 경계 지역 사이에 평등, 신뢰, 존중의 관계가 존재하는 것이 특징이다. 이 같은 분류는 분명 민족과 경계의 결합이나 충돌 정도에 대한 평가와 결합

---

(37) Donnan and Wilson(《경계》, p. 3)은 동시대 세계의 국민국가들 사이의 경계 지역을 313곳으로 헤아리고 있다.
(38) Martinez, 〈경계 교류의 역동성(The Dynamics of border interaction)〉, Clive H. Schofield, ed., 《세계의 분계(World Boundaries)》 volume I: 《지구상의 분계(Global Boundaries)》(London, 1994).

될 때 유용할 것이다.[39] 도넌과 윌슨이 관찰한 바와 같이 국경에 거주하는 민족 집단은 세 가지 중 하나로 정리할 수 있다. 국가의 중심부는 물론이고 국경을 가로질러 민족성을 공유하는 경우가 있다. 그 다음에는 국경을 가로질러 민족성을 공유하지만 국가의 중심 지역과는 민족성을 공유하지 않는 경우가 있다.[40] 마지막으로 정치적 경계와 민족적 경계가 일치하는 경우이다. 이 경우 '지도 위의 선은 곧 민족의 경계이기도 하다. 이 마지막 경우가 동질적인 국민국가라는 고전적 모델에 가장 분명하게 부합되는 것이다. 그러나 도넌과 윌슨은 그것이 "전 세계적으로 가장 찾아보기 어려운 경우"라고 말했다.[41] 경계가 유일한 분쟁 지역이 아니며 민족 집단과 정치 단위가 일치하는 경우가 드물다는 점을 인정하면, 변경 연구가 민족사의 관행적인 모델에 미치는 영향을 좀더 분명하게 평가할 수 있을 것이다. 한 가지 재미있는 이야기로 이 단락을 끝맺을까 한다. 물론 그 이야기의 이면에는 핵심적인 주장이 담겨 있다. 1945년 제2차 세계대전이 종결된 후 동유럽의 한 농부가 밭을 갈고 있었다. 길가에 관리로 보이는 한 무리의 사람들이 경위의와 줄자 등 다양한 특수 장비를 가지고 서 있는 것을 본 농부는 일손을 멈췄다. 그리고 그 사람들에게 다가가 무슨 일을 하고 있는지 물었다. 그러자 그들은 소련

---

(39) Donnan and Wilson, 《경계》.
(40) Belloc, 《피레네 산맥(Pyrenees)》, p. 36에서 그 산맥은 '결속의 끈이자 분할의 경계'가 되었다. 산악 지역은 '공통된 사회적 습성'을 부과하고 '아래쪽 평지를 장악한 문명화된 권력에 대해 공통의 질투심을 가진 유사한 지역 풍속'을 발생시키기 때문이다.
(41) Donnan and Wilson, 《경계》, p. 65. 또한 Belloc, 《피레네 산맥》, p. 12를 보라. '지역의 변경 문화는 거의 언제나 국가의 경계를 초월한다.' 그리고 다시 한 번 국민 문화와 국가의 주권과 영토가 일치하지 않는다는 것에 대한 문제를 제기한다.

과 폴란드 국경의 정확한 위치를 측정하고 있다고 대답했다. 농부는 그 문제를 놓고 그들이 벌이는 논쟁을 지켜보았다. 그리고 마침내 국경선이 자신의 토지 동편으로 그어져 자신이 폴란드에 살게 되었다는 이야기를 들은 농부는 이렇게 외쳤다. "신이시여, 감사드립니다. 그 혹독한 소련의 겨울을 더는 견디지 못했을 것입니다."[42]

5. 잉글랜드와 웨일스 사이의 경계

앞에서 나는 국가의 공간적 경계, 즉 국경을 정확히 긋는 일이 내셔널리즘의 등장과 직결된 지상 과제가 되었다고 설명했다. 국가가 지원하는 내셔널리즘은 종종 문화적·사회적 동질화 혹은 '국민 만들기' 프로그램을 탄생시키곤 한다. 그리고 국가는 그 프로그램 안에서 구성원들 간의 차이를 제거하고 그들이 공공 상징물과 문화적 상징들에 다 같이 충성을 표하도록 강요하곤 한다.[43] 국민이란 사람들을 단결시키는 데에 귀중한 자원이 될 수 있지만, 그것은 국민으로 동질화시키고자 하는 개인들의 다양성을 외면함으로써 가능한 일이다. 그렇게 해서 해방의 내셔널리즘은 지배의 내셔널리즘으로 대체될 수 있다. 물론 모든 국가가 이런 식으로 작용하는 것은 아니

---

(42) David Doughan이 들려준 이야기이다.
(43) Rosemary Marangoly George, 《고향의 정치: 탈식민적 관계들과 20세기의 허구(*The Politics of Home: Postcolonial Relations and Twentieth-Century Fiction*)》(Cambridge, 1996), p. 14. "내셔널리즘은 다양한 현상들을 하나의 용어로 해석하게 해 구체성을 제거하고 규범과 한계를 설정해 곁길로 새는 것들을 잘라낸다"고 적고 있다.

다. 웨버(Eugene Weber)의 주장대로 프랑스의 내셔널리즘이 '농민들을 프랑스인으로' 변화시키는 데 열중했다면, 뚜렷한 다민족 국가였던 영국은 그 주민들의 다양성에 대해 좀더 관대한 경향을 보였다.[44] 그러나 '국민 만들기'가 반드시 적극적이어야만 하는 것은 아니다. 빌링(Michael Billing)이 보여준 바와 같이 국민 만들기는 (예컨대) 언어적 획일성을 강제하려는 노력으로도 이루어지지만, '일상적인 내셔널리즘'의 상징을 내면화하는 것으로도 이루어진다.[45] 이 점은 단일한 국민 만들기의 기획이 자주 변경 주민들의 역사, 그리고 그들의 의식과 마찰을 빚는다는 사실에서 분명하게 드러난다. 역설적인 일이지만, 국민 만들기의 기획이 국경을 긋고 정함과 동시에 '경계의 시각'에서 나온 평가들이 내셔널리즘의 이데올로기를 와해시킨다. 동질성의 이미지는 이질적인 현실과 모순을 일으킬 수 있다. 호스먼(M. Horsman)과 마셜(A. Marshall)은 다음과 같이 적고 있다.

> 국민적 경계의 확정적이고 지속적이며 불변적인 요구들과 주민들의 불안정하고 과도적이며 유동적인 요구들 사이에는 언제나 긴장이 도사리고 있다. 민족적·인종적·언어적·문화적 동질성이라는 것이 국민국가 제일의 허구라면, 국경은 언제나 그 허구가 거짓임을 입증한다.[46]

(44) Eugen Weber, 《농민에서 프랑스인으로: 1870~1914년 사이 농경사회 프랑스의 근대화(*Peasants into Frnchmen: The Modernization of Rural France, 1870-914*)》(London, 1979); Laurence Brockliss and David Eastwood, eds., 《다양한 정체성들의 연방: 1750~1850년 사이 영국 제도(*A Union of Multiple Identities: The British Isles*)》(Manchester, 1997).
(45) Michael Billing, 《일상적 내셔널리즘(*Banal Nationalism*)》(London, 1995).

이를 검토하기 위해 다시 내 자신의 연구 중 일부인 웨일스의 예를 인용하고자 한다.[47]

잉글랜드와 웨일스 사이의 경계는 1536년과 1543년 합병 조약의 통과로 비로소 확정되었으며, 그와 동시에 무의미한 것이 되었다.[48] 19세기 말 웨일스의 정치의식이 대두하고 웨일스 대학과 웨일스 국립도서관 등 웨일스의 공공 기관들이 설립되면서 웨일스의 끝과 잉글랜드의 시작이 어디인지를 정확히 하는 것이 정치적으로 중요한 사안이 되었다.[49] 웨일스에만 적용되는 하원의 첫 입법안은 1881년 웨일스의 일요 휴무법이었다. 그 후 1914년 국교 폐지법은 웨일스에서 영국 국교회의 헤게모니를 종식시켰다. 그럼에도 불구하고 대체로 웨일스와 잉글랜드의 구분은 거의 없거나 전혀 없었다. 웨일스는 하원의원들을 선출했으며, 웨일스의 성인들은 이웃 잉글랜드인들과 동일한 토대에서 선거권을 향유했다. 1997년 국민선거에 따른 권한 이양과 1999년 웨일스 국회의 창설로 이 같은 상황이 변하기 시작했다. 웨일스는 이제 자체의 정치체를 가지고 있다. 물론 그 권한에는 한계가 있지만 특정 사안들에 관해서는 잉글랜드와 입장을

---

(46) M. Horsman and A. Marshall, 《국민국가 이후: 국민, 종족주의, 새로운 세계의 무질서(*After Nation-State: Citizens, Tribalism and the New World Disorder*)》(London, 1995); Homi K. BhaBha, ed., 《국민과 이야기(*Nation and Narration*)》(London, 1990) 참조.
(47) 다음의 좀더 확장된 이야기는 윌리엄스(Chris Williams)가 2003년 10월 14일 글래모건 대학에서의 취임 연설인 '웨일스와 포스트-네이션(Wales and Post-Nation)'을 참고하라.
(48) Gordon East, 《역사 이면의 지리학(*The Geography Behind History*)》(London, 1938), p. 134; Glanmor Williams, 《부활과 개혁: 1415~1642년 사이의 웨일스(*Renewal and Reformation: Wales 1415~1642*)》(Oxford, 1993), p. 273.
(49) Kenneth O. Morgan, 《어느 민족의 부활: 1880~1980년 사이의 웨일스(*Rebirth of a Nation: Wales 1880~1980*)》(Oxford and Cardiff, 1981).

달리할 수 있는 위치에 놓이게 되었다. 특히 웨일스에서 교육과 보건 정책이 다른 궤도로 진행되기 시작하면서 경계는 갑자기 근대 시기에 그랬던 것보다 더욱 중요한 문제가 되었다.[50]

그러나 웨일스의 경계, 말 그대로 웨일스 '국민'의 주변부에서 살아가는 사람들이 받아들인 정체성이 반드시 그 중심부 사람들의 것과 동일한 속성을 갖는 것인가에는 의문의 여지가 있다. 역사적으로 경계 지역에서는 웨일스의 정치문화적 내셔널리즘 전반에 대해 그다지 열의를 보이지 않았다.[51] 이 지역들은 언어적으로 상당한 잉글랜드화를 경험했으며, 잉글랜드 태생의 이주민들이 폭넓게 정착했다.[52] 그들은 또 권한 이양 실험에도 마지못해 참여했으며, (권한 이양에 대한) '반대'표가 상당히 높은 수준이었다. 국회선거의 투표율도 저조했다.[53] 인문지리학자들과 정치학자들이 '주변부 웨일스',

---

(50) H. Elcock and Michael Keating, eds., 《영연방의 재구성: 1990년대 권한 이양과 영국 정치(Remaking the Union: Devolution and British Politics in the 1990s)》(London, 1998); Vernon Bogdanor, 《영국의 권한 이양(Devolution in the United Kingdom)》(Oxford, 1999); J. Barry Jones and Denis Balsom, eds., 《웨일스 국회를 향한 길(The Road to the National Assembly for Wales)》(Cardiff, 2000).
(51) Chris Williams, 〈웨일스의 민주주의와 민족주의: 자유당-노동당 연정의 수수께끼(Democracy and nationalism in Wales: the Lib-Lab enigma)〉 David Bates, Scott Newton and Robert Stradling, eds., 《갈등과 공존: 근대 유럽의 내셔널리즘과 민주주의(Conflict and Coexistence: Nationalism and Democracy in Modern Europe)》(Cardiff, 1997).
(52) John Aitchison and Harold Carter, 《언어, 경제, 사회: 20세기 웨일스어의 변화하는 운명(Language, Economy and Society: The Changing Fortune of the Welsh Language in the Twentieth Century)》(Cardiff, 2000).
(53) John Barnie, 〈국민투표(The Referendum)〉, Planet: The Welsh Internationalist 125(1997), p. 3; Richard Wyn Jones and Bethan Lewis, 〈1997년 웨일스 권한 이양 국민투표(The 1997 Welsh devolution referendum)〉, Politics, vol. 19 (1999), pp. 37~46; Laura McAlister, 〈웨일스 권한 이양 국민투표(The Welsh devolution referendum: definitely, maybe?)〉, Parliamentary Affairs, vol. 51, no.2 (1998), pp. 149~65.

'잉글랜드계 웨일스', '영국계 웨일스' 등 다양하게 분류하는 경계 지역은 그런 특성들이 결합된 결과였다.[54]

웨일스 내셔널리즘의 패러다임 안에서 사용되는 용어들은 웨일스 변경 지역 주민들의 역사적 경험을 탈중심화하고 주변화하는 효과를 낳았다. 잉글랜드에도 웨일스에도 속하지 않는 그들은 권리 주장도 없고 대표도 없고 연구도 거의 되지 않는 일종의 '무인도'로 존재한다. 그러나 이제 경계 지역의 주체와 정체성에 초점을 맞추는 것이 어떻게 중앙집권화와 동질화를 유도하는 이데올로기에 문제를 제기할 수 있는지 보여주는 연구가 글래모건 경계연구소 후원으로 진행되고 있다. 특히 1970년대까지 경계에서 다소 모호한 위치를 차지하고 있던 몬머스셔 주에 초점을 맞추어 보면, 정통 '웨일스 기질'과 '잉글랜드 기질' 모두를 거부하는 특유한 경계의 정체성이라는 개념을 입증해주는 풍부한 증거들을 찾을 수 있다. 그래서 데이비스(J. D. Griffith Davies)는 다음과 같은 점을 인정했다.

---

(54) E. G. Bowen, ed., 《웨일스: 물리적·역사적·지역적 지형(*Wales: A Physical, Historical and Regional Geography*)》(London, 1937); Alfred E. Zimmern, 《웨일스에 대한 나의 인상(*My Impressions of Wales*)》(London, 1921); Denis Balsom, 〈웨일스의 세 가지 모델(The Three-Wales Model)〉, John Osmond, ed., 《다시 떠오른 내셔널리즘의 문제: 1980년대 웨일스의 정치적 정체성(*The National Question Again: Welsh Political Identity in the 1980s*)》(Llandysul, 1985), pp. 18~31; Fiona Bowie, 〈안에서 본 웨일스: 웨일스의 정체성에 관한 해석의 갈등(Wales from within: conflicting interpretations of Welsh identity)〉, S. McDonald, ed., 《유럽 내의 정체성들: 서유럽의 민족지학(*Inside European Identities: Ethnography in Western Europe*)》(Oxford, 1993); Pyrs Gruffudd, 〈웨일스의 전망: 경쟁하는 지리적 상상들(Prospects of Wales: contested geographical imaginations)〉, Ralph Fevre and Andrew Thompson, eds., 《국민, 정체성, 사회 이론: 웨일스의 시각(*Nation, Identity and Social Theory: Perspectives from Wales*)》(cardiff, 1999).

동부 몬머스셔에 거주하는 사람들은 웨일스와 웨일스인에 별다른 애착이 없다. 오히려 그들은 웨일스인들을 경계해야 할 이방인으로 여긴다. 그리고 누군가 그들에게 그들이 웨일스인의 후예로 여전히 웨일스에 살고 있는 것이라고 말하면 곧 불쾌감을 나타낸다.

동부 몬머스셔에서는 웨일스인에 대해서도 강한 거부감을 갖지만, 잉글랜드인이 이 지역에 들어와 여러 해 동안 살았더라도 그들을 여전히 '외부인'으로 취급한다. 몬머스셔에 정착한 잉글랜드인이 공유할 국민성은 어디에도 없다.[55]

국제적 명성을 얻은 마르크스주의자 윌리엄스(Raymond Williams)는 1921년 몬머스셔에서 그리 멀지 않은 애버게이브니(Abergavenny)에서 태어났다. 그는 자신의 소설에서 이 '변경(border) 지방'에 관해 썼다.[56] 말년에 이 지역 주민들에 관한 인터뷰에서 그는 다음과 같은 말을 했다.

늘 듣고 자라 지금도 귓가에 생생한 것은 그들이 잉글랜드인과 웨일스인들 모두를 타인으로 이야기했다는 점입니다. 아주 흥미로운 일입니다. 또 두 집단 모두 자신들이 이곳 사람들과

---

(55) J. D. Griffith Davies, 〈몬머스셔: 웨일스 혹은 잉글랜드(Monmouthshire: Wales or England)〉, *Monmothshire Review*, vol. 1 no. 2 (April 1933), pp. 137~45; p. 144.
(56) 특히 그의 '웨일스 3부작', 《변경 지방(*Border Country*)》(London 1960); 《2세대(*Second Generation*)》(London, 1964); 《매노드를 위한 투쟁(*The Fight for Manod*)》(London, 1979)에서, 그리고 《흑산의 사람들(*The People of the Black Mountains*)》, volume I: 《시작(*The Beginning*)》(London, 1989), volume II: 《독수리의 알(*The Eggs of the Eagle*)》(London, 1990)에서 언급했다.

는 다른 사람들인 양 말하는 것도 들은 적이 있습니다.[57]

그 경계의 잉글랜드 쪽으로 향한 다른 작가들은 그곳이 '잉글랜드와 웨일스의 민속과 언어, 전형적인 특질들이 분리할 수 없이 뒤섞여 있는 곳'이며, 거기서 경계라는 것은 '자의적'인 것이라고 주장한다.[58] 물론 웨일스 쪽에서나 잉글랜드 쪽에서 그 경계는 하나의 동질적인 단위가 아니다. 어디에서 보느냐에 따라 교류의 성격에, 이주와 정착, 언어의 양상에 상당한 차이가 나게 마련이다. 그럼에도 불구하고 북동부 웨일스의 촌락에 관한 프랑켄버그(Ronald Frankenberg)의 연구는 '외부인'과 '펜터인(Pentre peolpe; 펜터디웨이스Pentrediwaith는 프랑켄버그가 자신이 연구하는 촌락에 붙인 이름이다)' 사이에 마찬가지로 뚜렷한 구분이 존재한다는 사실을 확인했다.[59] 잉글랜드-웨일스 경계에는 정치적·사회적 분리와 타자성

---

[57] 〈흑산의 사람들: 존 바니의 레이먼드 윌리엄스 인터뷰(The People of the Black Mountains: John Barnie interviews Raymond Williams)〉, *Planet: The Welsh Internationalist*, 65 (1987), pp. 3~13: p. 11.
[58] Percy Thoresby Jones, 《웨일스 변방과 와이 계곡 하부(*Welsh Marches and Lower Wye Valley*)》(Gloucester nad London, n.d.), p. 7와 같은 저자의 《웨일스 변경지방(*Welsh Border Country*)》(London, 1949), p. v; William T. Palmer, 《웨일스의 변경(*The Verge of Wales*)》(London, 1942), p. 205.
[59] Ronald Frankenberg, 《경계 위의 촌락: 북부 웨일스 공동체에서 종교, 정치, 풋볼에 관한 사회 연구(*Village on the Border: A Social Study of Religion, Politics and Football in a North Wales*)》(London, 1957) W. T. R. Pryce, 〈문화 영역의 이주와 진화: 1750~1851년 사이 북동부 웨일스의 문화적·언어적 경계(Migration and evolution of cultural areas: cultural and linguistic frontiers in north-east Wales, 1750~1851)〉, *Transactions of the Institute of British Geographers*, vol. 65(1975), pp. 79~107; C. G. Wenger, 〈북부 웨일스의 민족과 사회 조직(Ethnicity and social organization in north-east Wales)〉, Glyn Williams, ed., 《현대 웨일스의 사회문화적 변화(*Social and Cultural Change in Contemporary Wales*)》(London, 1978).

에 대한 인식, 즉 대다수 주민과는 구별되는 정체성이 존재했으며, 지금도 여전히 존재하고 있는 것으로 보인다. 물론 그것은 상황적이고 맥락에 따른 정체성으로 환경에 따라 적용될 수도 있고 포기될 수도 있으며, 일시 정지될 수도 있는 여러 정체성들 가운데 하나이다. 확실히 잉글랜드-웨일스의 경계는 여러 면에서 피레네 산맥의 경계와는 크게 다르다.

그럼에도 불구하고 내가 이 글에서 인용한 두 가지의 사례 모두 경계 지역 주민들이 언제나 울타리를 치고 그들을 가둔 국가가 상상하거나 선호하는 방식으로 그들의 정체성을 구축하는 것은 아니라는 사실을 보여주는 풍부한 증거를 제공한다. 국가가 그 경계 지역을 어떻게 다루는가에 관한 글에 비해 경계 지역이 그들의 국가를 어떻게 다루는지에 관한 글은 그리 많지 않다. 하지만 경계 연구 분야에서 점점 더 많은 작업이 이루어지면서 이런 특수한 불균형이 교정되고 있다.[60]

6. 창조적 공간으로서의 변경 연구

포스트내셔널리즘과 세계화에 관해 현재 진행되고 있는 논의 속에서는 내셔널리즘의 패러다임에 매어 있는 것보다 그 같은 경계의 입장들을 인정하는 것이 훨씬 더 쉬운 일이다.[61] 웨일스의 맥락에서 페브르(Ralph Fevre)와 톰프슨(Andy Thompson)은 '옳은' 정체성이

---

(60) Donnan and Wlson, 《경계》, pp. 8, 50.

나 '그른' 정체성은 존재하지 않는다고 주장했다.[62] 바바(Homi Bhabha)와 같은 포스트콜로니얼리즘 이론가들은 '경계'의 관점, 모호하고 파편화된 정체성, 국민의 틈새에 선 입장, '국민-공간의 양면적인 주변'을 받아들였다.[63] 포스트콜로니얼리즘의 관점은 내셔널리즘의 패러다임에서처럼 이런 혼성을 무시하고 폄하하기보다 국가에 대한 경계의 관계를 불리한 조건이 아닌 유리한 조건으로 간주함으로써 주변성에 대한 평가를 용이하게 했다.[64] 더욱이 포스트내셔널리즘의 입장은 내셔널리즘 내러티브의 중심 메시지와의 관계가 어떻든 (민족, 종교, 정치 혹은 문화로 규정되는) 특정 집단의 경험을 다른 집단의 경험보다 우위에 두어서는 안 된다는 점을 강조한다. 이 같은 맥락에서 미셸(Laura di Michele)이 주장한 바와 같이 경계

---

(61) Jürgen Habermas, 《탈식민주의의 배열: 정치적 시론들(*Postcolonial Constellation: Political Essays*)》(Cambridge, 2001); Manfred B. Steger, 《세계화: 간략한 소개(*Globalization: A Very Short Introduction*)》(Oxford, 2003); David Held and Martin Köler, eds., 《정치 공동체의 재상상: 세계민주주의 연구(*Re-imagining Political Community: Studies in Cosmopolitan Democracy*)》(cambridge, 1998), pp. 11~27; Ulf Hedetoft and Mette Hjort, eds., 《포스트내셔널리즘의 자아: 소속과 정체성(*The Postnational Self: Belonging and Identity*)》(Mineapolis, 2002).
(62) Ralph Fevre and Andrew Thompson, 〈사회 이론과 웨일스인의 정체성(Social Theory and Wales Identities)〉, Fevre and Thompson, 《국민, 정체성, 사회 이론》 pp. 3~24, p. 8.
(63) Homi Bhabha, 〈경계의 삶: 현재의 혼성의 정체성(Life at the border: hybrid identities of the present)〉, *New Perspectives Quarterly*, vol. 14 no. 1 (1997), pp. 30~1; 같은 저자의 〈탈식민의 권위와 포스트모던의 죄(Postcolonial authority and postmodern guilt)〉, Lawrence Grossberg, Cary Nelson and Paula Treichler, eds., 《문화 연구(*Cultural Studies*)》(New York, 1992), p. 57.
(64) Simon Gikandi, 《잉글랜드 기질의 지도: 식민주의의 문화 속에서 정체성의 서술(*The Maps of Englishness: Writing Identity in the Culture of Colonialism*)》(New York, 1996), p. 28; Davis Theo Goldberg, 〈이질성과 혼성: 식민의 유산, 탈식민의 배반(Heterogeneity and hybridity: colonial legacy, postcolonial heresy)〉, Henry Schwarz and Sangeeta Ray, eds., 《탈식민주의 연구 지침서(*A Companion to Postcolonial Studies*)》(Malden, Mass., 2000), pp. 72~86.

는 국적에 관한 지배적 담론을 해체하기에 '유리한 관찰자의 시각'을 제공한다.[65]

그 같은 철학적 입장이 물론 역사적 현실과 동시대의 현실에 대한 상세하고 중립적인 관찰을 대신할 수는 없다. 경계 지역의 복잡한 민족적 현실이나 문화적 현실이 반드시 혹은 자동적으로 중앙집권적이고 동질성을 강조하는 국민국가의 경향을 극복할 수 있을지는 분명하지 않다.[66] 헤이베르그(Marianne Heiberg)는 바스크 지역민들에 대한 연구에서 1960년대와 1970년대 스페인계 바스크인들이 어떻게 경계를 완화하기보다 강화하는 인식의 공동체를 만들었는지를 보여주었다.

> 정당, 예술품, 사면 조직들, 역사 연구, 경지 활동, 학교, 신문, 공공 기획, 민중 축제, 출판사 등은 애국 계열/친스페인 계열, 내셔널리즘 계열/반내셔널리즘 계열, 바스크 계열/반바스크 계열의 범주를 강요당했다. 이런 양극화의 압력이 지속적으로 가해지면서 바스크 내셔널리즘을 지향하는 공동체와 거기서 배제된 기구들 사이의 경계는 분명하고 공고한 것이 되어 서로 침투할 수 없게 되었다.[67]

---

(65) Laura di Michele, 〈《변경지방》에서 자서전과 '감정의 구조'(Autobiography and the 'Structure of feeling' in *Border Studies*)〉, Dennis L. Dworkin and Leslie G. Roman, eds.,《변경지방을 넘어선 전망: 레이먼드 윌리엄스와 문화정치(*Views Beyond the Border Country: Raymond Williams and Cultural Politics*)》(New York, 1993), pp. 21~37: p. 30.
(66) Donnan and Wilson,《변경》, pp. 39~40.

헤이베르그가 확인한 경계는 국가 간의 경계가 아니라 국가 내부의 경계이다. 그러나 그 핵심은 '경쟁적인 적대감'의 증대가 여전히 현 상황에서 가능한 결과 중 하나라는 점이다.[68] 앤더슨이 말한 바와 같이 "전반적으로 세계의 선진 발전 지역들에서 국민국가의 경계는 점점 더 상호침투적인 것이 되어 그것이 갖는 문화적·사회적 방어선으로서의 결정성은 점점 더 떨어지게 되었다." 그러나 미래가 언제나 이와 같은 방향으로 전개될 것이라고 생각하기는 어렵다. 특히 '대테러 전쟁'으로 지구 전체가 팽팽한 긴장 속에 놓여 있는 상황에서 미래가 그렇게 전개될 것이라 상상하기는 어려운 일이다.[69] 확실히 내셔널리즘과 국민성이라는 언어는 하나의 국민과 세계의 나머지 사람들 사이에 심리적 장벽을 만든다. 경계를 분명히 하는 일은 타자화에 의해 이루어지는 것이므로, 이런 이분법은 타자에 대한 불필요한 적대감을 유발하고 상상된 국민에 부합하지 않는 특성의 정체성이나 집단, 사람들을 주변적이거나 보이지 않는 존재로 만든다. 국민성이라는 것은 국경을 초월한 상호 이해의 길에 장애를

---

(67) Heiberg, 《바스크인의 형성(*The Making of the Basque Nation*)》(Cambridge, 1989), pp. 110~11. 콘피노(Alon Confino)는 그의 뷔르텐베르크 연구에서 지역의 정체성과 국민의 정체성이 차츰 일치하는 것을 발견했다: 《지역적 메타포로서의 국민: 뷔르텐베르크, 독일제국, 국민의 기억, 1871~1918(*The Nation as a Local Metaphor: Würtenberg, Imperial Germany, and National Memory, 1871~1918*)》(North Carolina, 1997).
(68) 그 문구는 코헨의 《정체성의 경계》, pp. 194~5에서 인용한 것이다. 앤더슨은 《국경》, p. 108에서 지역의 내셔널리즘이 국가의 내셔널리즘과 많은 점을 공유할 수 있으며, 경계에 관해 유사한 감수성을 유발할 수 있다는 점에 주목한다. David Newman and Anssi Paasi, 〈포스트모던 세계에서 울타리와 이웃: 정치지리학에서 경계의 내러티브들(Fences and Neighbours in the postmodern world: Boundary Narratives in political geography)〉, *Progress in Human Geography*, vol. 22 no. 2(1998), pp. 186~207.
(69) Anderson, 《국경》, p. 7.

만들고 개인들에게 하나의 국민국가에 헌신할 것을 강요함으로써 작동한다. 그것은 고립적이고 배타적일 수밖에 없다. 경계 연구는 국민국가의 공간적 차원을 문제삼고, 사회적·문화적 동질성에 관한 국민국가의 신화를 문제삼으며, 경계를 가로지르는 민족과 정체성들을 지적하고 '경계'의 주체적 정체성들에 가치를 둔다는 점에서 타고난 포스트내셔널리즘의 담론이라는 것이 나의 생각이다. 포스트내셔널리즘은 소속의 형태가 단일한 동질적 국민국가의 개념을 폐기하는 대신 다양성과 포용성을 강조하기 위해 현재의 경계와 분계들을 초월한다.[70]

그러므로 경계는 국민국가의 주변부 그 이상이다. 그것은 한 국민의 선명한 경계이자 서로 다른 국가와 사회조직체들이 만나 갈등하거나 뒤섞이는 지점들일 것이다. 경계는 차이와 조화를 쉽게 확인할 수 있는 장소이다. 경계는 우리로 하여금 국민국가를 집합적 조직의 최고 단위로 삼았던 인류사의 국면 너머에 시선을 두게 한다는 점에서 극적이다. 지난해 작고한 위대한 마르크스주의 역사가 빌라르(Pierre Vilar)가 "세계사는 경계 위에서 가장 잘 관측될 수 있다"고 한 말은 이 학술대회에 더 없는 영감을 주는 것이다.[71]

— 번역 김지혜(서양사, 한국교원대)

---

[70] Catherine Hall, 〈역사, 제국, 탈식민주의의 국면(Histories, empires and the post-colonial moment)〉, Iain Chambers and Lidia Curti, eds., 《탈식민주의의 문제: 같은 하늘, 갈라진 지평(The Post-Colonial Queation: Common Skies, Divided Horizons)》(London and New York, 1996), pp. 65~77: p. 67.

[71] Sahlins, 《경계》, p. xv.

Frontiers or Borders ?

3.

동유럽의 역사적 변경과 종족-민족 논쟁
— 제1차 세계대전 기후의 국경들

동유럽의 역사적 변경과 종족-민족 논쟁
—제1차 세계대전 이후의 국경들

리나스 에릭소나스(Linas Eriksonas)

스트라스부르 소재 유럽 학술재단의 범유럽적 프로젝트 '과거의 재현: 유럽 각국 서술'(2003~2008)의 코디네이터이다. 리투아니아에서 고등학교를 마치고 프라하의 카를루프 대학에서 역사학을 전공한 뒤, 스코틀랜드 애버딘 대학에서 북유럽사 전공으로 역사학 박사 학위와 박사 후 연구자에게 수여되는 DCE·Doctor Communitatis Europae 학위를 받았다. 에릭소나스는 처음 노르웨이 오슬로 대학과 스웨덴의 스웨덴 대학원에서 초빙 연구원을 역임했으며, 현재는 스웨덴 발틱-동유럽 대학원의 재정 지원을 받아 발트 해 연안의 국가, 영토, 국민성에 관한 연구를 진행하고 있다.

National Heroes and National Identities: Scotland, Norway, and Lithuania (Brussels, 2004)이 있다. 논문으로
"The National Hero: A Scottish Contribution", *Canadian Review of Studies in Nationalism* 30 (2003) pp. 83~102.
"Christian Traditionalism in Theory and Praxis: A Case Study of Norway, ca. 1905~1930", *Norsk Teologisk Tidsskrift* 102 (2001) pp. 123~140가 있다.
그 밖에 *Encyclopedia of Nationalism*, vol. 2: Leaders, Movements, Concepts (San Diego, CA and London: Academic Press, 2001)에 리투아니아와 벨로루시 관련 여러 항목을 저술했으며, 근대사에서 국가 권력의 정당성과 국민 만들기 관련 연구에 관심이 있다.

1. 종족 – 민족에 관한 연구 논의

제2차 세계대전 이후 종족-민족(ethnic)에 관한 논의는 민족주의 문제에 대한 학술 토론에서 점차 큰 비중을 차지해 왔다. 종족성과 민족주의를 동전의 양면으로 보는 것이 편리한 이해방식이 되었다. 민족에 대한 종족적 이해는 상당 부분 제2차 세계대전 이후 유럽에서 발생한 실제 정치에 따른 것이었다. 크레이머(Mark Kramer)가 전후 동유럽의 인종 청소에 관한 저서에서 언급하고 있듯이,

> 종전 후 중동부 유럽에서 수백만 명이 자신의 고향에서 먼 곳으로 강제 추방되어 원거주지로 돌아오지 못하게 되었다. 전후 수백만의 이방인들은 원거주지에서 강제로 내몰림으로써 추방된 사람의 전체 숫자가 거의 300만 명에 이르게 되었다. 수많은 사람들이 이러한 격동의 시기에 사망했고, 더 많은 사람들이 삭일 수 없는 고통을 겪었다. 전후의 추방과 강제 이송 기간에 사망한 사람들의 숫자는 적어도 150만 명이었다.[1]

그러한 비열한 추방의 대부분은 국가를 단일 언어 사용의 획일적 사회로 만들고자 하는 목적에 따라 시행되었다. 동유럽의 공산주의 체제는 '하나의 민족-하나의 나라'라는 수사를 교묘하게 적용해 전쟁의 고통을 겪은 국민들을 완전히 통제하고자 했다. 따라서 1945

---

(1) Mark Kramer, 'Introduction', in Philipp Ther and Ana Siljak, eds., *Redrawing Nations: Ethnic Cleansing in East-Central Europe, 1944~1948*, (London: Rowman & Littlefield, 2001), p. 2.

년 이후 일반적으로 종족성이 근대 세계의 안정에 하나의 위협으로 여겨진 것은 당연한 것이었고, 한편으로 그것은 정치 이론가들이 민족주의의 극단성을 설명하는 데 종족에 대한 논의를 이용하도록 조장했다. 캐노반(Margaret Canovan)은 자신의 저서 《민족과 정치 이론》에서 민족에 관한 자유주의적 견해들이 그토록 강하게 거부한 종족에 대한 논리에 실제로는 얼마나 많이 빚지고 있는지를 명쾌하게 보여주었다.[2]

종족을 중시하는 사고의 충격은 현재 태동하는 '변경 연구' 분야에서 더 나타났다. 이 새로운 주제 분야는 최근 문화지리학의 분야를 넘어 인문학의 영역 전반으로 확대되었다. '종족적으로' 분열된 북아일랜드 벨파스트 출신의 도넌(Hastings Donnan) 교수는 그의 저서 《국경: 정체성, 민족의 경계》에서 민족 정체성의 부속물로서의 종족성에 관한 일반적인 견해를 인정했다.

> 종족성과 민족 정체성은 과거에도 그랬고 앞으로도 그러하듯이 오늘날 많은 나라들을 위협하고 있다. 분명히 그것은 종족 집단과 민족이 그 분명한 특징들 중 하나로서 하나의 실재, 즉 역사적으로 인정된 영토, 혹은 그들이 오로지 열망하는 조국과 본질적인 관계를 갖고 있기 때문이다.[3]

---

(2) Margaret Canovan, *Nationhood and Political Theory*, (Cheltenham, UK and Northfield, MA: Edward Elgar, 1996); Eric Kaufmann, "Liberal Ethnicity: Beyond Liberal Nationalism and Minority Rights", *Ethnic and Racial Studies*, vol. 23, no. 6 (2000), pp. 1086~1119도 참조.
(3) Hastings Donnan, *Borders: Frontiers of Identity, Nation*, (Oxford: Berg Publishers, 1999), p. 6.

국가의 보호막 아래 생존을 갈망하는 종족 집단의 존재에 대한 유사한 믿음은 '종족 갈등' 문제에 대한 또 다른 논자인 볼프(Stefan Wolff)의 저서에 표현되어 있다. 구동독 출신인 볼프는 자신의 최근 저서 《분쟁 지역: 종족 갈등 조정의 초국적 역동성》에서 주장한 바에 따르면 '종족 갈등을 내포하고 해결한 기록'을 갖고 있는 서유럽의 방식에서 누구라도 교훈을 찾을 수 있다면, 종족 집단에 의해 촉발된 종족 갈등은 해결될 수 있다는 것이다.[4]

오늘날 그러한 종족 중심적 견해는 전 세계의 각 분야에서 환영받고 있다. 지난 10년간 '종족 연구'는 인문학, 정치학, 사회학에서 전례 없이 부활했고, 종족성은 현재 전문적 유행어가 되었다. 볼프는 옥스퍼드와 뉴욕에서 버간출판사(Berghahn Books)가 발간한 '종족 정치 연구' 시리즈를 만들었고, 《세계 종족 정치 비평(Global Review of Ethnopolitics)》지를 창간하기도 했다. 학자들뿐만 아니라 정치가들도 종족 문제에 대해 이야기하고 있다. 최근 발칸과 중동에서 일어나고 있는 '종족 갈등'은 그곳에서 사라지지 않고 있는 종족에 대한 믿음이 세계를 혼란시키는 요인이라는 것을 확인시킬 따름이다.

그런데 이러한 사고방식은 어디에서 비롯된 것인가? 분쟁 지역에 관한 볼프의 저서는 그의 박사 논문 《분쟁 지역과 주변 소수 세력의 처리 및 갈등 조정의 안정성(Managing Disputed Territories, External Minorities, and the Stability of Conflict Settlements)》을 출판한 것인데, 런던 정경대학의 종족성 및 민족주의학과 교수인 스미

---

(4) Stefan Wolff, *Disputed Territories: The Transnational Dynamics of Ethnic Conflict Settlement*, (Oxford and New York: Berghahn Books, 2003), 뒷면 표지.

스(Anthony D. Smith)가 1990년대 중반에 지도한 논문이다. 민족주의 연구의 세계적 권위자인 스미스 교수는 다양한 방식으로 인류학적 개념인 '종족'에 정치적 의미를 부여해 그것을 문화적 범주로 각인시키고 또 이를 지키는 데 기여했다. 버거(Stefan Berger)는 최근 스미스의 논문집에 대한 서평에서 스미스의 종족 개념을 애매하게 만든 '유동성'에 주목했다.

> 민족주의의 종족적 기반에 대한 그의 옹호는 두 지점 사이에서 불안하게 동요한다. 그 하나는 분명한 문화적 공동체뿐만 아니라 객관적·사실적·역사적 과정에 의거한 민족적 동일성이라는 본질주의적 가정이고, 또 다른 하나는 종족성이 민족주의처럼 '지각, 인식과 신념에 의거한다'는 것에 대한 훨씬 더 효과적인 시인이다. 다시 말하면 종족성이란 객관적 사실이 아니라 사회적·문화적 구조물이다. 역설적이게도 이러한 통찰력은 그가 종족-상징적 접근을 위해 파기한 사회적 구조주의의 입장과 흡사하다.[5]

종족성에 대한 스미스의 이해는 스승인 런던 정경대학의 철학, 논리적 및 과학적 방법론학과 교수인 프라하 태생의 겔너(Ernest Gellner, 1925~1995)의 영향을 분명히 받았을 것이다. 겔너는 다방

---

[5] Anthony D. Smith, *The Nation in History: Historiographical Debates about Ethnicity and Nationalism*, (Oxford: Polity, 2000)에 대한 Stefan Berger의 서평, *English Historical Review*, vol. 116 (Apr. 2001), pp. 445~446.

면의 학문 생활에서 주로 인류학적 시각에서 민족주의를 분석했다. 그런데 청년기의 겔너에게 중요한 영감을 불어넣은 사람은 폴란드 태생의 영국 인류학자인 말리노프스키(Bronisław Malinowski, 1884~1942)였다. 말리노프스키는 런던 정경대학에서 수학(1910~1916)하고, 후에 동대학의 사회인류학과 초대 과장으로 재직했다. 말리노프스키의 인류학적 접근은 기능주의와 문화에 기반을 두고 있었다. 또한 민족체에 대한 그의 이해는 부족 문화에 대한 자신의 현지 조사(제1차 세계대전 기간에 그는 후에 영국령 뉴기니에 속하게 된 트로브리안드 군도Trobriand Islands에서 4년간 현지 조사 활동을 했다)와 발칸인들과의 만남에 뿌리를 두고 있었다. 어린 시절 그는 1878년 베를린회의 결과 수립된 몬테네그로 공국의 수도 체티네에서 요양 중인 어머니와 함께 지내면서 새로운 민족국가가 건설되는 것을 경험했다.[6]

폴란드의 인종학적 잡지인 《인간》에 기고한 말리노프스키의 초기 논문들에는 종족적 범주로서의 인간에 관한 그의 인식이 드러나 있다. 이후에 그가 발전시킨 여러 견해는 1944년 뉴욕에서 출판된 그의 마지막 저서 《자유와 문명》에서 엿볼 수 있다.[7] 부족국가와 부족 문화처럼 민족국가와 민족 문화 사이에 분명히 선을 긋고 또한 민족과 관련된 정치적인 힘이 문화적인 것과 구분되어야 한다고 스스로

---

(6) 말리노프스키에 관한 개인적 회고에 대해서는 예전의 학교 동료였던 크라쿠프의 그로스의 기록을 참조. 그는 학창 시절 몬테네그로 공국에 대해 말리노프스키가 얼마나 매료됐었는지를 묘사하고 있다. Feliks Gross, "Young Malinowski and His Later Years", *American Ethnologist*, vol. 13, no.3 (Aug. 1986), pp. 557.
(7) Bronislaw Malinowski, *Freedom and Civilization*, (New York: Roy Publishers, 1944).

주장했음에도 불구하고 그는 민족에 대한 이해의 중심이 되는 종족적 시각을 떨쳐버릴 수 없었다. 이러한 견해는 겔너로 이어지고, 스미스와 그의 연구 분야에 전해졌다. 다른 폴란드 인류학자 그로스(Feliks Gross)와 공동집필한 민족체에 관한 미완성 원고에서 말리노프스키는 그의 런던 정경대학 제자들과 마찬가지로 민족체에 관한 모든 주관적 개념들에 대해 비판적이기는 했다. 그러나 그로스는 말리노프스키에 대해 다음과 같이 회상했다.

> 자기 확인은 정치적 행동과 서로 관련이 있다. 그것은 행동을 결정할 수도 있고 결정하기도 한다. 1918년 이후 예를 들어 국민투표에서 민족자결로 표현된 '주관적' 민족체의 원리는 극단적인 경우에 부정적인 사회적 결과를 낳는다. 그것은 민족주의적 문제를 감정적으로 조작하기도 했고 결국 독일에서 인종적 자기 확인으로 귀결되었다. 그러나 그 원리는 그것의 극단적 사용과는 구별되어야 한다. 그는, 즉 말리노프스키는 민족체를 전후 처리의 최고 가치로 보았다. 그는 다양한 민족체에게 문화적 자유를 보장하고, 민족주의적인 정복과 억압정책을 위해 정치 권력과 폭력을 사용하지 못하게 하는 제도들이 필요하다고 생각했다.[8]

종족성을 문화적 개념으로 이야기하는 것과 그것을 정치적 문제로 다루는 것은 서로 별개의 문제이다. 1915년까지 종족성은 학문

---

[8] Feliks Gross, "Young Malinowski", p. 564.

세계에만 국한되어 있었다. 정치가와 외교관들은 민족체를 시민공동체로 보는 자유주의적 인식을 지녔다. 1910년 몬테네그로 소공국이 왕국, 즉 독립 주권국가가 되었을 때 종족은 국가 교의의 대상이 아니며 종족적 인민이 정치적 국민의 토대가 되는 것이 아니라 오히려 그 반대라는 것을 헌법에 명시했다. 학생들에게 국가의 법률을 가르칠 목적으로 정부가 전쟁 직전에 발행한 몬테네그로의 교과서에 '국민과 국토'라는 항목의 내용은 다음과 같다.

> 한 국가의 전체 인구는 국가의 사법권 아래 일체가 되어 국민을 동일한 부족인지의 여부에 상관없이 정치적 의미로 통합한다. 따라서 예를 들면 '미국 국민'은 서로 다른 종족적 기원과 관계없이 미국의 모든 시민을 포함한다. 그것은 또한 프랑스, 독일, 러시아 등의 국민들에게도 적용된다. 그러므로 정치적 의미에서 '국민'이라는 개념은 종족성의 개념과 중첩되지 않는다. 왜냐하면 전자는 후자보다 훨씬 더 포괄적이기 때문이다.
> 우리 조국 국민의 경우 우리는 종족적 맥락에서 '몬테네그로인'이라는 용어를 전혀 사용하지 않는다. 왜냐하면 몬테네그로인은 종족적으로 세르비아인이며, 몬테네그로 종족은 존재하지 않기 때문이다. 이와 달리 몬테네그로 국경 안에 비세르비아 종족의 시민들이 거주한다. 그러나 이는 그들이 정치적인 몬테네그로 국민에 속하는 것을 막지 못한다.
> 따라서 해롭고 흔히 위험하기도 한 오해를 피하기 위해 종족적 인민과 정치적 국민을 조심스럽게 구별해야 한다. 예를 들어 '몬테네그로 종족을 위한 몬테네그로'라는 공식은 출신 종

족과 상관없이 국가 앞에 동등한 사람들, 즉 몬테네그로 종족 출신이 아닌 여타의 몬테네그로 국민에게 대립되는 것으로 이해되어야 한다.[9]

몬테네그로의 예에서 볼 수 있듯이 발칸에서도 미래의 종족 갈등의 온상인 종족 문제가 1914년 이전에 아직 일상적인 정치적 의제의 일부가 아니었다면, 언제 종족성이 국제적 논쟁의 정치적인 논제가 되었을까?

2. 언어적 경계들

민족체의 원리를 언어적 경계와 연결시킨 사람은 미국의 지리학자이며, 외교관인 도미니안(Leon Dominian)이었다. 전쟁 발발 다음 해에 그의 선구적 논문 〈유럽의 언어적 권역들: 그 경계와 정치적 의미〉에서 도미니안은 가능하다면 언제라도 전후 유럽의 국경이 언어적 경계에 따라 정해져야 한다는 문제를 제기했다. 따라서 그가 원한 것은,

> 유럽의 언어적 권역들과 대륙의 지형 사이에 분명한 관계가 존재하며 국경을 결정하는 데 지리학 연구를 통해 밝혀진 사실들을 적용하는 것이 타당하고 실용적이라는 것을 보여주는 것

---

(9) Zhivko Dragovich, Ljub Bakich, 《법의 이해(*Poznavanje zakona*)》(Cetinje, 1914), p. 105.

이었다.[10]

이 지리학자는 일반적으로 서유럽의 정치적·언어적 경계의 일치에 만족하지만 동유럽의 국경은 아직 주의할 필요가 있었다.

> 근대사는 민족적 경계의 결정이 언어의 구분과 밀접히 관련되어 있는 단계에 들어섰다. 과거 두 세기의 국제적 사건들은 정치적·언어적 경계를 일치시키려는 꾸준한 노력의 흔적이 있었다. 이런 측면에서 서유럽의 발전은 만족스럽다. 대륙의 동부에서는 외교적 해결을 반대했던 문제들이 남아 있다. ……
> 정치적 경계를 고려해볼 때 언어적 구분 선에는 양면적인 중요성이 존재한다. 그곳에는 민족적 열망이 숨어 있고 자연지리적 특징이 드러난다.[11]

도미니안은 논문의 결론에서 세부적인 언어적 유럽 지도를 설명하면서 미래의 '국경 문제의 조정'을 위한 언어적 기준이 타당하다는 강한 믿음을 표현했다.

> 19세기 유럽사는 근대 민족체의 재구성이 언어에 기반을 두고 있음을 분명하게 보여주고 있다. ……

---

(10) Leon Dominian, "Linguistic Areas in Europe: Their Boundaries and Political Significance", *Bulletin of the American Geographical Society*, vol. 47, no.6 (1915), pp. 401.
(11) Leon Dominian "Linguistic Areas in Europ", pp. 401~402.

현재 외세의 치하에 있는 언어 지역의 거주민들은 스스로 통치할 권리를 거세게 요구하고 있다. 국제적 감시하에서 국민투표를 실시하면 그들의 열망을 만족시키고 국경 문제도 조정할 수 있다.

누구나 이야기하듯이 점차 언어적·정치적 경계를 일치시키는 것이 정상적인 발전으로 여겨져야 한다. 그것은 인간의 제도의 초기적 특징인 혼돈으로부터 발전되어 온 질서의 한 형태이다.[12]

국경에 대한 도미니안의 견해가 정연하게 다듬어진 것은 아니었지만, 만일 미국 외교관들이 1918년 이후 유럽의 경계를 재획정하는 데 이를 활용하지 않았다면 그의 국경관은 우리에게 별 관심을 끌지 못했을 것이다. 1915년 이후의 논문에 제시된 그의 언어 지도와 베르사유 조약 이후의 새로운 유럽의 정치 지도를 비교해보면 그들의 유사성을 어렵지 않게 찾아볼 수 있다. 1919년의 정치적 경계는 도미니안이 1915년에 언어적 경계에 따라 윤곽을 그린 것과 흡사하다. 이제 지도 뒤에 있는 사람이 누구인지 그리고 그의 견해가 어떻게 미국의 외교적 이니셔티브의 일부가 되었는지 살펴볼 필요가 있다.

도미니안이 어떻게 그러한 생각을 갖게 되었는지 이해하기 위해서는 이후의 그의 견해에 단서를 제공하는 인생 경로를 다시 추적해야 한다.[13] 이 지리학자는 1880년 이스탄불에서 아르메니아 개신교

---

(12) 앞의 책, p. 439.

도 가문에서 태어났다. 오스만제국에서 대다수의 아르메니아인들을 아르메니아 정교 공동체(millet)하의 교회 당국이 통치한 반면 아르메니아 개신교도들은 개신교 공동체에 속해 있었다.[14] 이스탄불에 사는 상당수 아르메니아 중간 계급이 19세기 후반에 개신교로 개종할 때까지 아르메니아인의 정체성은 다른 동유럽의 경우와 같이 대개 종교에 의한 것이었다.

따라서 아르메니아인들이 신앙에 따라 분열된 것은 그들의 정체성이 무엇을 기반으로 하고 있는지를 이해하는 데 큰 변화를 초래했다. 세기 전환기에 새로운 언어적 동질감은 오스만제국의 아르메니아인 개신교도들 사이에 널리 뿌리를 두고 있다.[15] 이 아르메니아인들은 민족체의 주된 지드로서 종교보다는 언어를 우선시했는데, 오스만제국에서 이와 비슷한 다른 민족들은 미국 선교사들에 의해 개종한 불가리아와 마케도니아인의 개신교도들이었다. 새로운 개종자들의 언어적 동질감은 '선택된 사람들'의 성경적 사명을 강조하는 미국 조합교회주의자와 장로교회 선교사의 가르침으로 상당히 강화되었다. 이 지역의 미국 선교사업에 관해 연구한 우즈(Randall Woods)는 다음과 같이 지적한 바 있다.

---

(13) 도미니안에 관한 개인 기록을 제공해준 미국 국무부 역사가위원회 중동 지역 분과의 Linda W. Qaimmaqami 박사에게 감사한다.
(14) 오스만제국의 터무슬림계 소수민족의 통치정책. 이 시스템에 따라 중앙 정부에 책임을 지는 종교 지도자들이 지배하는 자치 공동체가 형성되었다.
(15) 아르메니아의 개신교 교회는 1846년 6월 25일 세워졌다. 1847년 11월 15일 당국은 오스만제국의 개신교도들을 개별 공동체로 인정하고 그들에게 신앙의 자유를 부여했다. "The Armenian Protestants: A Brief History", *Window Quarterly*, vol. 2, no. 3 (1991) 참조.

1878년부터 1903년 사이 발칸에 거주하고 있던 미국 선교사들은 점차 반터키적으로 그리고 마케도니아 해방운동에 공개적으로 공감하게 되었다. 더욱이 선교사들은 그들과 함께 살고 일하는 사람들로부터 반체제사상을 받아들였다. 실제로 수십 명의 마케도니아, 불가리아의 고위 관리들은 콘스탄티노플의 로버트 대학의 졸업생들이었다. 로버트 대학의 학장 워쉬번(George Washburn)과 미국 재무성 터키 담당관 피트(William W. Peet)는 이 학교의 학생들과 친분관계를 유지했고, 결과적으로 그들은 소피아의 영토 회복주의자들과 영향을 주고 받았다. 더욱이 터키 정부가 누차 지적했듯이 스트루미차, 살로니카, 반스코와 마케도니아-불가리아 국경 부근의 다른 도시들에서 열린 개신교도들의 대규모 집회는 민족주의의 온상이었다.[16]

　　1898년 도미니안은 앞에서 언급한 로버트 대학(현 보가지치 대학의 전신)을 졸업했다. 이 대학은 1863년에 뉴욕 출신의 저명한 부유 상인이며, 자선가였던 로버트(Chistopher Rheinlander Robert)와 미국 조합교회주의 목사이며, 미국 해외선교단 소속 터키 선교사였던 갬린(Bostonian Cyrus Gamlin, 1811~1900)에 의해 설립되었다.[17]

---

(16) Randall B. Woods, "Terrorism in the Age of Roosevelt: The Miss Stone Affair, 1901~1902", *American Quarterly*, vol. 31, No. 4. (1979), p. 483.
(17) 이 대학의 역사에 관해서는 George Washburn, *Fifty Years in Constantinople and Recollections of Robert College*, (Boston and New York, 1909), 《이성(*Razum*)》, no. 3(2003)에서 발췌.

많은 로버트 대학 졸업생들은 계속 혁명가가 되었고, 민족자결주의의 이름으로 오스만제국의 정치인이나 민간인을 목표로 수많은 테러 공격을 감행한 마케도니아 비밀 혁명 조직에 가담하는 경우도 있었다.[18]

제1차 세계대전 이후 로버트 대학과 관련된 사람들은 오스만제국이 해체되는 대신 이루어질 아르메니아의 독립을 위해 워싱턴에서 주도면밀하게 로비 활동을 벌였다.[19] 도미니안도 가담한 미국 내 아르메니아의 로비방식은 1910년 보스턴에서 국제 정치와 기독교 평화주의의 정서를 결합할 목적으로 설립된 세계평화재단(World Peace Foundation)을 통해 권력층과 연줄을 갖는 것이었다. 전시와 전후에 이 재단은 진보당에 의해 좌우되는 미국 외교정책에 영향을 행사하기 위해 개신교 교회를 위한 강령을 제공했다. 로버트 대학을 운영하는 미국 해외선교단은 이 재단의 주요 발기인이었다. 윌슨 대통령은 재임 시에 이 재단을 지원하기도 했다.[20]

개신교도들과 미국 자유주의자들이 동의한 개념은 민주 정부에 정통성을 부여하는 자유로운 개인들의 자기규정적인 민족이었다. 윌슨의 표현대로,

---

(18) 1901년에 미국의 여성 선교사가 테러리스트에 납치되어 몸값을 요구받은 사건이 있었다. 이 사건은 그 지역에서 미국 선교사들이 받은 충격에 대한 논쟁을 불러일으켰다. 이에 대해서는 Randall Woods, "Terrorism in the Age of Roosevelt"과 C. E. Black, "Influence of Western Political Thought in Bulgaria 1850~1885", *The American Historical Review*, vol. 48, no. 3. (Apr., 1943), pp. 507~520 참조.

(19) Mark Malkasian, "The Disintegration of the Armenian Cause in the United States, 1918~1927", *International Journal of Middle East Studies*, vol. 16, no. 3 (Aug. 1984), pp. 349~365.

(20) Peter Filene, "The World Peace Foundation and Progressivism: 1910~1918", *The New England Quarterly*, vol. 36, no. 4 (Dec. 1963), pp. 478~501.

정부는 자신의 권력을 피지배층의 동의로부터 획득하며, 민족이 소유물인 것처럼 한 주권국에서 다른 주권국으로 임의로 옮겨놓을 권리는 그 어디에도 없다. 그러므로 침해할 수 없는 생명, 종교, 산업적·사회적 발전의 보호가 모든 민족에게 보장되어야 한다.[21]

이러한 민족 개념은 오스만제국 내의 민족 규정에 어느 정도 합치된다. 그들도 자유를 추구하고 자치를 요구했다. 그러나 다원적인 인구를 서로 다른 공동체로 구분하는 것은 정치적 권리를 부여받은 개인들의 집합체로서의 민족과 아무런 유사점도 없는 개별 공동체를 지역적 또는 민족적으로 미궁에 빠뜨리는 일이다. 공동체 자체는 흔히 '종족적 민족'에 대한 근대적 이해의 선구로 보인다. 예를 들면 루도메토프(Victor Roudometof)는 공동체 제도에서 집단적 권리는 서구 민주주의의 경우처럼 보편주의적 기준이라기보다는 개별주의적 기준과 관련되었다고 주장했다.[22]

이미 앞에서 살펴보았듯이 도미니안은 의심할 여지없이 개신교 공동체의 경험으로부터 영향을 받았다. 그러나 비슷한 경험을 한 다른 학자들보다 유리한 경력상의 전환이 한 번 더 있었다.[23] 로버트

---

[21] *The Messages and Papers of Woodrow Wilson*, vol. 1 (New York: Review of Reviews Corporation, 1924), p. 353.
[22] Roudometof, Victor, *Collective Memory, National Identity, and Ethnic Conflict: Greece, Bulgaria and the Macedonian Question*, (Westport: Praeger, 2002), 18~19; Marius Turda, "Small States-Big Nations: Nation and Irredentism in the Balkans, 1890~1920", *Statehood Beyond Ethnicity 1600~2000*, eds. Linas Eriksonas and Leos Mller (P.I.E.-Peter Lang, 2004 발간 예정)에서 인용.

대학을 졸업하고 1898년에서 1900년까지 도미니안은 벨기에의 불어권 대학인 리에쥬 대학에서 지리학을 공부했다. 세기 전환기의 벨기에는 플라망 민족주의의 동요를 경험했고, 인종학 연구는 벨기에가 특히 강했다. 더욱이 리에쥬 대학은 인종학에 관심이 있는 언어학자들로 유명했다.[24]

도미니안이 리에쥬 대학에 재학 중일 때 역시 그곳에 교수로 재직하고 있던 벨기에 역사가 쿠르트는 벨기에의 플라망어와 왈룬어 간의 언어학적 경계를 인종학적 측면에서 역사적으로 서술한 최초의 학자였다. 이 견해에 쿠르트의 가장 유명한 제자인 역사가 앙리 피렌(Henri Pirenne)이 동조했다. 1899년에 첫 권이 출간된 피렌의 《벨기에사》는 두 종족으로 이루어진 벨기에의 민족사를 서술한 것이었다.[25] 도미니안이 벨기에에서 받은 영향은 후에 국경과 언어에 따라 분류된 지역 간의 장기적인 관계를 밝히기 위해 벨기에에서 입

---

[23] 이 문제에 관한 대부분의 자료는 발칸 반도의 민족적 경계를 최초로 상세히 그린 세르비아의 지리학자 츠비이치의 연구에 초점을 맞추고 있다: Jovan Cvijić, 〈발칸 반도 제민족의 민족적 경계(Die ethnographische Abgrenzung der Völker auf der Balkanhalbinsel)〉, 《페터만의 지리학 보고서(Petermann's Geografische Mitteilungen)》 59호, 1913, pp. 113~118, 185~189. 이 점과 관련하여 나는 쇠데르퇴른스 횩스콜라(Södertörns högskola)의 발틱 동유럽 대학원(Baltic and East European Graduate School)의 룬덴(Thomas Lundén) 교수에게 많은 시사점을 얻었다. 도미니안은 츠비이치의 지도에 의존했지만, 그의 주요 논거는 츠비이치의 논거와 다르다. 도미니안이 최초로 전적으로 언어적 경계에 의존한 반면 츠비이치는 민족을 부분적으로 종교, 즉 '공동체(millet)' 제도에 따라 구분했다.

[24] 일찍이 1893년 리에쥬 대학의 언어학자 윌모트(Maurice Wilmotte)는 벨기에가 두 가지 언어 사이의 창조적 대화에 근거한 복합 민족체라고 주장했다: Marnix Beyen, "Belgium-A Nation that Failed to Become Ethnic", Statehood Beyond Ethnicity.

[25] Marnix Beyen, 《전쟁과 과거: 벨기에와 네덜란드의 민족사(Oorlog en Verleden: Nationale geschiedenis in Belgiën Nederland, 1938~1947)》(Amsterdam 2002), p. 125~126.

수한 지도를 이용해 서술한 유럽의 언어적 경계에 관한 논문에 분명히 나타나 있다.

도미니안은 세계의 여러 지역에서 지리 탐사에 10여 년을 보내고 1912년 뉴욕의 미국 지리학회 도서관의 각종 지도 담당 관리자로 임명되었다. 그는 뉴잉글랜드의 개신교도들과 친분을 유지한 것이 도움이 되어, 1913년 우드로 윌슨이 대통령에 취임하자 미국 시민권을 획득했고, 매우 적극적으로 활동했다. 또한 그는 미국 지리학회지에 기고한 논문에서 미국이 세계적으로 담당할 선교의 역할에 대한 열망을 숨기지 않았고, 기독교의 중동 진출을 굳게 믿었다.

> 고지든 저지든 서양 정신의 완전한 침투가 더 이상 지체되지 않기를 기대할 수밖에 없다. 그곳에 기독교 통치체제가 확립되면 아마 신앙보다는 정책을 따라 이슬람 의식을 거행하는 많은 소위 마호메트 공동체에서 전면적인 기독교로의 개종이 수반될 수 있다는 정도로 지금 말할 수 있다.[26]

3. 지리학과 전쟁의 목적

미국은 전쟁에 개입하면서 지리학자들을 찾았다. 그들의 목소리는 이제 연례 학회의 모임뿐만 아니라 의회의 브리핑에서도 들을 수

---

[26] Leon Dominian, "Peoples of Northern and Central Asiatic Turkey", *Bulletin of the American Geographical Society*, vol. 47, no. 11. (1915), p. 870.

있게 되었다. 정부는 '민족들의 성스러운 약속'이라는 기치하에 세계 평화라는 사명감에 찬 의제를 추구하면서 교전 상대국들의 지형을 자세히 그려내고자 했다. 우드로 윌슨은 '우리는 언제 전쟁 승리를 고려해야 하는가'라는 물음에 답하면서 1917년 12월 4일 발표한 제5차 외교 교서에서 다음과 같이 이야기했다.

> 우리는 독일인들이 적절하게 공인된 대표자들을 통해 정의에 기초하며, 또한 그들의 통치자들이 저지른 죄과에 대한 배상에 기초한 해결책을 받아들일 준비가 되었다고 우리에게 말할 때에만 전쟁을 승리로 간주할 수 있을 것이다. 그들은 벨기에에 잘못을 저질렀고, 따라서 보상을 해야 한다. 그들은 오스트리아-헝가리 제국, 이제까지 자유로웠던 발칸 국가들, 터키 및 아시아에서처럼 다른 나라와 국민들 위에 군림하는 권력을 구축했는데, 이는 반드시 철회되어야만 한다.[27]

미국이 독일만을 상대로 전쟁을 하는 동안(독일에 대한 전쟁을 공식적으로 선언한 것은 1917년 4월 6일이었다) 국민들의 자유에 대한 논의는 전쟁 목적으로 공식화되지 않았다. 윌슨 대통령이 외교 교서를 발표한 지 며칠 후인 1917년 12월 7일 오스트리아-헝가리 제국에 대해 전쟁을 선포하면서 상황이 변했다. 세계평화재단은 도미니안의 흔적이 확연히 드러날 정도의 팸플릿 《유럽의 민족체 지도(*The*

---

(27) 1917년 12월 4일 국제연맹 제5차 연례 회의에서 토머스 우드로 윌슨 대통령의 연설. http://www.polsci.ucsb.edu/projects/presproject/idgrant/sou-pages/wilson5u.html

Nationality Map of Europe》로 오스트리아-헝가리에 대한 전쟁 선포를 환영했다. 그것은 윌슨의 외교 교서(1917년 12월 4일 '우리는 언제 전쟁 승리를 고려해야 하는가?')와 '오스트리아-헝가리에 대한 전쟁 선포' 전문을 부록으로 싣고 있다.

   1917년 11월 말 미국 지리학회(American Geographical Society: AGS) 건물이 미국 행정부에 의해 장래의 평화회의를 위한 예비 작업을 수행하기 위한 학술 기관, 이른바 심의위원회의 회합 장소로 선정되었다. '심의위원회'의 회원 중에는 도미니안에 의한 새로운 공공 의무를 도와주었던 전직 예일대 교수이자, 미국 지리학회 회장(1915~35)인 보먼(Isaiah Bowman, 1878~1950)도 포함되어 있었다.

   1917년 12월 이후 도미니안은 미국 국무부의 기록에 의한 것처럼 그가 1919년까지 '연구 조사 작업'을 진행했던 미국 국무부에 고용되었다. 1919년 2월 15일 도미니안은 그가 지도 및 여타의 지리학 자료를 제공한 평화 협상을 위한 미국 위원회에 소속되었다. 워싱턴에서 미국 대표단에 대한 그의 공헌은 그의 새 급료가 말해주는 것처럼 매우 가치 있었다. 베르사유 평화 조약이 조인(6월 28일)된 지 몇 주 후인 1919년 8월 13일 레온 도미니안은 당시 성공한 야구 선수의 급료보다 높은 연봉 3,000달러에 미국 국무부의 특별 보좌역에 임명되었다.[28] 우리는 유럽의 각축 지역의 경계를 다시 그리는 데 이용된 지도 예비 조사 작업을 포함한 작업이 그에게 할당되었음을 추측할 수 있을 뿐이다.

---

(28) 19~20세기 전환기에 '아메리칸리그와 내셔널리그는 인기도 및 선수를 놓고 경합을 벌였다. 내셔널리그가 연봉 상한선을 2,400달러로 제한했을 때, 87명의 선수들이 새로운 아메리칸리그로 떠났다': http://cbaforfans.com/1900s.html

도미니안은 세계평화재단과 연관된 기독교 평화주의자인 호트(Hamilton Hott)가 런던에서 출판한 그의 책《유럽의 언어와 민족의 경계들(The Frontiers of Language and Nationality in Europe)》덕택에 외교관들 사이에서 명성을 얻었다. 이 책은 미국 지리학회의 재정 후원을 받았고, 도미니안의 언어 논의를 유럽의 학계 및 정치계에 소개하고자 했다. 이 책은 점차 인정을 받게 되었다. 역사가들은 언어 지도가 유럽의 경계에 대한 논의에 사용될 수 있다는 데 회의적이었다. 미국 역사가 벅(C. D. Buck)은 《미국 역사학보(American Historical Review)》에 실린 그 책에 대한 긍정적인 논평에서 다음과 같이 이야기했다.

> 이제 민족체를 정치적 독립 또는 자치의 기초로 완전히 인식한다 하더라도 정치적 경계가 언어적 경계와 정확히 일치해야만 한다는 것은 기대할 수도 없고 가능하지도 않다. 그러나 이 언어적 경계가 무엇인지를 아는 것이 급선무이다.[29]

파리 평화회의는 1919년 1월 12일부터 1920년 1월 20일까지 개최되었다. 미국 대표단은 지리학자와 역사가들의 존재가 압도적인 비중을 차지했다. 미국 대표단의 주요한 부분 가운데 하나는 '정보국'으로 명명되었다. 미국 지리학회에서 도미니안의 상관인 보먼은 영토 전문가 및 실무위원회의 정보 책임자가 되었다. '정보국'은 '영토'부와 '경제-정치'부 2개의 부서로 구성되었다. 영토부는 나라와

---

[29] C. D. Buck의 서평, *The American Historical Review*, vol. 23, no. 1(Oct.1917), pp. 171~173.

지역에 따라 하위 분과로 세분되었다. '경제-정치'부는 다시 '시사 정보수집', 역사(James Shotwell), '경제 및 통계', '민속학'(Dixon 박사 및 Farnbee 대위), '지리 및 지도 제작'(Mark Jefferson), '도서관'(James Shotwell), '경계 지형학'(D. W. Johnson 소령) 등으로 세분되었다. '정보국'은 대통령 및 그의 보좌관들에게 보고를 한 총괄 책임자 크루(J. C. Crew)의 감독하에 기술 자문위원들에게 직접 정보를 제공했다.

1919년 베르사유에서 평화 협상가들이 직면한 막대한 업무와 국경를 다시 그리는 작업과 관련된 그들의 무력함을 현재의 인물 중에서 리처드 홀브룩보다 더 잘 이해할 수 있는 사람은 없을 것이다. 클린턴 정부에서 유엔 대사였던 리처드 홀브룩은 또한 보스니아의 '민족 지도'에 따른 데이튼 평화 협정(1995년 12월)의 협상에 기여한 미국 국무부의 유럽 및 캐나다 담당 차관보를 역임했다. 마거릿 맥밀런 상 수상작인 자신의 저서 《1919년 파리: 세계를 뒤바꾼 6개월》의 서문에서 홀브룩은 다음과 같이 이야기했다.

> 평화 협상가들이 파리에서 만남에 따라 새로운 민족국가들이 출현하고 거대한 제국들이 사라졌다. 넘치는 야망을 품고 4대 열강은 유럽에서부터 태평양에 이르는 세계를 정돈하는 것과 마찬가지의 일에 착수했다. 그러나 국내의 압력, 통제할 수 없는 사건들, 화해시킬 수 없는 상충적인 요구들에 직면하여 결국 협상가들은 의지가 꺾일 수밖에 없었다. 그리고 역사에 남게 될 거래와 타협을 했다.[30]

평화 과정이 진전됨에 따라 그 상황을 바라보는 각국 지리학자들의 시각도 안락한 학문의 의자에서 현실로 내려왔다. 1919년 4월 《지리학 평론》에 게재된 〈경계 결정의 원칙들〉이란 논문에서 콜게이트 대학의 지리학 교수이자 인문 지리학의 창시자이며, 전직 침례교 목사(!)인 브리검(Albert Perry Brigham, 1855~1932)은 도미니안에 의해 명확히 표현된 관념들을 보다 더 정교하게 만들었다.[31] 그러나 도미니안과는 달리 브리검은 그가 '인간적 요소'라 부른 언어에 대해서는 분명하게 말하지 않았다. 그는 인종이나 언어가 경계의 기준이 될 수 없음을 인정하는 대신 다음과 같이 이야기했다.

> 민족체(nationality)가 기준이다. 그리고 인간들은 그들이 자신들이 살게 될 촌락과 자신들이 추구할 사업을 선택하는 것처럼 자신들의 민족체를 선택할 수 있을 것이다. 2개 국어를 병용하는 벨기에, 4개 국어를 병용하는 스위스, 프랑스에 동조하면서 독일어를 사용하는 알자스로렌이 현재 이름이 붙여져야 할 필요가 있는 사례들이다.[32]

민족체에 대한 그의 이해는 도미니안의 《유럽의 언어적 변경들(*Language Frontiers in Europe*)》로부터 차용한 것인데, 브리검은

---

[30] Richard Holbrooke, *Paris 1919: Six Months That Changed the World*, (New York: Random House, 2002), p. ix.
[31] Albert Perry Brigham, "Principles in the Determination of Boundaries", *Geographical Review*, vol. 7, no. 4(Apr. 1919), pp. 201~209. 이 논문은 1918년 12월 27~28일 볼티모어에서 개최된 미국 지리학회 14차 연례 모임에서 발표한 논문에 의거했다.
[32] Albert Perry Brigham, "Principles in the Determination of Boundaries", p. 212.

민족체에 대해 다음과 같은 정의를 내놓았다.

> 민족체는 주로 세습된 경험이나 지리적 환경 또는 아마도 보다 흔하게는 양자의 결합에서 비롯된 이상의 통합을 의미한다. 그것은 애국주의라는 단어 속에서 그 목적과 감정이 구현되는 함께 살고 활동하며 공동의 정부를 갖기를 바라는 집단이다.[33]

이 지리학자에 따르면 국경을 만드는 사람이 부딪히는 주요한 문제는 어떻게 '출생률이 높은 국민들의 팽창'에 대처하는 해결책을 찾아낼 수 있느냐에 있다. 브리검은 국경들은 민족들을 따라 이동해야만 한다는 관념을 수용하지 않을 만큼 충분히 합리적이었다.

> 민족들이 성장하고 출생률이 높은 국민들이 팽창하는 가운데 경계를 만드는 사람은 가장 곤란한 문제와 마주치게 된다. 그것은 물리력에 의해 해결되어야만 한다. 그러나 세계는 전쟁에서 기꺼이 그 문제들을 해결하려 하지 않을 것이다.[34]

특히 유럽에서 페리는 이것을 첨예한 문제로 인식했다. 그의 결론은 다음과 같다.

> 유럽에 대략 25개의 인간 집단이 목적과 이상의 통합, 이해

---

(33) 위의 책.
(34) 위의 책, p. 213.

관계, 역사, 희망의 공동체, 그리고 합리적인 숫자를 지녔음을 보여주고 있기 때문에 각기 민족체의 지위를 누릴 가치가 있다.[35]

그러나 그는 이 모든 '인간 집단'을 어떻게 평화적으로 수용할 것인가 하는 방법을 제시하지는 않았다.

4. 전도된 민족체의 원칙들

자유주의 경제학자들은 '출생률이 높은 국민들의 팽창'을 어떻게 다루어야 하는지에 대해 매우 다르게 이해하고 있다. 그러나 그들은 경제학자 케인스의 작업을 최초로 이용한 영국 협상가들만큼 미국의 평화 중재인들에 대해서는 많은 언급을 하지 않았다.[36] 파리 평화회의 당시 패전국 진영에 있던 케인스의 학문적 동료인 오스트리아의 폰 미제스(Ludwig von Mises, 빈 대학 경제학 교수)는 《민족, 국가 그리고 경제: 우리 시대의 정치와 역사에 대한 논고》를 출간했다. 여기에서 그는 자유주의의 관점에서 민족체의 원칙들을 매우 상세하게 논의했다. 빈틈없는 통찰 속에서 그는 동유럽에서 민족체의 개념이 그 본래의 자유민주적 내용을 박탈당했고, 민족체의 문제가

---

(35) 위의 책, p. 218
(36) 1919년 6월 케인스는 독일의 배상에 대한 제안들이 불공정하고 비현실적이라는 이유로 파리의 영국 대표단에서 사임했다. 그는 그 입장을 거듭 공표했고, 평화의 경제적 결과와 더불어 1919년 12월의 베르사유 평화회의의 결정을 공격했다.

사실상 언어의 문제로 축소되고 있음을 지적했다. '이제 우리는 모든 민족적 투쟁이 언어 투쟁임을 보고 있다. 그것은 언어 전쟁이다.'[37] "구체적으로 언어에 담겨 있는 '민족적인 것'은 무엇인가"라는 질문에 답하면서 폰 미제스는 다음과 같이 설명하고 있다.

> 언어공동체는 일차적으로 종족적 또는 사회적 공동체의 결과물이다. 그러나 그 기원과는 독립적으로 그것은 그 자체로 이제 명확한 사회적 관계를 창출하는 새로운 유대가 되고 있다. 언어를 익히면서 아이는 언어에 의해 미리 결정된 사고와 표현의 방식을 자신의 사유 속에 흡수함으로써 그가 자신의 삶에서 제거하기 힘든 낙인을 받게 된다. 언어는 한 사람 또는 그것을 사용하는 모든 사람이 사유를 교환하는 길을 열어준다. 그는 그들에게 영향을 미칠 수 있고, 그들로부터 영향을 받을 수도 있다. 언어공동체는 사람들을 결속하고 언어의 차이는 사람들을 분리한다. 누군가가 민족을 아주 하찮은 대화의 공동체로 설명하고자 한다면, 그에게 언어가 사유, 사유의 표현, 사회적 관계 및 모든 삶의 활동에서 얼마나 큰 중요성을 갖는지를 생각해보도록 하기만 해도 된다.[38]

정치에서 민족체의 원칙을 논의하면서 이 오스트리아 경제학자는 '자유주의적 혹은 평화주의적 민족주의'와 '호전적 또는 제국주

---

(37) Ludwig von Mises, *Nation, State and Economy: Contributions to the Politics and History of Our Time*, Leland B. Yeager 역, 1919, 1983, p. 37.
(38) 위의 책, p. 38.

의적 민족주의'를 구분했다. 전자의 주장에 따르면 '정치적 결사체에는 그것이 원하지 않는, 그 의지를 거스르는 어떤 사람도 수용되어서는 안 된다'는 것이다. 그는 '민족체의 원칙은 무엇보다 다른 민족 구성원들을 향한 칼을 품지 않아야 한다. 그것은 참주정을 향해 나아간다'고 강조했다. 폰 미제스는 '국가의 근대적 원리들이 서방에서 동방에 이르는 그것의 승리의 행진 속에서 혼합된 인구의 영역에 이르자' 이 진정 고귀한 관념이 부패하게 되었다고 주장하기도 했다. 그 결과 일어난 것은 다음과 같다.

> 여러 언어 사용 지역에서 다수의 원칙을 적용하는 것은 전체의 해방이 아니라 소수에 대한 다수의 지배도 귀결된다. 그러한 상황은 다수가 자신들의 불의를 속으로는 인정하면서도 소수자들을 강제로 민족적으로 동화시키려는 것 자체를 보여준다는 사실과 별로 다를 바 없다.[39]

그가 제시할 수 있는 유일한 해답은 자유주의가 근대 세계에 널리 퍼지도록 하는 것이었다. 그에 따르면 자유주의는 국민국가의 단순한 수치상의 크기와는 무관한 것이었다. 이로부터 폰 미제스는 계몽적이고 과감한 테제를 제시했다.

> 국가가 개인의 삶에서 요구하는 범위가 크면 클수록 정치는 그에게 더욱 중요해지게 되며, 그에 따라 인구가 혼합된 지역

---

[39] 위의 책, p. 66.

에서 더 많은 갈등의 영역이 창출된다.[40]

실제로 전간기 유럽에서 경계 논쟁들은 1926년 이후의 폴란드와 리투아니아처럼 비민주적 정권이 들어선 국가들 사이에서 가장 두드러졌다. 민족체의 원칙에 기초한 경계들과 민주적 원칙들 사이의 결합은 파리의 미국 대표단에 속했던 역사가 숏웰(James Shotwell)에 의해서도 밝혀졌다. 베르사유 조약이 조인된 이후 그는 《인디펜던트》지에 평화회의에 대한 그의 개인적 관심을 다룬 논문을 실었다. 평화회의에서 그는 민족체에 대한 자유주의적 원칙이 동유럽에서 피상적인 지평으로 전락했음을 인정했다. 이 미국 역사가가 유럽에서 배운 것은 다음과 같다.

> 유럽 동부의 신생국들은 불행하게도 명확하게 경계지워진 다른 쪽에서는 존속하지 못한다. 그들은 각각 뚜렷한 정당성을 가지게 될 여러 경계선들을 그리는 것을 가능하게 함으로써 넓은 접경 지역을 둘러싸고 서로를 변방으로 내몬다. 여전히 곤란한 것은 다른 인종들의 한가운데에 자리잡고 있는 민족 집단들을 처리하는 문제이다. ……
> 인구 통계의 기초를 형성하는 경계는 그 자체로 난점이 있지만, 문화와 역사에 대한 요구들을 거슬러 측정되었을 때 난점은 가중된다. 인구의 작은 부분을 차지하는 집단이 전체에 대해 문화적으로 색깔을 부여하고 국가를 정치적으로 지배할 수

---

[40] 위의 책 p. 126.

있다. ……

역사에 대한 감성적 요구는 종종 민족체에 대한 요구만큼이나 현실적이다. 근대국가가 대두된 이래로 실레지아 고지(Upper Silesia)가 결코 폴란드에 소속된 적이 없었다는 사실은 보헤미아의 민족사만큼이나 그 성립방식에서 현실적이다. 합스부르크제국에 대한 슬로베니아인들의 오랜 세기에 걸친 종속은 세르비아인들, 크로아티아인들, 슬로베니아인들로 구성된 새로운 왕국의 영역에서 국민투표를 정확하게 해석하는 것을 어렵게 만든다. **미래를 설계하면서 우리는 새로운 국가들의 건설에서 이러한 역사적 요소들의 위치를 무시할 수 없다.**[41] (강조-인용자)

숏웰이 보기에 민족체의 민주적 원칙이 미래에 유지될 유일한 희망은 그가 영어를 사용하는 '앵글로색슨 국가들', 즉 미국, 영국 및 영연방 구성원들로 동일시한 서구 민주주의 국가들의 협력이었다.

장래에 국제연맹에서 미국의 강력한 동맹 세력이 될 국가는 바로 새로운 앵글로색슨 국가들이다. 장차 국제연맹에 후진국들이 참여해야 한다면, 앵글로색슨의 역사에서 비롯된 정치적 경험과 훈련을 겸비한 다수의 국민들이 보다 새로워진 국가들의 미숙하고 이론적인 경향에 대한 균형 추의 역할을 하는 것이 반드시 필요하다. ……

---

(41) James T. Shotwell, "'Shall' or 'May': How We Handled Verbal Dynamite Making the Peace Treaty", *The Independent*, August 2, 1919, James T. Shotwell, *At the Paris Conference*, (New York: MacMillan, 1937)의 부록 IV: Difficulties in Treaty-Making, p. 218.

우리는 가능한 한 방어할 수 있거나 구분되는 경계선 위에서, 그러나 어쨌든 실질적인 정의가 작동할 수 있는 방식으로 경계들을 그려야만 한다. 이것이 바로 국제연맹의 활동 범위이다.[42]

미국이 국제연맹에 참가하는 것을 기각한 미국 의회가 베르사유 조약을 거부했을 때 유럽인들은 스스로 국경 논쟁들을 해결해야 했다.[43] 유럽에서 미국의 존재가 제거됨으로써 전도된 민족체의 원칙들이 그 어느 때보다 더 많이 유럽의 정치 영역에 확립되었다. 관념이 정책이 되었던 것이다.

주목할 만한 연방제의 이력을 지닌 국가인 스위스 제네바에 위치한 국제연맹은 파리의 평화 협상가들에 의해 결정되지 않은 상태로 남겨진 국경들을 대강 짜 맞추었다. 특히 민주주의가 이제 막 태동하고 있거나 소멸한 동유럽에서의 국경 논쟁은 외교관들에게 상당한 골칫거리였다. 국제 분쟁의 중재자로서 불확실한 상태에 있던 처음 5년 동안 국제연맹은 유럽의 가장 불안정한 지역에 평화를 가져오려고 노력했다. 그러나 동의보다는 힘의 통치에 기초한 평화는 취약했다. 그리고 제네바에서 채택된 해결책 역시 적절한 것이 아니었다.

동유럽의 많은 국경 논쟁의 중심에 놓인 주요한 문제는 민족체의

---

(42) 위의 책.
(43) 제1차 세계대전 후 유럽 문제에 대한 미국의 개입에 관해서는 John Milton Cooper, *Breaking the Heart of the World: Woodrow Wilson and the Fight for the League of Nations*, (Cambridge: Cambridge University Press, 2001) 참조.

민주적 원칙이 무엇인가에 대한 진정한 이해의 결핍이었다. 이 문제는 특히 역사적 국경의 전통이 너무 강해서 오히려 민족의 논의를 위해 폐기될 수밖에 없었던 폴란드와 같은 지역에서 격렬하게 논의되었다.

5. 폴란드의 역사적 국경들

1795년까지 폴란드는 명목상 폴란드-리투아니아 연방으로 알려진 주권국가였다. 이 국가는 폴란드 왕국과 리투아니아 대공국 사이의 결합으로 1569년에 성립되었다. 연방은 귀족 계급이 지배했는데, 이들은 폴란드 왕관 아래 결합한 두 '정치적 민족'으로 구성되어 있었다. 자신의 정치체제 속에 고전적 공화주의 원리와 지배 계급의 귀족적 특권을 결합시킨 이 기묘한 귀족 공화국의 운명은 1772년에 결정되었다. 이웃한 3대 전제 군주국가(러시아, 프로이센, 오스트리아)는 불운한 폴란드-리투아니아에 영토를 요구했다. 이후(1793년과 1795년) 두 차례의 분할이 더 있었는데, 이것은 한때 유럽에서 가장 큰 국가 중 하나였던 폴란드-리투아니아를 지도상에서 사라지게 만들었다. 그로부터 1945년에 이르도록 폴란드가 국가로서의 지위를 회복하는 일은 세 차례에 걸친 결정적인 분할을 되돌려 1772년 당시의 국경을 복구시키려는 노력과 밀접하게 연관되어 있었다.

유럽에서 폴란드-리투아니아의 경우는 매우 독특한 것이었다. 1918년 이후 출현한 다른 어떤 나라들도 국가로서의 그와 같은 오랜 전통을 자랑할 수 없었기 때문이다. 따라서 새로이 도입된 민족체의 원리가 그것이 자유주의적이든 종족-민족적이든 폴란드와 리투아니아에서는 적용되지 않았다. 민족체에 대한 수사에도 불구하고 역사적 논거가 지배적이었다.

폴란드가 근대국가의 유망한 후보로 등장했던 1916년에 폴란드인의 자결 요구를 자극했던 논거는 언어적인 것은 말할 것도 없고 민속학적인 것도 아니었다. 근본적으로 역사적인 것이었다. 파리 평화회의에서 자칭 폴란드 대표였던 르부프(Lwów) 대학의 지리학 교수 로머(Eugeniusz Romer)는 1916년에 도미니안이 편집위원으로 있던 뉴욕의 《지리학보》에 자신의 논문 〈폴란드: 영토와 국가〉를 기고했다. 그 논문은 언어적 문제에 전혀 관심을 보이지 않고 있었다. 국민의 특성을 자연 환경과 밀접하게 연결된 것으로 보려는 지리적 결정론에 영향을 받은 로머는 1772년 폴란드의 역사적 경계가 자연적 경계와 일치하며, 여기에 국경 결정의 타당성이 있다고 주장했다.[44]

그러한 상황은 윌슨 대통령이 1918년 1월 8일 상하 양원 합동회의에서 행한 '14개조' 연설에서 아래와 같이 선언하자 변화되었다.

> 제13조. 독립된 폴란드 국가가 수립되어야 하며, 그 국가는 명백한 폴란드 주민이 거주하는 영토를 포함해야 한다. 그 국가는 해양에 대한 자유롭고 안정된 접근을 보장받아야 하고, 그 정치적·경제적 독립성과 영토 보전은 국제적 조약에 의해

---

[44] Eugeniusz Romer, "Poland: The Land and the State", *Geographical Review*, vol. 4, no. 1 (Jul, 1917), pp. 6~25. 이 책은 폴란드어로 번역되어 분리된 소책자로 출판되었다. Eugeniusz Romer, *Polska: ziemia i panstwo*(Odbitka z *Kurjera lwowskiego*) (Lwów, 1917) 참조.

서 보장받아야 한다.[45]

'명백한 폴란드 주민'이라는 표현은 매우 유감스러운 것이었다. 그 말은 폴란드 주민의 범위가 지정되기보다는 오히려 협의되어야만 한다는 것을 함축하고 있었다. 폴란드 주민이라는 '명백한' 특성이 입증될 수 있다는 것은 사실상 논란의 대상이었다.[46] 그래서 1923년 로머가 특별히 《지리학보》에 논문을 발표했을 때 이미 그는 자신의 주장에 이러한 종족-민족적 관점을 통합시켰으며, 폴란드 국가가 통제하는 영토에서 취합된 통계 자료에 근거해 언어를 민족체의 증거로 사용했다.[47] 그러나 그랬을 때조차 그는 여전히 역사적 국경을 위한 여지를 남겨놓고 있었다. 폴란드어 사용 주민이 소수인 지역에서 그의 주장은 반(半)역사적인 것이 되었다. 이때 민족체는 현재의 주민을 '토착민'으로 제시함으로써 과거 속으로 투영되는 것이다.

갈리치아(Galicia)는 주민의 다수가 우크라이나어를 사용했기 때문에 신생 폴란드에 중요한 문제가 되었다. '갈리치아의 폴란드인'이라는 기술에서 로머는 갈리치아가 베르사유 폴란드(Versailles

---

(45) 1918년 1월 8일 윌슨 대통령의 14개조, http://www.lib.byu.edu/~rdh/wwi/1918/14points.htm.
(46) 2월 11일 윌슨 대통령은 체르닌(Czernin) 백작의 연설에 답했다. 여기서 체르닌 백작은 독립된 폴란드가 서로 이웃한 상태에 있는 명백한 폴란드 사람들 모두에 의해서 구성되어야 하며, 이것은 유럽적 관심사이고 당연히 용인되어야 한다고 보았다. Geoffrey Drage, "Pre War Statistics of Poland and Lithuania", *Journal of the Royal Statistical Society*, vol. 81, no. 1 (March 1918), 각주 1, p. 312 참조.
(47) Eugene Romer, "The Population of Poland according to the Census of 1921", *Geographical Review*, Vol. 13, No. 3. (Jul., 1923), pp. 398~412.

Poland)의 경계 내에서 폴란드인의 비율이 전체적인 감소를 다소 겪었던 유일한 지역으로 인정했다. 그는 갈리치아 주민의 상당수를 구성하고 있는 유태인들이 '자신의 민족체를 선언'할 수 있었던 사실로 그 이유를 설명했다. 또한 그는 모든 가톨릭교도는 과거에 폴란드인이었다고 주장했다. 비가톨릭교도들은 보다 나중 시기에 이주해왔으므로 현재의 가톨릭교도는 '토착적'임이 틀림없기에 어떻게서든 폴란드적인 기원을 가진다는 것이다. 따라서 그는 다음과 같이 결론을 내렸다.[48]

> 로마 가톨릭 주민의 증가가 나타나는 구역의 숫자와 분포가 확고하게 말해주는 바는 이러한 종족-민족적 변화가 전쟁과 주민 소개에 의해 야기된 인구 이동의 결과라는 점이다.[49]

이러한 주장의 결과가 폴란드에서뿐만 아니라 전체 지역에서 재난적인 것임이 곧 증명되었다. '토착민'에 대한 의사-역사적 논거는 정치적 상황이 요구하는 바에 따라서 언어공동체에 대한 주장보다 훨씬 쉽게 왜곡되었다. 영토에 초점을 맞추는 대신에 자신의 '전통' 언어를 상실했다고 추정되는 주민에 초점을 맞추면서, '출생률이 높은 주민들의 팽창'에 따라서 국경을 수정하는 선례가 주어졌다.

---

(48) 'autochthon(토착민)'이라는 용어는 바바리아의 지질학자 귐벨(K. W. van Gümbel)이 도입했다. 옥스퍼드 영어사전은 토착민을 다음과 같이 정의했다. "유기적인 퇴적물과 암석 형성물에 적용되는 고유한 물질로부터 구성되거나 형성된 것", http://www.oed.com의 OED online판 참조.
(49) Eugene Romer, "Population of Poland", p. 410.

그것은 자유주의자들이 뒤집고자 했던 경향이었다. 이러한 논리에 따르면 국경이 변화될 수 없을 때 주민은 '지배적인 다수'에 동화되어야 하거나 아니면 추방되어야 했다.[50]

영국의 지리학자 드레지(Geoffrey Drage)는 일찍이 1918년에 이러한 문제점을 파악하고 있었다. 런던 왕립 통계협회에서 발표한 자신의 논문에서 드레지는 청중들에게 이야기했다.

> 세계대전의 모든 교전국 사이에서 당혹스러울 정도로 의견 일치가 존재하는 주제가 있다. 다시 말해, 세계대전의 결과 중 하나는 폴란드 공화국이 어떤 형태나 형식으로든 복구되어야 한다는 것이다. 그 영토는 거의 한 세기 반 동안 오스트리아, 프로이센, 러시아에 의해 분할되어 있었다. …… 이러한 환경 아래서 공시된 자결을 현실화하려면 그 국가가 소유하게 될 주민, 영토 그리고 자원의 통계학적 평가를 수행하는 것은 가장 중요한 문제가 될 것이다. 어쨌든 정확한 산출은 틀림없이 유럽의 아레오파고스(고대 아테네의 최고 재판소 역할을 담당했던 귀족회의. 여기서는 전후처리 회담을 말함—역자)가 해결해야만 할 가장 어렵고 숙명적인 문제가 될 것이다.[51]

이 연설이 있기 며칠 전에 독일 점령 당국에 의해 급조된 리투아

---

(50) '지배적 다수'에 대한 토론에 대해서 더 많은 것을 알고 싶다면 Eric Kaufmann, *The Challenge of Ethnicity: Majority Groups and Dominant Minorities*, (London: Routledge, 2004), 근간 참조.
(51) Geoffrey Drage, "Pre War Statistics of Poland and Lithuania", pp. 230~231.

니아 평의회는 리투아니아가 자국의 '민족지학적 경계' 내에서 빌니우스를 수도로 하는 독립 민주공화국이라고 선언했다.[52] 리투아니아인들은 1915년 이래 독일 군대의 통제하에 있었던 영토를 요구하기 위해서 역사적이며 종족-민족적인 논거를 동일하게 뒤섞어 사용했다. 독일이 1918년 말에 철수했을 때 빌니우스 주변 영토는 경쟁 세력 간의 제물이 되었다.[53] 이 도시의 지배적인 세력은 폴란드인과 유대인이었고, 그 주위에는 언어보다는 종교에 근거해서 스스로를 규정하는 불특정의 주민이 있었다.[54]

6. 폴란드 – 리투아니아 논쟁

동유럽에서 각국 정부는 상호 논쟁에서 두 가지 논거를 흔히 사용했다. 종족-민족적 논거는 역사적인 근거를 찾을 수 없는 곳에서 사용되었다. 따라서 폴란드 군대가 1920년 빌니우스를 점령하여 신생 폴란드 국가에 속한 '역사적 리투아니아'를 주장했을 때, 폴란드

---

(52) 폴란드 문서에서 빌니우스는 빌노(Wilno), 독일과 프랑스 자료에서는 빌나(Vilna), 현대 영어 문서에서는 빌니우스(Vilnius)라고 불린다.
(53) 리투아니아인과 폴란드인과는 별도로 백러시아 민족주의자들 또한 빌니우스를 요구했다. 적군은 빌니우스를 1919년 4월에 점령했다. 단명한 '리투아니아-백러시아' 소비에트 사회주의 공화국이 선포되었고, 리투아니아와 백러시아의 민족적 열망을 통합하고자 했다.
(54) 최근까지 빌니우스 지역 거주자의 상당수는 '종족-민족적' 관련성이나 언어적 관련성으로 스스로를 규정하지 않았다. 예를 들어 1979년 인구 조사가 시행되었을 때 몇몇은 '현지인'을 의미하는 tutejszy로서 자신의 민족체를 표현했다. 2001년에 시행된 인구 조사에서는 어떤 '현지인'도 나타나지 않았다. 언어적 친화감은 민족체를 선택하는 데 주요한 요소였다. 따라서 언어를 논하지 않는다면 사람들은 자신이 선호하는 민족체를 선택할 수 있다.

측은 이들 영트의 통합을 주장하기 위해 언어적 자료에 의존할 수 있었다. 반면 통계 자료가 없었던 리투아니아 정부는 리투아니아의 역사적인 수도로서 빌니우스에 대한 역사적 논거와 그리고 자국의 '토착 주민'에 대한 '역사적-언어적' 논거 두 가지 모두를 이용했다.[55] 그런데 이러한 논거는 갈리치아에서 폴란드 정부가 활용한 것이다.[56]

이와 유사하게 체코슬로바키아 군대가 역사적으로 보헤미아 왕국에 속해 있던 실레지아의 일부를 점령했을 때 폴란드 측은 민족적 경계라는 문제를 제기한 반면 체코슬로바키아 정부는 지역 주민이 토착적이라고 주장했다.[57] 일단 국제연맹의 관심 사안이 되었을 때 그 논거가 역사적이든 인종적이든 민족체의 원리에 부응한다는 것을 보여주는 데 아무 문제가 되지 않았다. 국내적 목적을 위해서 사용된 논거와 국제 무대에서 표현된 논거 사이의 불일치는 국제연맹의 조문을 검토했을 때 더 명백해진다.

제네바에 있던 국제연맹 사무국은 1926년에 국제연맹 도해집을

---

(55) Petras Klimas, 《코브노-카우나스 총독령, 빌나-빌니우스 총독령: 리투아니아 영토(*Le Gouvernement de Kovno-Kaunas, Le Gouvernement de Vilna-Vilnius: Les Territoires Lituanien*)》(Paris, 1920) 참조. 클리마스(Petras Klimas)는 자신의 소책자 《리투아니아: 주민과 경계(*Lietuva: Jos gyventojai ir sienos*)》(Vilnius, 1917)에서 리투아니아어권 지역을 윤곽계은 최초의 사람이었다. 여기에서 그는 이전 코브노(Kovno)와 빌니우스의 총독령이 역사적으로나 민족적으로 리투아니아에 속한다고 주장했다. 나는 리투아니아 지도의 세부 사항에 대해서 발틱 동유럽 대학원의 페트로니스(Vytautas Petronis)에게 감사한다.

(56) Wincenty Lutosławski and Eugeniusz Romer, *The Ruthenian Question in Galicia*, (Paris, 1919). 우크라이나의 반발은 순전히 역사적이었다. *Protest of the Ukrainian Republic to the United States against the Delivery of Eastern Galicia to Polish Domination*, (Washington, D.C, 1919) 참조.

(57) 〈공식적 폴란드화(La polonisation officielle)〉, 《테셴 지역(*Le Pays de Teschen*)》(Pague: n.p., 1920), pp. 45~47.

출판했다. 그 책은 채 5년도 안 되는 동안 국제연맹이 많은 갈등 지역에서 평화를 확보하는 과정에서 이룬 성취를 찬양했다. '연맹의 정치 활동'이라는 제목의 6장에서 국제연맹의 능력을 보여주기 위해 몇몇 중요한 국경 분쟁이 선택되었다. 그 선택된 사례 중 하나가 빌니우스의 영토 분쟁이었다. 이 설명집에 묘사되어 있는 국경 분쟁이 영토와 나라라기보다는 도시와 마을에 대한 분쟁으로 표현되어 있는 것이 흥미롭다.[58] 이것은 유럽 대륙의 몇몇 불명료한 장소에 존재하는 국경 문제를 제외하고는 어떤 주요한 분쟁도 존재하지 않는다는 거짓된 인상을 남긴다.

리투아니아는 비록 전쟁 행위는 1920년에 중단되었지만, 공식적으로 1938년까지 폴란드와 전쟁 상태에 놓여 있었다. 그러나 국제연맹은 1926년에 이미 이 분쟁이 해결된 것으로 선언했다.

위원회는 세 가지 다른 해결책을 시도했다. 우선 국민투표를 제안했고, 영국, 프랑스, 벨기에, 스페인, 스웨덴, 덴마크, 노르웨이 그리고 그리스가 국민투표를 감독하기 위한 소규모 국제경찰을 구성하는 데 동의했다. 그러나 여기에는 어려움이 있었고, 군대를 보낼 수가 없었다. 주로 국민투표의 오랜 연기가 여론의 공정한 표현을 가능하게 만들기 위해서 필수적이었기 때문이다. 그 다음으로 위원회는 당시 벨기에 대표였던 하이만

---

[58] 이 출판물 속에 존재하는 성공적인 국경 분쟁 협상의 선택된 리스트는 다음 장소를 포함한다. 아아랜드 제도(Aaland Islands), 빌니우스, 클라이페다(Klaipeda), 실레지아 고지(Upper Silesia), 알바니아 북방(Albanian northern frontier), 코르푸 분쟁지(the Corfu dispute), 그리고 모술(Mosul) 등이다.

(M. Hymans)의 주재 아래 양측 정부 사이에 직접 협상을 시도했다. 그러나 어떠한 합의에도 도달할 수 없었다. 결국 위원회는 양국이 서로에 대한 이해 문제를 공동으로 다루어야 하는 기구의 구성에 합의한다는 조건으로 빌니우스는 리투아니아에 속하게 한다는 제안을 했고, 1922년 빌니우스 의회는 이를 수용했다. 그러나 또다시 양국 사이에 합의가 이루어지는 것이 불가능한 것임이 증명되었다. 1923년 평화 조약에서 대표 협의회는 최종적으로 빌니우스 지역이 포함된 폴란드의 국경을 결정했다. 국제연맹위원회의 조정 덕분에 양측 사이의 전쟁 행위는 1920년에 중단되었고, 그 이후 다시는 전쟁이 발생하지 않았다.[59]

국경 분쟁에 익숙하지 않는 독자들에게 이 부분은 국제연맹위원회의 개입을 통해서 문제가 해결되었다는 내용을 전달한 것이었다. 국제연맹이 지역 주민에게 발언권을 줌으로써 교전 중인 양측을 화해시켰다는 것이다. 이 부분이 설명하지 않은 것은 분쟁의 원인이었고, 왜 1922년에 빌니우스의 지방 의회가 처음에는 리투아니아에 속해야 한다는 것에 동의했다가, 다시 1년 후에 민족체가 바뀐 것도 아닌데 생각을 바꾸었고 폴란드와의 영토 통합에 찬성했는가 하는 것이다.

이러한 출판물이 침투하고 있는 것은 민족체의 원리가 동유럽에

---

(59) *Illustrated Album of the League of Nations*, (Geneva: League of Nations' Secretariat, Information Secion, Printed by Atar, 1926), pp. 30~31.

서는 타당하지 않다는 것이다. 정부가 주민과 영토를 통제하기 위한 투쟁에 민족체의 원리를 내세웠으나, 그 자체는 흔히 분쟁 지역의 주민이 이해할 수 있는 견해가 아니었다. 리투아니아는 역사적 감정과 경제적 이유 때문에 빌니우스를 요구했다(이 도시는 리투아니아 대공국의 수도였고, 여기까지 리투아니아 국가 전통은 몇 세기 거슬러 올라간다). 폴란드는 폴란드어 문화가 번창한 이전의 폴란드-리투아니아 도시 중 하나였기 때문에 빌니우스를 원했다. 그리고 폴란드 낭만주의의 많은 중요한 이름들이 빌니우스와 연관되어 있었다.[60]

그러나 분쟁이 최고조에 이르렀을 때조차 빌니우스를 장악했던 폴란드 측은 리투아니아인들과의 협상을 열어놓고 있었다. 스위스에서 시사받은 '양 주(bi-cantonal)' 리투아니아의 창출(하나는 리투아니아어권 주이고, 다른 하나는 폴란드어권 주)을 받아들이고, 이전의 두 민족의 재결합이라는 의미에서 양 주가 폴란드에 통합된다는 조건이었다. 폴란드의 가장 민족주의적인 인사들이 종족-민족적 관점에서 주장을 펴기 곤란하게 만들었던 것은 폴란드 역사 전통의 힘과 깊이였다.

리투아니아인들은 빌니우스를 놓고 다투면서 종족-민족 카드를 사용할 수 없었다. 그래서 그들은 법적·역사적 논거를 제기했다.[61]

---

[60] *The Story of Wilno*, ed. Polish Research Centre (Perth: The Munro Press, 1944), p. 2 참조.
[61] 국제연맹에서 폴란드 입장에 대항해 리투아니아가 사용한 주요한 무기로서 법적 논거는 이 논문의 과제 밖이다. 분쟁의 법적 자료는 《외교 문서: 폴란드-리투아니아 갈등, 빌니우스의 문제, 1918~1924(*Documents diplomatiques: Conflict polono-lithuanien: Question de Vilna, 1918-1924*)》(Kaunas, 1924) 참조. 종족-민족 카드는 1923년에 리투아니아어권 지역으로 둘러싸여 있는 발트 해의 항구 도시 메멜(Memel)을 넘겨받는 리투아니아의 캠페인에서 성공적으로 사용되었다.

런던에 있는 리투아니아 공보원은 서구 여론에 영향을 미칠 목적으로 영어로 된 소책자를 출판하기도 했다. 영국은 자국의 제국적 속성 때문에 종족-민족적 논거보다는 오히려 역사적인 논거를 쉽게 받아들일 수 있었다. 리투아니아 정부는 1922년 런던에서 출판된 《빌니우스 문제》라는 소책자에서 언어는 중요하지 않으며, 민족체의 징표도 될 수 없다고 주장했다. 민족체는 영토와 함께하는 것이고, 빌니우스의 영토는 정부가 관습적으로 리투아니아 프로프리아(Lithuania Propria)라고 부르는, 즉 본래의 리투아니아, 다시 말하면 폴란드와의 연합 이전의 리투아니아 대공국의 일부라는 것이다.[62]

폴란드 군대가 점령한 리투아니아 영토는 리투아니아의 수도 빌니우스뿐만 아니라 그로드노(Grodno)도 포함되어 있었는데, 이것은 일찍부터 리투아니아 국가의 핵심을 형성했다. 또한 소위 리투아니아 프로프리아 또는 민속학적 리투아니아의 일부분이었다. 우리 시대를 제외한 역사는 이들 도시나 영토가 자신의 것이라는 폴란드 주장의 어떠한 예도 알지 못한다. 이 사실은 그리 놀라운 것이 아니다. 폴란드는 권리 주장의 어떠한 자격도 없다.

---

[62] 폴란드 측은 이전 리투아니아 대공국(리투아니아 프로프리아)이 종족-민족적으로 리투아니아에 속한다는 리투아니아 입장을 반박하였다. '고대 리투아니아는 결코 민족적 단위가 아니었다. 거대한 넓은 공간에 거주하는 사람들 사이에서 리투아니아 모국어를 사용하는 리투아니아인들은 항상 소수였다. …… 본래의 리투아니아는 그 당시 거의 그 이름으로 불리어지지 않았다. 그것은 대부분 사모지티아(Samogitia) 공국이라고 불리던 것에 포함되어 있었고, 사모지티아 공국의 고풍스럽고 아름다운 언어를 대중적인 관용구로서 계속해서 사용했다; *The Story of Wilno*, p. 2.

리투아니아 대공국에서 리투아니아 프로프리아와 '러시아 알바(Russia Alba)'와 러시아 루브라(Russian Rubra), 리투아니아 프로프리아의 러시아인 거주지 사이에 구분이 존재한다(리투아니아 고대 지도 참조. 원본은 런던 영국박물관 소장). 리투아니아 프로프리아는 빌니우스와 트로키의 팔라틴령(Palatinates)과 북서부의 사모지티아로 구성되어 있으며, 이 지역은 리투아니아의 민속학적 부분을 이루며 리투아니아 국가의 방벽을 구성하고 있다. 행정부는 빌니우스에 본부가 있었다. 민속학적 리투아니아는 대공국에서 상당한 역할을 수행한다. 자료로는 루블린 연합 이전까지 거슬러올라가는 리투아니아 국가 문서(metrika)에 보존되어 있다. 이 자료는 예를 들어 1528년 민속학적 리투아니아가 대공국의 러시아인 거주지보다 다섯 배나 더 많은 군대를 대공국에 공급했다는 것을 보여주고 있다. 이 사실은 리투아니아가 가장 허약한 시기에서조차 왜 폴란드가 리투아니아 프로프리아를 요구하지 못했고, 또 그럴 수 없었는지의 이유를 충분히 설명하고 있다. 리투아니아 프로프리아는 대공국에서 지배적인 위치를 유지했고, 광대한 리투아니아 대공국을 창출하는 정치적 요소였다. 리투아니아 대공국은 타타르로부터 유럽을 방어하고 튜턴 기사단이 가한 공격의 예봉을 견디어냈다.[63]

리투아니아의 논거와 비교해 볼 때 폴란드 쪽의 주장은 언어를 민족체의 징표로 본 도미니안의 사상에 좀더 부합했다. 따라서 영어로 출판된 폴란드 측 홍보물은 구어로서 리투아니아어를 가진 '민속학적 리투아니아'와 폴란드 리투아니아의 두 부분으로 리투아니아가 구성된 것으로 그렸다. '폴란드 리투아니아'를 종족-민족적 폴란드라고 부르지 않았다는 것은 흥미로운 부분이다. 민속학적 차원에서 묘사된 것은 리투아니아 중에서도 리투아니아어 사용권 뿐이었다. 민족체의 원리를 이용하기 위해서 수사적 수준에서 모든 가능한 정식들이 사용되었지만 이것은 폴란드 논거의 역사성을 드러내고 있다. 다음은 해외 홍보용으로 영어로 출판된 폴란드 출판물의 일부이다.

민속학적 리투아니아의 권력이 현재까지 그들에 의해서 추구되었던 정치 노선을 원칙적으로 수정하기를 결정한다면, 폴란드의 견해에 대한 완고하고 절대적인 반대로부터 벗어나려고 한다면, 폴란드의 리투아니아와 폴란드 전체 모두 평등한 공동선에서 답할 수 있을 것이다. 만약 이것을 거부한다면 폴란드의 리투아니아가 할 수 있는 유일한 대답은 폴란드와의 직접적이고 즉각적인 결합이다.

그리고 가깝거나 먼 미래에 또는 시련과 고된 경험의 오랜 시간 이후에 리투아니아 민족은 리투아니아를 러시아 볼셰비즘과 동프로이센의 튜턴주의를 연결하는 가교로 만들기를 소망하는 현재의 지도자가 낳을 거대한 위험을 이해할 것이다. 그때 두 형제 민족 사이에 이해라는 위대한 과업이 시작될 수 있는 순간이 올 것이다.[64]

---

(63) *The Vilna Problem*, (London: Lithuanian Information Bureau, 1922), p. -.

7. 서유럽과 동유럽의 차이

이 글이 제시한 바는 어떻게 각국 정부가 한편으로 민족사로부터 비롯되는 역사적 주장을 내세우는 일과 다른 한편으로 언어적 지도 안에 역사적 경계를 끼워넣으려고 애썼던 민속학적 자료 사이를 오가며 입장을 취했는가이다. 국경 분쟁이 격렬하게 발생한 곳에서는 언제나 '종족-민족적' 논거보다는 역사적 논거가 분쟁 지역을 둘러싼 전쟁의 배후에서 지지를 얻는 데 더 많이 이용되었다. 민족체의 원칙은 주로 국제 회담에 적용되었다. '언어공동체'로서의 민족체 개념은 아르메니아계 미국 지리학자이자 외교관인 레온 도미니안처럼 발칸에서 경험을 쌓은 학자들의 도움으로 민주적인 서유럽에서 결실을 맺게 된 최근의 창작품이었다. 이 글은 민주주의가 취약해 정치적으로 선진화된 서유럽으로부터 비롯된 관념들을 유지하기에는 여건이 너무도 미숙했던 동유럽에서 민족체의 자유주의적 원칙이 어떻게 효과적으로 전환되었는지를 밝힌 것이다.

— 번역 안해균(동유럽사, 한성대)

(64) *Poland and Lithuania: The Question of Wilno*, (Warsaw, 1921), p. 24.

Frontiers or Borders ?

4.

동북아시아 변경의 역사
— 발해사의 배타적 점유를 둘러싸고

동북아시아 변경의 역사
― 발해사의 배타적 점유를 둘러싸고

이성시(李成市)

와세다 대학 문학부 교수. 와세다 대학 문학부 동양사학과를 졸업한 뒤, 동대학원 문학연구과 박사 과정을 수료했다. 요코하마 국립대학 조교수를 지냈고, 1998~1999년 서울대학 한국문화연구소 객원 연구원으로도 활동했다. 동아시아에서 역사인식 문제를 시민의 입장에서 해석하기 위해 2001년에 임지현 등과 함께 '비판과 연대를 위한 동아시아 역사포럼'을 결성했다.

《동아시아의 왕권과 교역(東アジアの王權と交易)》青木書店, 1997.
《고대 동아시아의 민족과 국가(古代東アジアの民族と國家)》岩波書店, 1998.
《동아시아 문화권의 형성(東アジア文化圈の形成)》山川出版社, 2000.
《만들어진 고대》, 삼인, 2001.
《국사의 신화를 넘어서》(임지현·이성시 엮음. 휴머니스트, 2004.

1. 변경사로서의 발해사

현재의 한반도 북부에서 중국 동북지방, 나아가 러시아 연해주로 이어지는 지역에는 기원 전후부터 10세기에 이르기까지 1천 년간을 고구려, 발해의 두 왕조가 영역 지배를 전개했다. 이 지역의 민족 (ethnos) 구성은 복잡하게 이루어져 있으며, 그러한 민족들의 명칭도 시대에 따라 변천되어 왔다. 또한 그 실태도 변화되었다고 추측된다. 동시대의 중국 왕조나 한반도 남부의 민족, 왕조와의 끊이지 않는 항쟁으로 그 영역에도 적지 않은 변동이 있었다.

현재의 북한(조선민주주의 인민공화국, 이하 '북한'이라고 한다), 중국, 러시아 삼국의 영역을 걸쳐 있는 '동북아시아 경계 영역'에 전개된 발해에 대한 역사 연구는 근대 일본이 먼저 시작했으며, 더욱이 1945년 이후부터는 한국, 북한, 중국, 구소련 등의 여러 나라에서도 각각 자국사의 범주로 인식함으로써 특색 있는 역사 연구가 진행되어 왔다.[1] 이러한 연구들의 공통되는 특징은 현실적인 정치 과제가 거리낌 없이 역사상에 투영되어 있다는 점에 있으며, 이 지역의 역사를 배타적으로 점유하려고 하는 것에 있다.[2] 먼저 이러한 발해사에 대한 역사인식의 유래와 그 내용에 대해 밝히고 나아가 현재 중국과 한국 사이에 벌어지고 있는 '고구려 문제'까지도 시야에 넣으면서 그 문제점을 부각시킴으로써 '변경 영역'에 대한 역사인식의

---

(1) 李成市, 〈渤海史研究における國家と民族 — '南北國時代' 論の檢討を中心に〉《朝鮮史研究會論文集》25, 1988), 李成市, 〈渤海史をめぐる民族と國家 — 國民國家の境界を超えて〉《歷史學研究》 626, 1991).
(2) 李成市, 〈古代史にみる國民國家の物語〉《世界》611, 1995. 8).

과제와 그것을 극복하는 길에 대해 검토하고자 한다.

발해는 698년부터 926년에 걸쳐 약 230년간 현재의 한반도, 중국 동북지방, 러시아 연해주에 이르는 광대한 지역에 존속했던 고대국가이다. 건국은 고구려 멸망 후 강제 이주된 고구려 유민이 거란족의 반란을 틈타 동쪽으로 가서 모란강 상류의 둔화(敦化) 지방에서 자립한 것이 시작이었다고 한다.

건국 이래 발해는 중국의 당(唐) 왕조나 일본과도 빈번한 교류를 가졌고, 또 신라나 일본과 함께 당 문화의 영향을 받으면서 독자의 문화를 꽃피워 당시 중국인이 '해동성국'이라고 일컬었던 대국이기도 했다. 그러나 발해의 역사나 문화에 대해서는 발해인 자신이 쓴 기록이 거의 전해지지 않고 있기 때문에 발해와 교류했던 중국이나 일본에 잔존하는 기록에 의존하지 않을 수밖에 없으며, 또한 불명확한 점도 적지 않다.

이러한 발해의 역사에 대해 신속히 연구에 착수한 것은 근대 일본이었다. 그 계기는 러일 전쟁 후 일본 학계의 주의가 중국 동북지방으로 향했던 결과였으며, 그것이 발해 연구의 기점이 되었다.[3] 그 후 수십 년의 공백 기간이 있었다고는 하나 발해사 연구가 왕성해진 것은 '만주국(滿州國)' 성립(1932) 이후의 일로, 문헌 연구뿐 아니라 '만주'에 있었던 '오래된 독립국'인 발해의 유적을 적극적으로 조사, 발굴하는 것에도 주의를 기울였다.[4] 발해사 연구는 일본의 대륙진출이 최대의 계기인 것처럼, 그 연구는 일본의 '만주' 침략 정당화

---

(3) 外山軍治〈渤海史研究の回顧〉《東洋史研究》 1-5, 1936), 77~78頁.

(4) 早乙女雅博〈東京城の發掘〉(서울大學校博物館編《海東盛國渤海》通川文化社, 서울, 2003).

와 그것의 학문적 뒷받침을 목표로 하는 가운데 진전되었다.

그리고 그러한 연구 결과, 발해사에는 명확한 성격이 부여되었다. 즉 발해는 미개의 퉁구스계 민족, 말갈족(만주족)이 '만주' 땅에 처음으로 건국한 국가였으며, 그 문화는 고구려와 당의 영향을 매우 강하게 받았다는 점이 강조되었다. 발해의 유적 조사는 관동군의 보호하에 적극적으로 진행되었는데, 주요 관심은 일본과 문화 교류를 한 흔적을 찾고 당이 끼친 문화적 영향의 편린을 더듬으며 말갈족이 일으킨 나라의 문화가 어떻게 해서 당시 문화 국가인 당조의 문화를 수용했는가 하는 점에 있었다.[5]

1945년 이전 일본에서의 발해사 연구는 발해를 이 지역에서 일어난 최초의 국가로 취급하면서 그 국가나 문화의 독자성, 이 지역의 고유성에는 전혀 관심이 없었다. 이러한 인식의 근저에 있는 것은 말갈족이 일으킨 발해는 문화국의 대극에 있는 미개 야만이며, 이른바 당과 고구려의 두 문화에 종속하는 문화적 식민지에 지나지 않는다는 관념이었고,[6] 이러한 발해에 대한 타율적이며 비주체적인 견해가 주류를 이루었다.

거기에는 근대 일본의 프런티어인[7] 이 지역에 대한 일본 국민의 의식을 환기시키고 일본의 역할을 자각시킴으로써 '장래에 대한 방책에 어긋남이 없도록' 하는 현실적 정치 과제가 숨어 있었다.[8] 게다

---

(5) 駒井和愛〈渤海國都城の發掘〉《歷史學硏究》1-1, 1933).
(6) 西川宏〈渤海考古學の成果と民族問題〉(山本淸先生喜壽記念論文集刊行會編《山陰考古學の諸問題》1986).
(7) '프런티어(frontier)'는 원래 변경, 국경선이라는 의미로 사용되지만, 이 글에서는 이에 더하여 '신개척 지역'의 의미까지도 포함하여 쓰기로 한다.

가 발해와 고대 일본과의 관계사는 연구의 중심적 주제로서 1930년대 이후 오늘날에 이르기까지 변함없이 일관되게 중요시되어 왔다.[9]

분명 발해가 그 주변국 중에서도 고대 일본과의 교류를 중시했다는 것은 발해 대외정책의 중요한 특징이며, 부정할 수 없는 역사적 사실이다. 그러나 당시의 동아시아 정세를 조감해본다면 발해의 주요 교섭 상대국은 일관되게 당이었으며, 발해는 어디까지나 당과의 외교를 기축으로 하여 고대 일본과의 교섭은 파생적인 측면을 가지고 있었다. 이러한 일면을 비대화시키는 것은 근대 일본의 '만주' 지역에 대한 정치적·경제적 관심과 군사적 진출이라고 할 수 있다.

요컨대 근대 일본의 발해사 연구는 일본과 '만주국'의 현실, 그리고 장래를 위한 프로젝트의 일환이었던 것이다. 근대 일본과 '만주국'의 관계는 고대 일본과 발해의 관계에 투영되어 근대국가의 이야기를 창출한 것이다. 그러므로 고대 일본과 발해를 논하는 것은 자연히 그러한 국가의 이야기를 강화해나가는 것이 된다.[10]

일본에서의 발해사 연구는 근대 일본의 대륙(프런티어) 진출의 욕망을 키우는 국가 이야기로서의 성격을 강하게 지녔는데, 결국은 그 프런티어의 고대부터 현재에 이르는 독립된 역사가 구상된다. 그 대표적인 것으로 이나바 이와키치(稻葉岩吉) 《만주국사통론(滿洲國史通論)》(日本評論社, 1940)이 있다. '만주국'의 건국대학 강의록

---

(8) 淺海正三〈渤海國の復元と日本との關係〉(《歷史敎育》10-4, 1935), 73~74頁.
(9) 李成市〈朝鮮史から見た渤海史〉(佐藤信編《日本と渤海の古代史》山川出版社, 2003), 241頁.
(10) 예를 들면 淺海正三〈渤海國の復元と日本との關係〉(前揭誌, 74頁)는 발해사의 고찰에서 "과거에 멸망한 발해는 지금에 이르러 만주국의 독립에 의해 동아시아 역사상에 새로운 의의를 갖게 되었다. 우리 일본인은 옛부터 만주와는 밀접하며 뗄 수 없는 관계를 맺고 있었다"라고 했다.

인 이 저작에는 건국 후 10년이 안 되는 '만주국'을 정당화하기 위해 '만주국'이 존립한 지역을 중국의 역사로부터 분리시켜 이 지역의 고대부터 러일 전쟁까지의 '만주국사(滿洲國史)'가 말 그대로 통사로 전개되어 있다.

그 구성을 보면 '민족의 발전(상)'에 고구려 발해를, '민족의 발전(중)'에는 거란(요)을, '민족의 발전(하)'에는 여진(금)을, '민족의 신생'에는 몽고를, '민족 발전의 복원'에는 만주족(청)을 다룸으로써 각 민족 상호의 관계는 고려하지 않은 채 이 지역에 겨러 민족이 전개한 비연속의 연속체로서 역사 흐름을 서술하고 있다. 그 목적은 "지금의 만주국 영토 내에 예로부터 생존을 계속해온 여러 민족에는 부분적으로 다소의 차별이 인정되나 대체로 볼 때 동일 민족이며 그러므로 지나(支那) 민족과는 전혀 다른 계통의 존재였다"[11]라고 하는 것처럼 비한족의 역사를 강조하는 데 있었다.

주지하다시피 '만주국'은 결코 만주 민족을 위한 국가가 아니었다. 어디까지나 재'만주' 일본인의 이익을 추구하는 국가로, 복잡한 만주족과 그 통합 과정은 전혀 고려되지 않았던 것이다.[12] 이나바 이와키치의 '만주국사'란 '만주국'이 건국된 토지를 비한족=만주족의 역사로서 그리는 것으로, 이 지역을 중국의 역사토부터 분리시켜 고대 이래 일관되게 만주족 역사가 전개되어 온 듯한 공허한 지역사이다. 그 중에서 발해사가 차지하는 위치는 작지 않았다.

---

(11) 稻葉岩吉 《滿洲國史通論》(日本評論社, 1940), 20頁.
(12) 細谷良夫〈マンシュ・グルンと《滿洲國》〉《シリーズ世界史への問い8 歷史の中の地域》岩波書店, 1990), 133頁.

2. 자국사로서의 발해사

1) 중국

1970년대 말부터 중화인민공화국에서는 발해사 연구의 논저(論著)가 나타나기 시작하여 80년대에는 명확한 주장을 동반한 연구 경향이 현저하게 눈에 띄었다. 그것은 크게 다음과 같이 집약할 수 있다. 즉 발해사는 당대(唐代)의 말갈인이 약 230년간 조국의 동북과 러시아 연해주의 광대한 지역에 건립한 지방 봉건정권(지방 민족 정권)이라는 것이다.[13] 그 외에도 논자에 따라 '당대에 소수민족이 건립한 지방정권', '당 왕조의 통할하에 있었던 지방 민족 정권'이라는 등 약간 다른 표현도 보이나 어느 것이든 발해사는 당대의 소수민족 말갈인의 지방 정권으로 규정되어 중국사의 일부인 것이 강조되었다. 말하자면 중국사의 주체적인 역할을 해온 것은 늘 고대 이래로 한족이라는 입장에서 비한족인 말갈인의 국가였던 발해는 독립된 민족국가로는 인정될 수 없는 것이다.

발해의 문화적 특징에 대해서도 발해 문화의 전통을 계승했지만 중원 한족의 고도로 발달된 봉건 문화에 깊이 물들어 역사가 발전함에 따라 마침내 당 문화의 일원으로서 융합했다고 하며, 발해 문화는 실질적으로 일정한 민족적 특징과 지방적 색채를 띤 당 문화의 구성 부분으로 규정되어 있다.[14]

---

(13) 西川宏 〈渤海考古學の成果と民族問題〉(前揭書) 14頁. 石井正敏 〈中國における渤海史研究の現狀〉《古代史研究の最前線》四, 雄山閣, 1987), 75頁.
(14) 王承礼 《渤海簡史》(黑龍江人民出版社, ハルビン, 1984), 188頁.

이 같이 발해의 정치적·문화적 자립성을 인정하지 않은 채 중국사로 평가하려는 것은 56개의 소수민족의 단결을 쟁취하려는 것이며, 또한 10%도 안 되는 소수민족이 전 국토의 60% 지역을 중화인민공화국의 정통이며 역사적 근거가 있는 영토로서 자리매김하려는 현실적 과제에 관계하고 있다.[15]

중국 정부의 일관된 입장은 중국이 진·한 이후 계속된 통일 중앙집권적 국가이며, 한족을 주체로 소수민족을 포함한 다민족 국가로 이어져왔다고 하는 것이다. 이러한 다민족 국가의 현상을 과거에 투영해 발해사를 해석하고 있는 것이다.

그리고 중국의 발해사 연구에서 특징적인 것은 발해를 구성한 민족이나 그의 문화로부터 고구려적인 요소를 배제, 또는 무시하는 경향이 있다는 점이다.[16] 국제적으로도 한국사의 범주에서 고구려적인 요소를 없이려고 하는 것은 중국 동북지방에 조선족을 떠안고 있고 한(韓)민족의 국가와 인접하고 있기 때문이며, 발해를 배타적으로 점유하기 위해서이다.

2) 러시아(구소비에트연방)

구소련에서는 E. 샤후크노흐를 중심으로 한 연구자에 의해 연해주 발해 유적의 조사가 행해지고 1960년대에는 발해사 관계 논저가 다수 발표되었다. A. 오크라도니코프는《시베리아 고대 문화》(1973)

---

(15) 小林一美〈中國史における國家と民族〉(神奈川大學人文研究編《'民族と國家'の諸問題》神奈川大學新聞社, 1991).
(16) 1990년대에 들어서 고구려를 중국 동북 민족의 국가로서 자리매김하는 경향이 현저하게 나타나고 있는데, 이로 인해 종래의 발해사 연구에 논리 모순이 생길 가능성이 있다.

속에 구소련에서 이루어진 발해사 연구 성과에 의거해 시베리아 민족 발달사에 발해사를 자리매김했다.[17]

특히 주목할 만한 것은 중국의 발해 인식을 "아시아 중심주의(중국 중심주의)'라며 비판하고 그것은 '특정 민족의 인종적 우월성을 인정하고 다른 민족의 능력을 불충분하다고 여기는 생각이며, 그 중에서도 아시아 여러 민족 중 한 민족 또는 한 국가가 인접한 민족 또는 국가에 미친 정치적·문화적 영향을 과대시한 것"에 있다고 지적했다는 점이다.[18]

그것이 의도하는 바는 말갈족의 독자적 문화를 인정하지 않고 그 주체적인 발전을 경시하는 중국의 발해사 연구를 비판하고 있는 것이 명명하다. 이에 대해 구소련에는 시베리아의 여러 민족, 여러 종족의 발전사 중 발해사가 자리매김되어 있는데, 발해사를 극동지방 여러 종족의 역사에서 그들 자신이 세운 최초의 국가로 보고 있다. 발해의 국가와 민족에 대해서는 말갈족의 국가이며, 그 말갈족은 기원을 달리하고 언어도 달리하는 여러 종족이 수천 년에 걸친 형성 과정을 거쳐 발해인으로서 단일 민족을 형성했다고 한다. 또한 발해의 문화에 대해서는 발해 주변의 여러 민족의 영향을 적극적으로 인정하며, 여러 문화의 복합적인 성격을 지적하면서도 발해 문화의 독자성을 강조하고 있다.

구소련의 발해사 연구방식은 민족관계에 관한 마르크스·레닌주의적 이론, 특히 레닌의 민족정책 이론을 따랐다. 또 국제적인 관점

---

(17) A. 오크라도니코프의 설은 일본어 번역(加藤九祚·加藤晋平譯《シベリアの古代文化-アジア文化の一源流》講談社, 1974)에 따른 것이다.
(18) 加藤九祚·加藤晋平譯《シベリアの古代文化-アジア文化の一源流》(前揭書), 16頁.

에서 극동 여러 민족의 정치적·경제적·문화적 독자성을 밝히는 방식인데, 발해사는 바로 그 일환으로 평가되어 있는 것이다.

구소련에서 발해사를 시베리아 민족 발달사 속에 자리매김하고 발해가 그 지역 최초의 국가이며, 여러 민족이 발해 민족으로서 단일 민족을 형성했다고 주장하는 것은 다음과 같은 배경이 있다고 생각된다.

먼저 1920년대 이래 중핵적인 도시와 농촌이 적은 소수민족을 어떻게 사회주의 국가체제에 편입시킬 수 있는가 하는 문제에 직면해 시베리아 소수민족의 민족 통일체 창설이 급선무였다고 할 수 있다.[19] 더욱이 1960년대 이후 엄청난 인구 이동과 함께 전국의 러시아화가 진행되는 가운데 여러 민족이나 여러 언어의 접근과 융합을 캐치프레이즈르 산업화, 공업화를 위해 연방 내의 민족적·언어적 경계를 해소하려고 했던 동향[20]과 관계가 있을 것으로 추측된다. 그러나 보다 단적으로 말하면 시베리아는 러시아에서 불가결한 부분이라는 부동의 전제가 있다. 시베리아 지역의 주민 구성 비율을 보면 그 인종적 다양성에도 불구하고 영역의 반 이상을 31개의 명목적 민족자치공화극, 주, 관구가 차지하고 있다. 그러나 그곳은 완전한 러시아인의 토지이며, 시베리아가 구소련 연방 내브에서 가장 완벽하게 통합된 부분이라는 사실[21]을 경시할 수는 없다. 그렇기에 먼저

---

(19) 菊池俊彦 〈コリャーク民族區の成立とシベリアの少數民族〉《變革期アジアの法と經濟》科學研究費報告書).
(20) 田中克彦 《言語の思想》(日本放送出版協會, 1975).
(21) 제임스 포시스(森本和夫譯)《シベリア先住民の歷史-ロシアの北方アジア植民地-1581~1990》(彩流社, 1998) 423~424頁.

시베리아를 불과분의 국토의 일부 국사로서 이야기하지 않으면 안 되는 것이며, 그래서 발해사는 구소련 연방의 민족정책의 이념을 내세우는 장으로서 필요불가결한 것이다.[22] 어찌되었든 구소련의 발해사 연구에서도 현실적인 과제가 직접적 또는 간접적인 계기가 되었던 것을 확인할 수 있다.

3) 북한·한국

오늘날 한국이나 북한에서는 국민교육을 위한 역사 교과서에서 발해사는 명확하게 자국사로서 자리매김되고 있으며, 그 역사와 문화에 대해서 상세하게 기술되어 있다. 이러한 발해사의 자리매김은 그다지 오래된 일이 아니며, 1962년 북한에서 발표된 박시형의 논문〈발해사 연구를 위하여〉가 그 계기가 되었다.

박시형이 주장하는 최대 논점은 발해의 왕실과 지배층의 혈통에 있는데, 발해는 혈통상 고구려의 계승자이며, 고구려의 부활·재흥이라고 보았다. 발해사는 한국사에 자리매김되어야 하며, 그 논거는 "발해의 혈통 자체와 문화는 오늘날 한민족의 혈통과 문화적 전통의 중요한 구성 부분이 되어 있다"[23]는 것이다. 이러한 논거에서 움

---

(22) 이 점에 대해서는 시오카와 노부아키(鹽川伸明)의 다음과 같은 지적이 참고가 된다. 즉 "'민족자결', '여러 민족의 평등'을 대의명분으로 '현지화' 정책을 추진한 소비에트 정권은 표면적으로는 '동화' = '러시아화' 정책을 강조할 수 없고—사실상 '러시아화'가 진행되는 경향은 있었으나 그것을 이데올로기적으로 정당화하는 것은 곤란했다—오히려 각각의 지역별로 '현지 민족'의 민족 문화, 언어를 존중하는 것은 공식적인 정책의 방향성이었다."《20世紀史》を考える》勁草書房, 2004).
(23) 박시형〈발해사 연구를 위하여〉《력사과학》1962-1, 평양, 1962년〈原載〉,《古代朝鮮의 基本問題》學生社, 1974), 154頁.

직일 수 없는 인식상의 전제는 발해의 영역에서 그 전의 역사인 고구려사는 한국사의 불가결한 일부이며, 고구려인은 한민족이라는 것이다. 따라서 발해사를 한국사에 자리매김하는 작업은 발해의 민족·종족상의 고구려 계승관계나 발해와 신라와의 동족관계를 논증하는 것이 중심 과제가 된다.

그 주요한 논점은 이하 여섯 가지로 나눌 수 있다. 첫째 건국자 및 건국 집단의 출자 문제, 둘째 발해국 내의 민족적 구성과 지배 집단의 역할, 셋째 발해 왕실 및 지배자 집단의 고구려 계승의식, 넷째 발해와 신라 상호간의 동족의식, 다섯째 발해 유민의 귀추와 귀속의식, 여섯째 고구려 문화의 영향이 그것이다.[24]

고구려와의 계승관계를 강조함으로써 발해사를 자국사에 자리매김하고자 하는 시도는 단지 발해사의 문제에 그치는 것이 아니라 자국사에 있어서 민족 형성사의 틀 그 자체를 변경시키는 것에 있다. 박시형의 논문 이전에는 한민족은 고대로부터 시대를 거치는 과정에서 점차 형성되어 온 것으로 보았다. 예를 들면 북한에서는 종족→나로드노스치(준민족)→나치아(민족)라는 레닌의 민족 이론을 전제로 이른바 통일신라를 근대에 성립한 나치아의 전단계로 나로드노스치 성립의 계기로서 평가했다.[25] 이러한 단계론적 민족 형성사의 구상에서는 발해사가 끼어들 여지가 거의 없었다. 이에 새로운 민족관이 등장하게 된 것이다. 그것은 예로부터 한민족은 하나의 핏줄을 이어받은 단일 민족이라는 생각이었다. 이러한 전제가 없었다

---

(24) 李成市〈渤海史研究における國家と民族-'南北國時代'論の檢討を中心に〉(前揭誌).
(25) 朴慶植ほか譯《朝鮮通史》(上을, 未來社, 1962).

면 고구려와 발해의 계승관계를 아무리 분명히 한다 해도 의미가 없기 때문이다. 발해 성립 이전의 고구려, 백제, 신라의 삼국이 대립한 수백 년은 물론 나아가 그 이전 1천 년 이상에 걸친 한반도의 역사는 동일 민족의 복수 국가의 대립 시기로 보지 않으면 안 되었던 것이다.

새로운 발해사의 성립으로 인해 발해 성립 후의 역사는 한반도의 남쪽 신라와 발해의 2국이 7세기부터 230년간에 걸쳐 동족에 의한 2국가의 병존시대로 보게 되었다. 북한보다는 조금 늦었다고 하나 한국에서도 1970년대부터 같은 형태의 발해관에 의한 연구가 왕성해졌다. 현재 한국에서도 신라와 발해가 병존하는 시대를 '남북국시대'라고 부르며,[26] 민족 형성사에 대해서도 박시형 논문 이후의 북한 학계와 완전히 같은 이론이 공유되고 있다.[27]

'민족'(네이션, 나치아)이 근대의 역사적 산물인 것은 말할 나위가 없으나 그것이 실재하지 않는 고대에 투영하여 발해의 역사적 성격을 민족 문제만으로 한정해 입론하는 것은 너무나 무모한 시도이다. 그러나 오늘날 남북 분단 상황의 극복이라는 현실적 과제를 발해와 신라의 병존시대로 가탁(假託)하여, 동일 민족이 남북으로 병립하고 있다는 부자연스러움과 불완전함을 국민에게 환기시킴으로써 통일으로의 전망을 타개하려는 의도[28]를 이러한 시도 속에서 알아차리는 것은 용이한 일이다.

---

(26) 〈南北國時代〉論에 대해서는 浜田耕策 〈渤海史をめぐる朝鮮史學界の動向-共和國と韓國의 《南北國時代》論について〉(《朝鮮學報》 88, 1978), 李成市 〈渤海史研究における國家と民族-'南北國時代' 論의 檢討を中心に〉(前揭誌) 참조.
(27) 李成市 〈朝鮮史から見た渤海史〉(前揭書), 236頁.
(28) 강만길 〈분단 사학의 성격〉(《분단시대의 역사인식》 創作과批評社, 서울, 1978), 李佑成 〈南北國時代와 崔致遠〉(創作과 批評, 38, 서울, 1975)》.

3. 근대 프런티어로서의 동북아시아 역사

이미 논한 것처럼 근대 일본이 먼저 시작했던 발해사 연구는 중국·러시아·북한 등 삼국의 현재 영역에 걸쳐 있기에 각각의 국가로서는 국사의 불가결한 일부로서 논해왔다. 거기에 그려진 발해사는 각각의 국가가 안고 있는 현실적 과제를 과거에 투영했고, 그렇게 해서 그려진 발해사를 배타적으로 점유하려고 하는 점에서는 공통점을 갖는다. 그렇기 때문에 각국의 발해사 연구는 거의 공유하기 어렵다고 볼 수 있다. 겨우 남아 있는 공통의 자료라고 해도 발해사를 자국사로 편입하려는 틀에 얽매여 전혀 다른 해석이 제기되고 있다. 그로 인한 현격한 차이는 마치 과학사에서 말하는 이론부화성(理論負荷性)을 상기시키는 것이다.

발해사에 각국의 현실적 과제가 투영된 이상, 각국이 안고 있는 현실적 과제는 무엇보다도 우선해야 할 절실한 과제이겠지만, 그러기에 언뜻 보기에는 학술적인 토론을 가장해도 그것이 정치적 이해를 품고 있기 때문에 자연히 영토 분쟁과 같은 양상을 띠지 않을 수 없다.

사실 각국의 연구 대상인 발해사가 전개된 영역은 그것을 자국사로 여기고 있는 국가에 있어 현재 자국의 주변(변경·경계)에 위치하고 있는 점에서 공통점을 가지고 있으며, 그곳은 바로 3개국의 영토·영역이 접하는 곳이다. 그리고 일본뿐만 아니라 중국·러시아·한국의 3개국에 있어서도 이 지역은 근대의 프런티어였다는 점에서 공통이다. 예로부터 이 지역에 살고 있었던 사람들과는 거의 관계없이 새롭게 인식해야 할 대상으로서의 프런티어였던 것이다.

'만주'는 근대 일본에서 일본의 '생명선'으로 불리워졌고 그 '진출' 과정은 너무나도 잘 알려져 있기 때문에 여기서는 생략을 한다 해도 근대 중국에서 중국 동북지방은 청조의 발상지이며, 이 지역이 중국에서 근대의 프런티어라는 점은 위화감을 가질 수 있을지도 모른다. 그러나 이 지역이 오늘날과 같이 한족의 주거지가 된 것은 19세기 말경부터이다.

청조의 중국 지배가 확립되어 사회가 안정된 강희·현륭 시대에는 중국의 인구가 현저하게 증가했기 때문에 화북으로 이어지는 비옥한 동북의 토지로 한족이 점차 진출하게 되었다. 그러한 가운데 청조의 발상지인 동북의 토지가 한족의 주거지가 된 것은 중대한 문제로 간주되어 1740년에 한족의 유입을 저지하는 금령이 내려졌다(봉금령).[29] 그러나 한족의 유입·식민은 금령으로 막을 수 있는 문제가 아니었다.

그 후 단속적인 입식은 있었으나 한족에 의한 지린(吉林)지방의 본격적인 개발은 19세기 후반부터이며, 러시아의 극동 남하의 위협과 아편 전쟁 이후의 심각한 재정난이 그 요인이 되었다. 청조는 적극적으로 한족에게 농지를 개간시켜 조세 수입을 늘리는 것을 고안했던 것이다. 1860년 쑹화 강 연안이 개방되고 1875년에는 봉금령이 해제되었으며, 그 후 급속하게 각지의 식민이 진전되어 1902년에는 지린지방 전역의 미개 지역이 일률적으로 개방되었다.[30]

이러한 한족의 입식에 의해 동북지방의 개발이 현저하게 진행되

---

(29) 神田信夫〈滿洲·漢〉《民族の世界史3東北アジアの姻族と歷史》山川出版社, 1989).
(30) 小峰和夫《滿洲-起源·植民·覇權》(御茶の水書房, 1991), 152頁.

었으며, 인구도 늘어났기 때문에 20세기 초 펑톈(奉天), 지린, 헤이룽 강(黑龍江)의 각지에 새로이 부, 주, 현, 청 등이 세워지고 승격되어 지방 행정제도가 정비되었다. 그리고 러일 전쟁 때 이 땅이 전쟁터가 됨으로써 청조 주권을 유지하기 위해 1907년에는 동삼성 총독과 펑톈, 지린, 헤이룽 강의 각 순무를 새로이 설치하고 중국 본토와 같은 총독 순무제를 수반하는 내재의 성(省) 지도가 새로이 이 땅에 시행되었다.[31] 역으로 말하면 20세기 초가 되어 처음으로 이 지역은 중국의 한 지방으로 편입되었던 것이다.

또한 러시아에서도 16, 17세기 이래 극동 시베리아로 진출함으로써 이 지역에 대한 관심이 높아졌지만, 이 지방에 식민을 하는 획기적인 시기는 1842년의 아편 전쟁이었다. 청조의 군사 약체화를 틈타 1847년 러시아 황제는 동부 시베리아 총독에 무라비요프를 임명하고 러시아의 극동 경둥의 재건 강화를 명했다. 무라비요프는 청조의 승낙을 얻지 않은 채 아무르 강 하구의 점령을 진행하면서, 1855년에는 시베리아의 마린스크에서 청러 국경 교섭을 가졌다. 그러나 무라비요프는 강제로 아무르 강과 우스리 강의 영역에 러시아인의 이민 취락을 만들었다. 그리고 1857년에는 흑룡주와 연해주의 2주를 설치, 사실상 이 지역의 영토화를 추진했다. 인구가 희박한 이 지역에 무라비요프는 죄수의 이식을 통해 입식자를 확보하기도 했다.[32] 그 결과 1860년의 북경 조약에 의해 러시아는 우스리 강 이동의 영토(연해주)를 청조로부터 탈취했고, 봉금되었던 '만주' 땅은 이

---

(31) 神田信夫《滿洲·漢》(前揭書), 286頁.
(32) 小峰和夫《滿洲-起源·植民·霸權》(前揭書), 112~115頁.

때에 이르러 러시아 침입의 결정적 국면을 맞이하고 1873년에는 군항 블라디보스토크가 개설되었다.

한편 근대 한국에 있어서도 만주 땅은 프런티어였다. 오랫동안 청조와 조선 왕조 간에는 양자의 완충지대로서 입역이 제한되었던 이 지역은 청조 말기에 먼저 압록강 이북의 농업 개척에 한국인이 참가하게 되고, 나아가 1860년경부터는 이 땅에 집단적 이주가 시작되었다고 한다.[33] 1869년부터 이듬해에 걸쳐 함경북도에서 대흉작이 발생해 한국인의 '만주' 유입은 급증했고, 연길 부근까지 확산되었다고 한다. 청조에서도 1881년에 이르러 이 지역을 개방하기로 결정하여,[34] 1890년대 중반에는 약 3만 명 정도의 한국인 가족들이 '만주'에 거주했다.[35]

그 후 한일합병 직전인 1910년 5월에 청조는 집안현에서 〈관리한민장정(管理韓民章程)〉을 공포했는데, 그 지방 조례는 매일 증가하는 한국인 월경자의 호구를 밝혀 그들을 보호하는 것이 주안점이었다. 청조의 한국인에 대한 관리의 강화는 일본이 재 '만주' 한국인 보호를 명목으로 '만주'를 침략할 것이라는 위기의식에 의한 것으로 보인다.[36]

---

(33) 依田憙家《日本帝國主義と中國》(龍溪書舍, 1988), 204頁. 篠田治策《白頭山定界碑》(樂浪書院, 1938)에는 "철종 12년(1861)에 이미 벌채한 뗏목을 띄우기 위해 혼강(渾江)에 이주한 사람이 있고, 그 후 북선(北鮮) 일대의 흉작 때보다 이주자가 증가했기 때문에 평안도 관찰사는 공공연하게 이를 인정해 대한 일대의 땅을 28개 면으로 구획하여 각각 소관을 강계, 초산, 자역, 후창의 네 군에 분속시켰다"고 지적하고 있어 동시기의 상황이 거의 부합하고 있다.

(34) 이 기간의 경위도에 대해서는 篠田治策《白頭山定界碑》(前揭書), 133~137頁 참조.

(35) ISABELLA.L.BIRD, *Korea and Her Neighbours*, 1898, (Reprint,1986,Tokyo) p. 218.

(36) 谷川裕一郎《〈南滿東蒙條約〉と在滿朝鮮人-鴨綠江對岸地域(西間島)》(姜德相先生古希·退職記念論文集刊行委員會編《日朝關係史論集》新刊社, 2003).

이때 한국인의 입식은 여러 요인이 있었다. 그 중 하나가 이 지역에서의 쌀농사 시작을 들 수 있다. 원래 '만주'에서는 쌀을 생산할 수가 없고 남부에서도 주로 육도(陸稻, 밭벼)가 재배되는 정도였다. 그러나 러일 전쟁을 계기로 한국인 이주가 증가하고 일본인을 위한 일본 쌀이 들어오게 되어 각지에는 무논이 만들어졌다. '만주'에서 무논에서 생산된 쌀이 처음으로 시장에 등장한 것은 1910년경이라고 한다.[37]

'만주' 각지의 중국인들은 무논 개간이 유리하다는 것을 알게 된 후부터 한국인들의 이주를 기꺼이 받아들이는 풍조가 있었다고 한다. 특히 러일 전쟁 후 일반인에게 쌀밥을 먹는 기호가 증가하여 육도, 수도(水稻, 논벼)의 생산이 높아져 한국인 노동자의 수요가 증가한 것을 군인 다나카 기이치(田中義一)가 〈대만소감(帶滿所感)〉에서 쓰고 있다.[38]

더욱이 한국인의 입식에 관계된 중요한 점은 한일합병 이후에 일본의 이 지역에 대한 정책이었다. 마키노 노부아키(牧野伸顯) 외상의 〈대지나의견서(對支那意見書)〉(1913)에는 "목하 두만강과 압록강의 대안에 귀주하는 조선인 수가 30만 명에 미치면 만몽 처분을 할 때 조선인의 만몽 이주, 일본인의 조선 이주는 그 숫자가 90, 100만에 달할지도 모른다"[39]라고 하며, 일본인은 한반도로 보내고 한국인은 '만주'로 이주시키는 이른바 '대위(代位) 이민'이 구상되었다. 당시 일본 정부는 한국인이 '만주'로 이주하는 것을 환영해야 할

---

(37) 南滿洲鐵道株式會社 《商品としての滿洲米》(1927), 27頁.
(38) 田中義一傳記刊行會 《田中義一(上)》(原書房, 1981), 552頁. 이 의견서는 1913년부터 다음 해 봄에 걸쳐 집필한 내용이라고 한다.
(39) 外交資料館所藏 〈支那政見雜纂 第1卷〉(分類番號 1-1-2-77) 所收.

일이라고 했다.[40]

　더구나 늘 치안상의 불안을 지적하면서도 한국인의 '만주'로의 유출을 억제하는 논리는 당시 일본 내에서는 전개되지 않았다고 한다. 그것은 한국인의 '만주'로의 이민이 벼농사 등에 의한 '만몽' 개발이나 한반도의 과잉 인구의 조정에 유리하다고 주장되었기 때문임에 틀림없다. 이렇게 한국인에 대해 지배권을 장악한 채 대륙 침략에 이용하는 생각은 입식자가 증가한 1910년대 일본인 속에서 형성된 것이라는 점을 경시해서는 안 된다. 오늘날 180만 명이라고 하는 중국의 조선족은 이러한 일본 정부의 의도 없이는 생각하기 어렵기 때문이다.[41]

　이상의 내용을 요약하면 '만주'는 근대 일본뿐 아니라 중국·러시아·한국에 있어서도 프런티어이며, 이 같이 근대에 전개된 '만주'로의 입식 과정은 각국의 발해사 연구를 검토하는 가운데에서 결코 가

---

(40) 이나바 이와키치는 조선인을 '만주'에 이주시키는 당시의 정책에는 역사적인 근거가 있다는 억지 주장을 하기 위해 조선과 '만주'의 일체성을 논했다. 〈滿鮮不可分の歷史的考察〉(稻葉君山《支那社會史硏究》大鐙閣, 1922)에 의하면 이하 세 가지 점에서 조선과 '만주'는 불가분의 관계라고 한다. 첫째, 민족의 계통 문제로 조선의 왕가는 고대로부터 조선 왕조에 이르기까지 대부분 만주계이며, 때로는 중국 북부계도 섞여 있어 조선인 중에서 태어난 자는 없다고 한다. 그 중 만주계와 중국계의 사람은 대륙에서의 패잔자가 조선으로 도망쳐 와 지배자가 되었다고 한다. 둘째, 국토, 국경의 문제로 고조선·한·고구려·당·원 등이 지배한 때에는 이들 왕조 모두 만주로부터 조선에 이르는 지역을 지배한 것처럼 압록강이나 두만강은 하등 국경으로 되지 않았으며, 그것이 국경이 된 것은 청조의 특수정책이었다는 것이다. 셋째, 경제적 문제로 조선인이 만주에 들어가 천연물을 채취하여 농업을 경영하는 것은 역사적으로 자연스러운 모습이며, 또한 여진인이 조선으로 이주해오는 것도 자연적인 것으로 거기에는 경제의 상호의존이 있었다고 한다. 이 같이 주장함으로써 당시 조선인의 '만주' 이주를 정당화한 것이다. 유의할 것은 이나바가 한편에서는 이러한 논의를 펼침과 동시에 조선인의 '만주'로의 이주는 '조종(祖宗)의 고지로 환원하는 것'이라고 주장했다는 점이다.

볍게 보아서는 안 될 문제이다. 발해의 민족과 문화를 이야기할 때 적지 않게 투영되는 근대의 민족과 문화관을 상대화할 필요가 있기 때문이다. 근대사의 무자각은 무의식중에 근대 체험의 투영을 조장하며 증폭시킬 뿐이다.

4. 변경과 근대국가의 도순

이 글에서는 먼저 각국의 발해사 연구를 통해 동북아시아 경계 영역의 역사인식에 대하 생각해보았다. 근대 일본이 선도해온 발해사 연구는 현재에도 중국, 한국, 북한, 러시아의 각국에서 특색 있게 전개되고 있다. 그것은 이구동성으로 배타적인 점유를 주장한다. 즉 '정치적 균질이라는 정치적 요청, 경제 통합이라는 경제 합리성에 의해 원래는 문화적으로 이질적인 여러 요인들을 강제로 포섭하려는' 국민국가의 논리에 의해 고대사를 점유하고자 하는 의도라 하지 않을 수 없다.

변경은 근대국가 모순의 집적지이다. 그렇기에 발해사의 무대로서 각국의 변경이 된 '단주' 지역의 역사를 검토할 때, 먼저 근대사

---

(41) 본론에서 전개한 해방 이전의 '만주' 지역에서의 조선인 활동에 관해 상세하면서도 구체적인 사실과 평가에 대해서는 향후의 실증적 연구에 기대할 수밖에 없다. 그때 주의할 것은 일본인의 대륙정책에 있어서 조선의 자리매김이야말로 조선인이 '만주'에서 활동한 큰 틀을 규정할 수 있다고 한다면 그 한 예로 당시 경성부에 본점을 두고 만주나 화북으로의 진출을 적극적으로 밀어부쳐 동북아시아 일대의 영업망을 전개시킨 조선은행과 그곳에서 발행된 조선은행권의 동향은 이 문제를 생각할 때 시사하는 바가 크다. 이 조선은행에 대해서는 多田井喜生 《朝鮮銀行-ある円通貨圏の攻防》 (PHP硏究所 2002)을 참조.

를 우선적으로 문제삼지 않으면 안 된다. 이미 논한 것처럼 발해사를 자국사에 편입시키려고 부심하는 각국에게 '만주'의 대지는 프런티어였다. 각국이 과거 '만주'로의 '진출, 식민'의 과정을 직시한다면 이 토지에 살고 있는 사람들을 얼마나 경시해왔는가를 알 수 있을 것이다.[42] 멀리 과거로 거슬러올라가 발해에 대해서만 열정적인 시선을 돌리는 데 비해, 발해 멸망 후부터 근대에 이르기까지의 역사에 대한 냉담한 자세는 두드러진 대조를 보이고 있다. 각국의 발해사 연구를 통해 이야기할 수 있는 것은 근대사의 망각이며, 근대 기억의 소거라는 점이다. 고대와 현재를 직결하는 논의에서는 근대의 매개항을 거의 찾아볼 수 없다.[43]

또한 최근에는 발해사의 전사로서 취급되는 고구려사도 같은 형태의 논의의 대상이 되고 있다. 즉 지난해 7월 이후 한국에서는 중

---

(42) 제임스 포시스(森本和夫譯)《シベリア先住民の歷史-ロシアの北方アジア植民地-1581~1990》(前揭書 422~423, 427頁)는 소비에트 민족 정책하의 시베리아 선주민이 놓여진 상황을 논하는 가운데 "국가의 군사적·정치적 관심으로부터 태어난 중앙집권적 계획에 동반한 수요와 요구에는 선주민의 전통적 생활이나 자연환경이 거의 고려되지 않은 채 절대적 우선권이 부여되었다"고 하는 여러 사실을 열거하고 "그러한 처사는 백인이 북아메리카 인디언에 대해 취한 괴멸적 방법을 흉내냈다"고 지적하고 있다.

(43) '근대의 매개항'에 대해서는 언급해야 할 문제가 적지 않으나 이에 관해 통차이 위니카츨(石井米雄譯)《地圖がつくったタイ-國民國家誕生の歷史》(明石書店, 2003년 Thongchai Winichakul SIAM MAPPED University of Hawai'i Press 1994)가 주목된다. 그는 "국민국가의 지리적 신체의 역사에 대한 누락으로 지금까지 전근대적인 담론의 장에서 발생한 사건들을 근대적 공간 관념의 존재를 전제로 설명하는, 따라서 오해를 불러일으키는 역사 해석이 횡행해왔다."고 지적하며 전근대의 샴으로부터 타이국으로의 과정을 사례로 전근대적 담론(민속지)과 근대적 담론(지리학적 담론)을 분석했다. 신구의 두 담론이 충돌할때 지리학, 국경, 영역주권, 주권이라는 개념에 의해 새로운 담론이 구담론을 위협해 결국에는 이를 치환하는 정치적·기호론적 조작이 행해지는 '순간'을 극명하게 제시하고 있다. 발해사 연구를 배타적 점유에서 해방시키기 위해서는 상술한 바와 같은 시점에서 분석할 필요가 있다고 생각된다.

국에서 추진하고 있는 연구 프로젝트(동방공정) 속에 나타난 고구려 인식이 매스컴에 취급되고, 그것이 국민을 끌어들이는 정치적 중요한 과제로까지 전개되었다. 고구려사를 자국사로서 의심한 적이 없는 한국의 국민에게 있어 고구려사를 중국사의 일부로 편입시키려는 중국 정부의 연구 프로젝트는 허락할 수 없는 것이었고, 한국에서는 국가적 대응까지 강구하기에 이르렀다. 이러한 고구려 문제까지도 시야에 넣고 발해사에서 볼 수 있는 고대사의 배타적 점유를 어떻게 풀어나가야 할 것인가가 과제이다.[44]

지금까지 이야기한 것처럼 발해사를 자국사에 자리매김하여 배타적으로 점유하려고 하는 발해사 구상의 맹아는 근대 일본의 '만주' 연구에서 찾을 수 있다. 거기서는 먼저 중국 동북지방의 역사가 중국사에서 분리되어 유사 이래의 '만주'의 독립성이 주장되었다. 어찌되었든 중국과 '만주'는 상이한 것으로 강조되었으나, 그것은 '만주국'의 존립을 정당화하려는 주장 그 자체였다.

그리고 발해사 연구에 전심하는 각국의 공통점은 근대 이후 이 지역에 자국민들을 대량으로 입식자로서 보냈다는 점이다. 집단 이주의 역사가 있었다고 하는 사실이나 이 토지에 예로부터 살고 있었던 사람들에 대해서는 거의 관심을 보이지 않았다는 점도 공통적이다.[45] 자국의 역사에 편입시키려는 것에는 열심이나, 그 지역에 거주하는 민족에 대해서는 관심이 적고 감화시켜 문명화해야 할 대상으

---

[44] 동북공정에 관한 일련의 문제에 대한 사견은 〈국가·민족을 넘어서는 역사 연구가 필요하다〉(《시사저널》 758호, 2004. 5. 6), 〈고정관념을 깨는 사람들〉(《한국일보》 2004. 6. 18) 등에서 그 대략적 내용을 언급한 적이 있다.

로밖에는 취급하지 않았다고 여겨진다.[46] 이러한 의미에서 각국의 발해사 연구는 바로 근대 체험의 반복이다. 관계되는 여러 나라의 발해사 연구를 각국의 근대 프런티어에 대한 욕망의 상관으로 보는 것은 폭론일까? 과거의 배타적 점유로부터 해방되기 위해서는 자국·자민족의 근대사를 응시해야 하는 데서 시작해야 할지도 모르겠다.

— 번역 류미나(한국근대사, 와세다대)

(45) 한국에서는 한자 문화권에서 유일하게 '만주'라고 하는 말을 아무 유보도 없이 사용하고 있는 점에 주의하고 싶다. 중국의 동북지방을 가리켜 '만주'라고 하는 지역 명은 일본이 1932년 중국의 동북지방에 성립시킨 괴뢰 정권 '만주국'의 영역을 의미하는 것으로, 이 용어는 중국에서도 기피되고 있다. 또한 '만주'는 일본의 중국 침략 과정에서 중국과 '만주'는 상이하며, '만주국'의 존립은 정당하다는 주장과 함께 '만주'의 말이 일본에 정착되어 왔다는 경위가 있기 때문에 이 말의 사용은 전후 일본에서는 회피되어 왔다. 게다가 한국의 '만주'라고 하는 명칭에 구애를 받고 있지 않는 것은 고찰할 만한 가치가 있다. 또한 10세기 이후 한반도 북부나 압록강 이북의 주민에 대한 멸시와 무관심은 눈에 띄었으며, 이것이 전술한 문제와 어떠한 관계가 있는지는 검토해야 할 과제이다.

(46) 중국에서 '왜 지금 고구려가 문제인가' 하는 것을 검토할 때 주목해야 할 것은 1978년 이후 만주족이 재발견되고 만주족의 지위가 급속하게 향상되어 다수의 만주족 스스로가 자신들의 민족을 한족에서 만주족으로 다시 등록했기 때문에 그 인구가 급증하고 있다는 사실이다. 平野健一郎〈中國における統一國家の形成と少數民族〉(平野健一郎他《アジアにおける國民統合─歷史·文化·國際關係》東大出版會, 1988)은 이러한 현상을 다룰 때 오늘 중국의 소수민족 정책 이론과 소수민족 동향과의 호응관계적 열쇠는 '민족의식'의 중시에 있다는 것에 주목하고, 고도로 동화가 진행되어 식별 곤란한 만주족의 '민족의식'을 일부러 상기시켜 민족 자치의 확대를 인정하는 정책의 목적은 소수민족을 포함한 국가 통일의 실현을 보여줄 수 있는 '쇼윈도 케이스'화된 것이라고 한다. 그리고 만주족이 경제적·문화적으로 가장 발달한 에스닉 집단이라는 것, 민족의식을 거의 유일의 근거로서 '민족'으로 인정받고 그것을 만주족이 환영하고 있다고 하는 것, 더욱이 만주족이 중국 통일을 저해할 행동을 반복한 과거를 가지고 있다는 점 등에서 볼 때, 만주족은 홍콩과 대만이 중국으로의 순조로운 재통일이 가능하다는 것을 보여주는 전례가 될 수 있다는 점을 지적한다. 이러한 맥락에서 만주족의 '민족 감정'을 전제로 한 만주족의 역사를 불러일으킨 것이다. 게다가 과거 일본이 '만주국사'로서 그린 동북 민족사는 그대로 중국에서 이용가능할 것이다.

Frontiers or Borders ?

5.

일본 고대에서의 '우리'와 '그들'의 경계
— 이적(夷狄)론의 과거와 현재

일본 고대에서의 '우리'와 '그들'의 경계
—이적(夷狄)론의 과거와 현재

다나카 사토시(田中聰)

일본 교토(京都)에 있는 리쓰메이칸(立命館) 대학을 졸업하고 동 대학원 박사 과정을 수료했다. 현재 이 대학 문학부 전임강사로 재직 중이며, 전공 분야는 일본 고대사와 일본 사학사이다. 일본 고대의 '이적(夷狄)'을 동시대의 동아시아 정세 속에 자리매김하고 그 실태를 중층적·동태적으로 파악함과 동시에 '우리'와 '그들'의 형성 과정을 연구하며 일본 고대사의 사학사적 검토를 하고 있다.

〈'陵墓'にみる'天皇'の形成と變質〉,《陵墓からみた日本史》青木書店, 1995.
〈'上古'の確定—紀年論?をめぐって〉,《江戸の思想》8巻 ぺりかん社, 1998.
〈蝦夷・集人と南島の社會〉, 日本史研究・歷史學研究會 共編《日本史講座》1巻, 東京大學出版會, 2004.

* 이 글은 다나카 사토시 선생이 2003년 4월 25~27일 이즈(伊豆)에서 열린 '비판과 연대를 위한 동아시아 역사포럼' 제4차 워크숍에서 발표한 글입니다. 이 책에 게재를 허락해주신 다나카 사토시 선생님께 감사드립니다.

1. 일본 고대사 연구의 공간 인식

단일한 종족 '왜인'으로 구성되는 크고 작은 지역공동체들이 병존하는 일본 열도에서 고유한 언어와 문화를 기반으로 공동체들의 정치적·경제적 통합이 진행되고 통일 국가(야마토大和국가-율령국가)가 형성된다.[1]

이 고대국가는 내국 영역이 거의 자연적으로 지속되는 가운데 열도 전역을 균질적으로 지배한다. 그것은 '왜인' 출신 인민에게 '공민(왕민)', '노비' 신분을 부여하여 정량의 세나 역역(力役)을 부과함으로써 이 사람들이 국가의 존립 기반이 된다. 게다가 도호쿠·홋카이도(北海道)의 에미시(蝦夷), 규슈(九州) 남부의 하야토(隼人), 사쓰난(薩南) 제도, 류큐(琉球) 열도의 남도인(南島人) 등 변경 주민들을 이민족으로 간주하여 배제하고 '이적'이라고 부르는 특수한 지배 형태를 취한다. 그러한 의미에서 고대 일본 국가는 중화제국과 상이한 독자적 '제국'적 질서를 구성했다고 할 수 있다. 율령법에 기초한 '이적', '공민' 구분은 강압적이고 일방적으로 행해지며, 주어진 신분은 타고난 카스트로서 후손에게 계승된다. 한편 이 국가는 한반도 여러 나라('제번諸蕃')로부터 '대국'으로서 조공을 받는 대상이 되며, 동아시아를 하나의 역사적 세계로 통괄하는 중화제국=문명과의 교통관계에서는 동방에 위치하는 이적=동이'로서 자리매김

---

[1] 병존하는 지역공동체들 간에는 불균등반전에 의한 격차가 있으며, 그것으로 인한 다양성을 인정하지만, 그것은 일본의 동질적 틀을 넘어서는 것이 아니라고 한다. 또한 중국 문명=율령법·한자·불교의 도입은 짙은 미개성이 남아 있던 일본에서는 곧바로 수용되지 않고 왜인 사회에 문명과 미개의 중층 구조를 만든 것으로 되어 있다(吉田 1997).

된다.[2]

현재의 일본 고대사 연구는 그 대부분이 이러한 공간 인식을 암묵적인 전제로 삼고 있다. 여기서 말하는 '왜인'은 현재의 '일본인'과 거의 같은 의미이다. 통일 국가 출현을 민족 형성사의 기점에 무비판적으로 중첩시키는 이해방식이라고 할 수 있다. '이적'을 이민족시함으로써 '왜인'은 비로소 민족적 일체감을 얻는다고 하며, 거의 대부분의 경우 '왜인' 자체에 대한 정의는 내리지 않는다. 양자를 나누는 것은 중국 문명을 계수한 경험의 유무, 논농사를 생산의 기반으로 하는지의 여부 등의 문화적 차이이며, 여기에는 고대를 문명/미개로 구분하는 방법론이 분명히 적용되고 있다. 또 국가에 의해 서열화되고 서로 혼합되거나 중층되는 일이 없는 객관적·주관적으로도 확인 가능한 신분 경계가 이때 이미 존재한 것이 이 이해방식의 전제이다.

일본 고대사 연구자는 외국 자료를 포함한 문헌자료의 대조와 재배열에 의한 사실의 재구성 - '고증'에 의해 이러한 시공간의 윤곽을 파악하고 그 세부에 이르기까지 실체화하는 작업을 되풀이한다. 실증적인 절차를 통해서 밝혀지는 고대 일본의 모습이 마치 근대 일본 국가, 국민의 거울상처럼 그려지는 것은 무슨 까닭인가 하는 물음은 연구자들 내부에서는 소수의 예외[3]를 제외하고는 거의 자각되지 않고 있다.

---

(2) Ⅱ(2)에서 논하지만 이러한 견해의 기원이 된 것은 이시모다 쇼(石母田正)에 의한 '동이의 소제국'론이다. 石母田(1962, 1963) 참조.
(3) 李成市(1994) 등 참조.

이러한 이해방식이 언제, 어떻게 창출되었는가. 이 글에서는 '이적' 해석의 변용 과정을 검토 소재로 삼으며, 이 문제에 대해 생각해보고자 한다. '공민'의 네거티브(陰畵)·이단, 고대사의 공간 구조의 외연(外緣)을 구성하는 불가결한 요소로서 '이적'이 자리매김되는 그 과정에서 현재 일본에 존재하는 자타 인식의 양태가 분명히 드러나 있기 때문이다.

2. 세 가지 틀— '이적' 연구의 기본적 문제 구성

형질이나 문화·풍속 등에서 두드러진 이종성(異種性)을 나타내는[4] '이적'의 모습은 일본과 주변 세계와의 관계에 대한 의식을 환기시키며 그때 그때의 민족관을 농후하게 반영한 '이적'상이 그려져왔다. 그 저류에는 '이적'을 일본 국가나 민족의 외부에 위치하는 타자로 삼고 이것을 통합·동화하면서 일본인이 형성되었다고 하는 민족 형성사적 역사관이 일관되게 확인되고 있다. 1960년대 초 전기가 된 이시모다 쇼(石母田正) 학설의 등장으로 '이적'은 율령국가와 불가분한 '내부의 타자'라는 새로운 위치를 얻게 된다. 현재의 이적론은 이러한 과정을 거쳐 성립되었는데, 그 기본적인 문제 구성은 민족론, 변경민론, 북방-남방사론의 세 가지로 크게 나눌 수 있다.

(4) 일본 고대국가의 정사 《일본서기》(720)에는 "흉폭한 성격을 지니며 마을을 통괄하는 자도 없고 야산을 집으로 삼고 털을 입고 피를 마시며 종종 변경을 침범하는 야만적인 자들"(景行天皇四十年七月戊條) 등과 같은 표현이 보인다. 중국 사서에 나오는 수렵·유목민에 대한 멸시 표현을 유용(流用)한 것으로 생각된다.

1) 민족론—일본 인종의 아종(亞種), 이민족으로서의 이적

① 인종으로의 바꿔 읽기(1880년대 후반)

근대 일본은 에조치(蝦夷地; 홋카이도를 가리킴), 가라후토(樺太, 사할린), 지시마(千島) 열도에서의 아이누 국민화(1869년 행정관구 '홋카이도' 설치. 1875년 '가라후토 지시마 교환 조약'에 의한 아이누의 홋카이도 이주)와 류큐 왕국의 해체(1979년 '류큐 처분')에 의해 북쪽과 남쪽의 국경선이 그어졌다. 이것이 잠정적인 경계선에 불과했다는 것은 그 후의 역사를 보면 알 수 있지만, 주목해야 할 점은 급격히 만들어진 국경이 일본 열도의 주변 지역 주민과 '일본인'을 구분케 하며, 원래 부정형(不定形)의 '일본인'이라고 하는 것에 과학적인 윤곽을 부여하는 작업이 필요하게 되었다는 것이다.[5]

이 작업을 담당한 사람들은 주로 인류학과 역사학 연구자들이었다. 인류학에서는 인체 각 부위를 측정해서 다른 인종과 비교하고 토기의 형식을 상정하며 각지에서 채집한 '구비(口碑)' 분석을 통해서 일본 선(先)주민의 풍속·문화 등을 복원했다. 그 과정에서 1886년 일본의 인류학 및 고고학계에 최초의 본격적인 논쟁인 '코로폭쿠루 논쟁'이 발생하게 되었다.[6] 이 논쟁의 목적은 '일본인'의 원류를 찾는 것으로 그때 걸맞은 대조의 축으로 삼은 것이 아이누였다. 쓰보이 쇼고로(坪井正五郎), 도리이 류조(鳥居龍藏), 고가네이 요시

---

[5] 이 작업은 근세 이래 축적된 세계의 '인물 도보' 등에서 지식을 '재코드화'한 것을 수반하면서도 '인종'의 징후를 신체·뼈의 각 부분에서 발견하고 서술하는 새로운 '국가에 대한 주민의 등기 작업'이었다. 富山(1994, 2002) 참조.

키요(小金井良精) 등은 아이누가 '일본 인종'의 직접적인 기원인가, 아니면 아이누 이전 열도 전역에 거주했던 선주자(쓰보이는 이것을 아이누 구비에 나오는 '코로폭쿠루'로 간주했다)들이 원(元)일본인인가를 놓고 강하게 대립했다. 하지만 양자 모두 《고사기(古事記)》, 《일본 서기(日本書紀)》 등 문헌자료에 나오는 에미시(蝦夷)·쓰치구모(土蜘蛛)·하야토(隼人) 등을 곧이곧대로 과거에 실제 존재한 인종으로서 실체적으로 파악하고 각각 출신이 다른 종족으로 생각하는 점에서는 일치했다. 결국 논쟁은 쓰보이의 사망(1913)에 의해 종식되었다. 그 후 1930년대까지 원일본인=아이누라고 하는 설이 통설화되었는데, 이 논쟁을 통해 일본인 형성사를 아이누=에미시 등 선주민과 중국 대륙에서 한반도를 경유해 일본 열도로 이주한 '천손(天孫) 인종'과의 혼혈·분서(分棲)의 역사라고 보는 이해방식이 정착되었다. 인류학적 개념으로서의 '인종'과 문헌사료에 있어서의 에미시나 하야토 등을 상즉적(相卽的)으로 직결시키는 이해방식이 생기고 일반에게도 널리 유포되었다.

이에 대해 근대 역사학은 단일하고 균질적인 시간축을 만들어내는 작업 과정 속에서 생겨났다. 정부는 1872년 11월 태양력의 정식 채용을 통달했다. 이것은 수세기에 걸쳐 사용되어 생활의 세부에까지 침투되었던 태음력의 포기를 의미했으며, 국민 사이에서 커다란

---

(6) 京都木曜クラブ(1996) 참조. 일본 인종의 형성 과정을 문제삼은 이 논쟁에 있어서 원일본인=코로폭쿠루설을 주장한 쓰보이 쇼고로(坪井正五郎)의 논거 핵심이 된 것은 고고사료보다는 오히려 《고사기》, 《일본 서기》 등의 문헌자료, 각지에 남아 있는 풍속이나 전승, 그리고 아이누의 전승 등의 '구비'였다. 이러한 자료들을 다루는 학문 분야를 '토속학'이라고 명명하여 고고학과 견줄 만한 인류학의 한 분야로서 일본인의 기원을 찾고자 했다(坪井 1888).

혼란을 일으켰다. 이에 수반한 간지(干支)로부터의 환산에 의한 국가 공인의 '황기(皇紀)' 창출, 그것에 기초한 기원절(紀元節) 등 일련의 '국경일' 설치는 다시금 달력이 가지는 타임 스케일(time scale, 시간의 보유와 지표)로서의 기능을 클로즈업시킨다. 이 상황에서 고대의 일본, 한국, 중국 자료에 공통적으로 일정한 법칙 아래 사용되는 기년(紀年)을 나타내는 기호인 간지와 그것이 가리키는 '사실(史實)'과의 어긋남이 실증적 사료 비판을 하는데 넘어야 될 과제로 처음 의식되었다.

이에 대해 1880년대《고사기》등 사료에 간지나 모 천황 몇 년이라는 식으로 표현된 기년을 '한사(韓史)', '한사(漢史)'라는 새로운 대조축을 설정함으로써 '객관'시하는, 그때까지 없었던 새로운 방법이 나카 미치요(那珂通世) 등에 의해 안출(案出)되었다(那珂 1888). 이러한 참신한 해석에 대해 텍스트의 시간 인식을 그대로 긍정해야 한다는 고나카무라 기쇼(小中村義象 1888) 등과의 사이에서 격렬한 논쟁이 벌어졌다. 이 기년 논쟁을 거쳐서 같은 속도로 과거로부터 미래로 흐르는 시간이 보편적으로 존재한다는 근대의 시간 인식이 공유되었다.[7]《고사기》,《일본 서기》를 비롯한 텍스트의 기사는 간지를 표지로 설정된 단일하고 균질적인 시간축 위에 계기적(繼起的)으로 재배열되었으며, '가미요(神代)' = '태고' 이래 현재에 이르는 일관된 역사 과정으로서 '일본사'의 시간 인식이 이때 처음으로 확립되었다. 이와 함께 그때까지 불가지한 '가미요'로 되어 있던 짐무(神武) 천황(人皇初代) 이전의 시기가 비로소 인간의 미개시대로

---

(7) 杉原(1996), 西川(1998) 등 참조.

자리잡게 되었으며, 신화 등의 전설적인 기재(記載)를 구승(口承)에 의한 사실의 전설화 등으로 바꿔 읽는 방법이 일관화되었다.

하지만 이 바꿔 읽기가 진행될수록 복원되는 상은 인류 일반의 원시시대와 다를 바 없었고 일본과 타국과의 종차(種差)는 애매해지고 말았다.[8] 그래서 구메 구니타케(久米邦武)는 '태고' 이래의 고유 습속의 일관성을 거론했으며, 또 나카는 《삼국지》〈위서〉 동이전이나 한국의 《동국통감》 등의 사서, 고구려의 광개토왕 비문 등 외국 사료에 나오는 '왜인' 관련 기사들을 모두 육국사(六國史; 일본고대의 정사)에서의 '일본인'과 동일시함으로써 새로운 '일본사'[9]='국사'를 가구(假構)하여 잃어버린 종차를 다시 확보하고자 했다(久米 1891, 那珂 1897). 이 두 사람의 근거는 에미시나 하야토, '한인(韓人)'과는 다른 '왜인'의 일관성이었다. 그들과 더불어 기년 개변설을 주창한 호시노 츠네(星野恒)는 '상고' 이래 현일 양국의 인적 교류가 빈번했다는 것을 일본 및 한국 사서로부터 논하여 이것을 근거로 일본인에 의한 한국 속국시(屬國視)를 역사적으로 정당한 관념으로 간주했다.[10] 기년 논쟁은 문헌사료에서의 한국도 '일본사'의 한 부분으로 위치지은 것이다.

---

(8) 텍스트의 고유성이 해체되고 기년이 '지나'=한국·중국을 포함시킨 아시아의 시간 체계와 동일화된데다가 태음력으로 환산되어 神武 기원이 서력 기원 전후에 출발하기 때문에) 서기와 같은 길이가 되어 버리고 보편적인 원시 상태가 일본사의 기점에 확인됨으로써 종래 고대 일본의 종차성(種差性, specificity)을 유지하는 기능을 하던 《고사기》의 '진건(眞傳)'성, '가미요(神代)'의 불가지성, '가미요'와 '상고(上古)'의 단절이라는 중요한 요소가 붕괴되고 말았다. 이상 기년 논쟁에 대한 자세한 것은 田中(1998) 참조.
(9) 那珂(1915) 참조.
(10) 星野(1890). 나중에 일조(日朝) 동조동원론으로 직접 이어지는 이해방식이다.

이상과 같이 같은 시기에 벌어진 두 가지 논쟁은 표리일체가 되고, '태고' 이래의 일본 인종, 일본사의 연속성을 확인하는 방법론을 제시한다. 이리하여 사료상의 이적은 일본 인종의 일부를 나중에 구성하게 될 이종(異種) 혹은 아종으로서 일본사 위에 위치지어지게 되었다.

② 민족과 지역의 일체성(1920년대)

19세기 말 이후 일본은 대만, 한국, 남양군도, 만주로 식민지 확장을 진행시켜 필연적으로 '대일본제국'은 많은 이종을 포섭하게 되었다. 인종론적인 해석에 의해 바로 현실의 문제인 아이누나 류큐인과의 문화적 차이를 일본사와의 분리·융합의 시기적 차이, 즉 동일한 시간축상에서의 시간차로 바꿔 읽은 종래의 방법으로는 나날이 늘어나는 새로운 이종과 '일본인'과의 관계를 설명할 길이 없었다. 더욱이 인종론적 해석이 아이누나 류큐, 대만 등 식민지 사람들에게도 알려지게 되자 역사학이나 인류학이 보여주는 문화적·역사적 위치짓기가 제국 내의 사회적 혹은 정치적 지위를 단적으로 나타내는 것으로 받아들여져 문화적 개명도(開明度)나 일본화의 정도를 둘러싸고 서열화나 대항, 혹은 동화/이화 의식이 이종간에 생겨나게 되었다.[11] 홋카이도 구(舊) 토인보호법(1899) 제정을 계기로 아

---

(11) '오키나와학의 아버지'라고 불리는 이하 후유(伊波普猷)는 오키나와교육회에서 한 〈류큐사의 추세〉(1907)라는 제목의 강연에서 오키나와인의 가능성을 찬양하면서 "아이누를 보시오. 그들은 우리 오키나와인보다 훨씬 이전에 일본 국민의 일원이 되었습니다. 그런데 여러분, 그들의 현상은 어떻습니까. 역시 피플(people)로서 존재하고 있지 않습니까. 여전히 곰과 씨름하고 있지 않습니까"라고 말했다(伊波 2000).

이누 내부에서 생활개선운동 등의 형태로 융화를 진행시키거나 혹은 일본인과 다른 민족으로서의 자각을 문학 작품의 형태로 표현하는 등 새로운 움직임이 1920년대부터 30년대 전반(前半)에 걸쳐 나타나 아이누 스스로가 고래의 에미시와 그 동일성을 주장하게 되었다.[12] 또 1920년의 전후 공황에서 비롯된 오키나와 경제의 극도의 궁핍상('소철지옥': 독성이 있는 소철까지 먹고 기아를 넘겼다)은 류큐인의 일본 동화에 의한 구제의 희망을 무너뜨림으로써 '민족 자결'을 요구하는 목소리가 나오기 시작했다. 민족으로서 자각하는 실마리가 된 것은 오키나와 사회에 오래 전부터 존재하던 토지 공유제나 상호부조 조직 등이었다.[13]

이러한 정세 변화는 '이적'의 역사를 논할 때의 시각에도 큰 영향을 미쳐 고찰의 역점은 인종의 확정으로부터 '일본인'의 틀 속에서 이민족의 공존 내지 융화로 전환되었다. 현재의 '일본인'을 구성하는 각 민족의 문화 혼합이 추구됨으로써 이적도 과거에는 열도 벽원(僻遠)의 일대 민족이었지만 그 후 약체화되어 일본 민족의 한 분지(分枝)가 되었으며 생활 문화 속에 일본 고래 문화의 영향이 현재도 농후하게 남아 있는 집단이라는 새로운 해석이 주어졌다.

나중에 '일선동조론'의 주창자로 알려진 기다 사다키치(喜田貞吉)는 천황가의 계보를 둘러싼 남북조정윤(南北朝正閏) 문제로 실

---

(12) 홋카이도청의 지도 아래 1930년에 결성된 홋카이도 아이누협회 기관지《에조의 빛(蝦夷の光)》에는 마츠마에(松前)씨 700년의 통치를 지탱해준 존재는 우리 에조 蝦夷 인이었다고 하면서 왕년의 에조의 긍지를 잊지 말고 "무능인종", "멸망해가는 민족"이라고 불리는 상황에서 빨리 벗어나야 된다는 등의 아이누들의 목소리가 다수 소개되어 있다.
(13) 鹿野(1993) 제5장 참조.

직한 것(1911)을 계기로 위에서 내려다보는 듯한 관점이 아닌 사회적 약자='열패자(劣敗者)'의 입장에서 일본 민족사를 다시 보아야 한다고 주장했다. 그때까지 고찰 대상이 되지 못했던 천민, 에미시나 구마소(熊襲), 하야토, 류큐인의 '일본 민족'으로의 '융화'[14]에 대해 1920년을 전후한 시기부터 적극적으로 논하게 되었다. 인종 불변설의 입장을 고수하고 아이누, 에미시는 원래 같은 계통의 이인종이었으나 융화가 진행되어 온전히 일본인화되었다고 보았다. 또 류큐인은 "오랫동안 모국과 떨어져 별개 국가를 이루"었기 때문에 언어나 풍습이 다르지만 "본래 동계 민족"이기에 "그 언어나 풍습 속에는 오히려 우리 나라(奈良)시대 이전의 고풍을 다분히 유지하여 틀림없는 동일한 일본 민족"이라고 보았다(喜田 1926, 1938). 현재의 일본 민족은 혈통에 근거하여 천황가에 포섭된 복합 민족이며, 앞으로도 그것은 변하지 않을 것이라고 하면서 인종 가변설 입장의 하세베 고톤도(長谷部言人) 등에게 반론을 제기했다(長谷部 1917, 淸野·宮本 1926). 또 아이누어 문학 연구로 알려진 긴다이치 교스케(金田一京助)로 동북지방이나 홋카이도, 가라후토에 아이누어 지명이 광범위하게 분포하는 것 등을 근거로 에미시와 아이누는 단절 없이 연속되는 동일 민족이었다고 주장했다(金田一 1925).

또 쓰다 소키치(津田左右吉)는 '지나'와 일본과의 문화적 차이[15]를 강조함과 동시에 일본 문화의 고유성을 이야기하는 글에서 에미

---

(14) 기다가 말하는 '융화'란 이질적인 분자간에 자연스레 통혼관계가 맺어지고 그것이 유대가 되어서 양자를 일체화시킨다는 자연적 과정이다. 그는 1919년부터 1925년 사이에 집중적으로 피차별 부락의 역사를 연구했는데, 그 과정에서 혼혈에 의한 융합에 중점을 두는 독자적 이해에 이르렀다(田中 1991).

시와의 관계에 대해서도 언급했다. 쓰다에 따르면 일본 민족은 예로부터 에미시와 차별도 억압도 없이 평화롭게 공존해왔다. 현재의 천황가는 민족 내부에서 자연스레 생겨나서 무력을 사용하지 않고 평화리에 전국을 통일했으며, 이민족과의 전쟁도 없어 지위가 안정됨으로써 '만세일계(萬世一系)' 관념이 필연적으로 형성되었다고 한다[16](津田 1933, 1946).

 기다, 긴다이치와 쓰다의 설은 일본인을 복합 민족으로 볼 것인가 아니면 단일 민족으로 볼 것인가 하는 점에서 분명한 차이가 있다. 그러나 '이적'에 대한 이해방식에 초점을 맞추어 이야기하면 일본 열도 주변에 위치하고 고대 이래 그 존재가 확인되며 사료에도 그 모습을 뚜렷하게 나타내는 아이누나 오키나와인에 대해 각각이 일관되게 민족으로서의 실체를 가진다고 하는 점은 일치한다. 구체적으로 말하자면 고대 이래의 에미시는 현재 아이누의 직접적인 조

---

(15) 쓰다는 유교를 비롯한 지나사상은 모든 면에서 현실의 생활 문제에 관련되는 '처세술'에 불과하고 지나인(의 권력계급)에게만 적용 가능한 보편성이 결핍된 민족 문화라고 단정했다. 일본인은 이것을 일찍부터 계수했으나 일본의 독자적인 가족제도·사회조직·정치형태도 그 속에서 작동하는 정신도 크게 달랐기 때문에 지나 문화는 뿌리내리지 못했으며, "일본 민족생활의 역사적 전개는 지나와는 무관하게 그것과는 완전히 떨어져서 진행되어 왔다"라고 한다(津田 1938). 패전 후에도 이 주장을 견지했다.

(16) 쓰다의 한 대목을 인용해 본다. "에미시는 농경에 적합하지 않으므로 그들을 노예로 사용하는 그런 풍습도 없으며 따라서 항복하거나 포로가 된 자들을 내지인에게 파는 그런 일도 행해지지 않았기에 일반 민중은 그들과 접촉하는 일이 없었던 것이다. 그리고 또 이것은 민중 사이에 이민족을 열등시하고 그들을 노예로 혹사하는 그런 습관이 없고 그런 습관에 수반하는 갖가지 도덕적 결함이 생기지 않았음을 말해주는 것이다." 실제로는 8, 9세기의 사료(《속일본기(續日本紀)》나 《유종3대격(類從三代格)》 등)에는 전쟁으로 포로가 된 에미시를 '부수(俘囚)' 등으로 불러서 원격지에 이배(移配)하여 구사하는 사례가 많이 보이며 기다 사다키치 등에 의해 당시 활발히 연구되고 있었다. 쓰다는 의식적으로 이러한 사례에 대한 언급을 피한 것으로 보인다.

상이며, 류큐(流求·琉球) 민족은 오키나와인이다. 하야토 민족은 일본인으로 일찍이 용해되어 소멸했다. 일본 열도 외연부에 일본 민족과 사연이 매우 깊은 인종적으로도 가까운 이종이 존재했으며, 역사 속에서 그 민족들의 계보를 추적할 수 있다. 그런 사고방식을 공유하며 전제로 삼고 있다.

이렇게 생각해볼 때 같은 시기에 전개된 중국의 정사인《수서(隋書)》〈유구(流求)국전〉등에 나오는 '流求'를 어디라고 비정(比定)하는가를 둘러싼 논쟁에서도 공통된 민족관을 읽을 수 있다. 이하 후유(1926, 29)나 기다 사다키치(1932), 아키야마 겐조(秋山謙藏 1929, 32) 등의 유구(流求)=오키나와설과 와다 기요시(和田淸, 1924)나 히가시온나 간준(東恩納寬惇 1926, 27), 이노 가쿠(伊能嘉矩, 1928), 시라토리 구라키치(白鳥庫吉, 1935) 등의 유구(流求)=대만설이 맞선 이 논쟁에서는 '유구(流求)'의 비정지를 둘러싸고 기사에 나오는 지명, 동식물상, 왕족이나 관직 등의 명칭, 특이한 풍속, 생업 등에 대해 역사학·인류학·언어학 등의 분야에서 다양한 검토가 이루어졌다.[17] 그 정부(正否)를 여기서 묻지는 않겠지만, 어느 지역에 비정할 경우에도 공유된 평가 기준이 있다. 그것은 대만을 '번지(蕃地)'로 보고 상대적으로 오키나와를 개화된 지역으로 보는 문화적 서열 관념이다. 〈유구국전〉에 나오는 식인 풍습인 듯한 기술에서 머리사냥의례가 아직 남아 있는 '미개'한 '생번(生蕃)'이

---

(17) 다양한 동음이자(留仇·瑠求·琉球 등), 분석방법의 차이(현행 자연, 민속 사례와의 공통성에 대한 고려, 어느 언어로 "波羅檀洞", "鳥了師" 등의 고유명사를 해석하는가, 중국과의 지리적 관계 등)로 인해 다양한 해석들이 주어진 채 현재에 이르렀다(山里 1993).

사는 대만의 이미지와 겹쳐지는 것을 읽어내느냐[18], 아니면 왕이나 수(帥)라는 정치적 지위, 원초적인 법과 형이 존재하는 것 등 7세기 초로서는 일정 정도 사회조직이 형성되어 있는 사회로 보느냐 하는 차이는 있지만 문화에 의한 서열의식에는 변함이 없다. 그리고 7세기 초의 '유구(流求)' 사회를 묘사한 《수서》의 기술이 1920년대 대만과 오키나와의 그것과 직접 비교된 것에서도 분명히 알 수 있듯이 각각 지역이 다른 지역과 교류함으로써 나타난 문화 변용의 가능성, 혹은 각 사회의 내발적 진화는 그다지 고려되어 있지 않다.

오키나와설을 영도한 이하 후유는 그때까지 '류큐(琉球)인'이라고 부르던 동포를 이 논쟁이 시작된 전후 시기부터 '난토(南島)인'이라고 부르기 시작했다.[19] 고대국가가 남방 해역 도서에 사는 '이적'을 가리키는 호칭으로 창출한 이 말을 일부러 스스로 제국 일본에 속하는 오키나와인의 명칭으로 택한 것이다. 여기에는 '일류(日琉)동조론'(류큐인의 조상은 일본 열도에서 섬을 따라 남하하여 말레이계 선주민을 정복한 후 류큐 왕조를 세웠다. 그러므로 오키나와에는 일본 문화의 조형이 농후하게 남아 있다고 하는 설)의 존재가 확실히 인정되지만[20] 이러한 이해방식은 결과로서 이하의 의도[21]와는 달리

---

(18) 이하는 《수서》의 유구(流求)극에 보이는 식인과 같은 흉폭하고 저열한 '만습(蠻習)'이 일찍이 개화한 오키나와의 것이라는 것은 이상하다"라는 비판에 의해 식인은 과거 오키나와에서 행해졌던 장송(葬送)의 고속(古俗)이라고 보았다. 이처럼 그는 문헌사료 중의 습속을 민간 전승이나 가요 속의 어구와 결부시켜 오키나와의 전통적인 풍습과 문화의 원형으로 보는 민속학적 방법을 채용했다.

(19) 이하는 남도인 혈액의 복잡성을 "(규슈에서) 남진해온 사람들이 핵심이 되고 거기다 선주민이나 말레이인 등의 혈액이 섞여서" 민족을 형성한 까닭이라고 하며(伊波 1927), 남하한 일본인 집단을 해부족(海部族), 아마미코라고 부른다(伊波 1938).

변경 지역 주민='이적'의 문화적 정체성의 증좌(證左)로서 받아들여진다. 달리 말해 다른 시간을 지금도 살고 있는 다양한 민족이 제국 영역 내에 편재한다는 새로운 민족관이 형성된 것이다.

③ 민족의 내발적 발전(1930년대 후반~1950년대 초)

민족의 문화적 차이를 지역차라는 공간 관념으로 바꿔 읽는 이러한 이해방식은 1920년대 후반 이후 일본에서 본격적으로 수용된 마르크스주의 역사학에서 불균등 발전론이라는 형태로 계승되었다. 다이쇼(大正) 데모크라시가 종식되고 노동운동이 사회주의로 강하게 기우는 상황에서 1928년에는《마르크스·엥겔스전집》(改造社), 《스탈린·부하린저작집》(白揚社)이 간행되고, 이듬해 1929년에는 마르크스주의 연구자들을 결집시킨 프롤레타리아 과학연구소가 결성되었다. 이곳에 모인 하니 고로(羽仁五郎), 와타나베 요시미치(渡部義通), 노로 에이타로(野呂榮太郎) 등은 생산력의 발전을 궁극적인 기초로 하여 경제·정치·법제·도덕·종교·예술·과학 등 고대 이래 모든 역사적 현상의 발전을 이해한다는 목표를 내세워 잇따라 논문을 발표했다. 그들이 근거로 삼은 것은 소비에트연방의 과학자들이 주장하는 '세계사의 발전 법칙'이며, 일본에서 그것을 실증

---

(20) 1921년 이하는 처음으로 야나기타 구니오(柳田國男)를 만난다. 이 해후는 서로의 학문에 큰 영향을 미쳤다. 야나기타는 민속학 연구법의 전체상을 제시한《향토생활의 연구》(1935) 가운데서 내지에서 오래 전에 상실된 언어, 신앙, 가족 조직, 토지제도, 기예 등의 원형이 남아 있는 오키나와를 '일본의 오래된 분가'라고 불렀다. 이하의 '남도인'은 오키나와 측에서 이것을 재정의한 것이라고 하겠다.
(21) 이하의 '남도인'은 그 내부에 '생번(生番)' 문화와의 교차점인 야에야마(八重山)제도나 '미개의 여성' 등 '일본인'으로 온전히 포섭시키지 못하는 영역을 포함한 개념이다(富山 2002 제2장).

해 나가는 것이 종래의 '부르주아 역사학'에 대한 '프롤레타리아 역사학'의 우위성을 증명하는 것이 된다고 생각하고 있었다.[22]

이러한 움직임은 국가 탄압의 격화로 인해 운동이 사실상 어려워지는 1930년대 말까지 지속되었으며, 그 속에서 전후(戰後) 역사학에도 큰 영향을 미친 새로운 고대사 서술이 출현하게 되었다. 이즈 기미오(伊豆公夫), 와타나베 요시미치, 하야카와 지로(早川二郎), 미사와 아키라(三澤章=和島誠一), 아키즈와 슈지(秋澤修二)의 공동집필에 의한 《일본 역사 교정》(1937, 1938. 이하 《교정》)이다. 일반인 대상의 교양서로 쓰인 이 책의 장 구성—석기시대부터 시작되어, 수렵·채집 시대부터 농경·생산 시대로 전환하고, 생산력의 발전에 의한 사회의 규모 확대로부터 민족국가 형성에 이르는—은 현재도 답습되고 있다.

《교정》은 '일본인'이 동일한 '인종'이며, 이것을 기반으로 열도 각지에 많은 종족들이 존재했다고 말한다. 이 다양한 종족들이 교환이나 정복 활동에 의해 '일본 민족'을 구성하고 오랜 시간 동안 생산관계나 문화·언어 등이 단일화되며, 신체 형질도 하나로 융해되어 오늘날에 이르렀다고 한다. 이러한 인종과 민족에 대한 이해를 기반으로 하여 '이적'에 대해 언급한 것을 종종 찾아볼 수 있는데, 가령 하야토나 동이(東夷) 등 오래 복속하지 않은 집단이 거주한 지방에는 고대국가의 지배 계급을 묻은 전방후원분이 발달되지 않았다(제2권)고 하거나, 혹은 류큐나 '만주'의 퉁구스족 문화 속에서 일본 고

---

[22] 大川=羽仁(1930)는 구체적 검토 과제로서 역사학파에 대한 비판, 원시공산제 연구, 공노제 연구, 일본 부르주아혁명 및 일본 자본주의 발전의 역사, 프롤레타리아운동사 등을 거론했다.

문헌의 기술과 즉응하는 요소를 찾아내 "내지에서 이미 소멸한 그런 토속·언어·사회 관계가 많이 보존되어 있다"(제1권)라는 식으로 나타나 있다. 이러한 표현들에서 앞에서 본 민족=지역의 일체성 관념을 읽어내는 것은 쉬울 것이다. 생산력의 불균등 발전이라는 테마에 적합한 역사 서술이 이미 1920년대까지의 실증 연구 속에 존재했던 것이다. 이 양자는 쉽게 접합될 수 있었다.

그러면 거기에 모순은 없었을까. 《교정》 제1권에만 참여한 하야카와 지로는 '다원적 민족론'으로 부를 수 있는 독자적 민족론을 이미 발표한 바 있었다. 세계의 민족에는 여러 유형들이 있으며, 그 차이는 형성사의 차이에 의한다. 인종은 가변적·상대적이며, 민족의식은 민족의 형성 자체와 반드시 일치하지 않고 역사적으로 변화한다고 생각했다[23](早川 1936). 이 이해방식은 구소련 과학아카데미의 지도 아래서 당시 단일화가 진행되던 '발전 법칙'에 대한 위화감에 기인하는 것으로 생각된다. 이를 부연하면 '이적'인 각 민족들의 발전, 일본 민족사에 회수·포섭되지 않은 독자적 역사 발전에 이를 가능성을 내포한 것이었다. 하지만 이러한 주장은 급속히 사라지고, 일본 사회는 원시시대 이래로 세계의 다른 지역들과 동일한 진화의 길을 걸었으며, 구미보다 늦게 자본주의 사회 단계에 이르렀다는 현

---

(23) 早川(1936)에서 한 구절을 인용한다. "현재 말하는 민족 문화라는 말을 근거로 과거로 거슬러올라가도 민족 문화가 있고 나아가 민족도 있어야 된다고 속단한다면 심한 오류일 것이다. (중략) 민족이 자기를 민족으로 의식하는 민족의식의 존재는 반드시 민족의 형성 그 자체와는 일치하지 않는다. 대외적 사정 등으로 특히 민족의식이 강화될 경우도 있으며, 비교적 외국과의 사이에 평화가 지속되어 민족의식이 약한 시대도 있다. 하지만 민족의식 존재와 강도가 민족 형성의 다소간에 징표인 것 또한 사실이다."

재도 일반적으로 유포되는 역사상의 원형이 성립된다. 이 특수 일본사야말로 바로 일계(一系)적인 일본 민족의 형성사라고 할 수 있을 것이다.[24]

이 새로운 민족사의 틀은 1949년부터 1951년에 걸쳐서 일본과 미국 사이의 단독 강화 조약, 안전보장 조약 체결을 둘러싼 국민적 반대운동이 고조되는 가운데 차세대 마르크스주의 역사학자들에 의해 더욱더 살이 붙여졌다. '역사에서의 민족문제'를 주제로 내건 1951년도 역사학 연구회 대회에서 도마 세이다이(藤間生大)는 전근대에도 '민족'의 전신이 될 폴크(Volk; 러시아어의 나로드노스치도 사용. '민족체'로 번역되었다)가 존재했다고 주장하며 서쪽의 구마소, 동쪽의 에미시(이족)를 평정한 전설상의 황자(皇子) '야마토타게루'를 민족의 영웅이라고 불렀다. 당시 긴급한 과제로 인식되었던 '민족해방을 위한 민주통일전선'을 구축하기 위해 "광범위한 국민층이 관심을 가지거나, 가질 만한 전통, 문화, 예지, 행동, 민족적 긍지 등을 제공해 국민의 심리적 공통성을 제고하고 스스로 자신을 갖게 하는" 것이 그 목적이었다(藤間 1951).

그리고 이시모다 쇼는 1950년에 번역, 소개된 스탈린의 새로운 민

---

[24] 프롤레타리아 과학연구소 주변 사람들이 일본의 역사적 개성을 "이민족과의 혼혈의 결과"에 기대지 않고 설명할 때 의거한 것이 조선이나 '만주'에서의 고고학·인류학·사회학적 조사가 아니라 오히려 나가노(長野) 혼이나 아오모리(靑森) 현 등 일본 열도 내 벽지에서의 필드 조사의 성과였다는 것은 시사적이나 일본 민족의 고대를 말하는 자료는 내국 영역에서 찾아야 한다는 사고방식이 여기에 분명하게 드러나 있다. 橋浦(1934)에 의한 나가노 현 마쓰모토다이라(松本平)에서의 공동노작 '두레(ゆい)'의 민속 사례에서 씨족제 이래의 상호부조관계의 우재(遺在)를 찾으려는 연구나, 히다(飛驒) 시라카와(白川)촌의 대가족제 속에서 가부장제적 노예제의 흔적을 찾는 相川(1925)의 연구 등.

족 이론을 바탕으로《만요슈(萬葉集)》등 고대 문학에서 볼 수 있는 '동국방언'과 민간전승(Volklore), 민요 등 현재의 지역 문화를 검토하여 일본에서의 민족 형성의 전사(前史)를 밝힐 필요가 있다고 주장했다(石母田 1952). 이시모다와 도마의 이러한 주장에 대해 마르크스주의 민족 이론의 잘못된 해석, 천황제에 대한 굴복이라고 비판한 이노우에 기요시(井上淸) 등과의 사이에서 1950년의 코민포름에 의한 공산당 비판 이후의 당쟁이 배경이 된 격렬한 논쟁은 잘 알려져 있다(小熊 2002 제8장). 나중에 구로다 도시오(黑田俊雄)는 이 논쟁에 대해 1951년과 52년 당시 '민족 문화'를 거론하는 자체가 훌륭한 일로 생각되는 경향 때문에 내용이 있는 논의는 이루어지지 않았다고 회고했다(黑田 1995).

그러나 사실 이러한 비판은 이미 당시부터 행해졌는데 이시모다 등과 함께 역사학 연구회를 영도하던 우에하라 센로쿠(上原專祿)는 1946년 제네바에서 열린 철학자 및 과학자들의 국제 토론에서 유럽 문화의 위기가 인간성 전체의 위기로 논의된 일을 들어 그에 비해 전후(戰後) 일본인들에게는 아시아 문화, 인간성, 민족의 위기라는 의식이 결여되어 있다고 비판했다(上原 1951). 그리고 나서 '민족이나 국가의 기본적 의미'란 밖으로는 항쟁 단체이지만 안으로는 성원 내부의 항쟁을 배제하는 평화 단체라는 이원성에 있으며(1952 ①),[25] 그렇게 생각한다면 개인의 자유를 실현하는 일은 '자주적 존재로서의 민족'에 대한 자각(내부로 향하는 조국애), 세계 평화에 이르는 세계사의 인식(외부로 향하는 평화 이념)이 있어야 비로소 가능하다고 말했다(上原 1952②). 여기에는 민족의 본질과 실천 과제에 대해 이시모다나 도마보다 더 깊이 파고든 이해방식이 엿보인다.

그런데 이러한 문맥에서 '일본 민족'을 문제삼을 때 세계사-민족-개인이라는 삼층의 공간 구조는 상정되지만, 동시에 구식민지 주민이나 아이누, 류큐인이 그 경계선을 항상 뒤흔들 가능성을 지닌 타자로서 상기되지는 않았다.

일본 인종으로부터 먼 옛날에 분기해서 다른 길을 간 아종, 혹은 제국 영역에 널리 분포하며 발전 정도가 각기 다른 이민족, '일본인'의 음화(陰畵)로서 설명되어 온 '이적'을 왜 언급하지 않게 되었을까?

2) 변경민론 – 저항하는 마이너리티에서 '의사(擬似) 민족'으로

① 내국 영역의 소수민족(1950년대 전반~1960년대)

'민족 문화'를 둘러싼 논의는 마르크스주의 역사학자들과 학생들의 주도로 1953년경까지 크게 고양되던 '국민적 역사학 운동'이 급속히 퇴조하면서 시들어지고, 이후 '민족의식'이나 '민족 문화'의 해명을 분명한 목표로 내건 일본사 연구도 뜸해졌다.

(25) 이 글에서의 역점은 두 번의 세계대전을 겪은 현대에서 제일의 절대적 격률(格律)은 '평화'이며, 그것을 "영원한 당위로 삼고 존재의 격률로 삼는 인류 협동체"가 구체적 일반자로서 실현이 가능한가 하는 실천 과제에 있다. 우에하라는 적어도 이 시점에서는 그 가능성을 가진 '협동체'로서 분명히 불가분한 '민족=국가'를 상정하고 있으며, 일본인은 세계사에서의 역할을 자각하고 독일 등에 비해 역사가 얼마 되지 않고 아직 희박한 민족의식을 더욱부터 만들어내야 된다고 한다. 일본에서는 민족과 국가가 일체로서 의식되는 경향이 있다는 것을 지적하면서도 그 이유를 해명하는 일에 대해서는 거의 관심을 보이지 않는다. 당시 우에하라의 주장에 대해 오늘날의 '자유주의 사관'과의 연속성을 읽어내는 논자도 있지만(川本 1998, 小熊 2002), 동시대성을 고려한다면 오히려 1941년 11월의 유명한 좌담회 '세계사적 입장과 일본'과의 유사성을 검토할 필요가 있지 않나 싶다(高坂, 正谷, 高山, 鈴木 1943).

그 경향은 고대 '이적' 연구에도 나타나 있다. 예를 들어《일본 서기》제명(齊明) 천황 4년부터 6년에 걸쳐 기록되어 있는 월(越)지방 (현재의 니가타新潟 현)의 에미시, 숙신(肅愼, 퉁구스계 이종) 정토 기사를 분석한 사카모토 다로(坂本太郎)는 그 글에서 민족론·인종론에 의한 설명을 피하고 고대국가의 정치 개혁 다이카개신(大化改新)에 의한 국력 신장의 결과라고 의미를 부여했다(坂本 1956).《일본 서기》등 편찬 자료를 완결된 구조를 가진 텍스트로 간주하고 그 내부를 관통하는 논리로 가능한 한 합리적으로 해석하는 소위 실증주의적 방법론의 입장에서 보면 종래 취했던 민족 이론 등 사료 외적 가치에 의한 해석은 지나친 과잉인 것이다. 그 서술에는 당연히 현실적인 민족 문제(아이누의 복권 등)와의 긴박한 관계는 찾아볼 수 없다.

이러한 연구들이 차츰 대다수를 차지하게 되는 가운데 제2차 세계대전 이후 식민 지배로부터 벗어나고자 하는 민족 독립의 움직임이 세계적으로 활발해지는 상황을 의식한 새로운 '이적'론이 등장하게 되었다. 가도와키 데이지(門脇禎二)는 전전(戰前) 이래 오늘날에 이르는 에미시 연구의 대부분이 에미시(蝦夷)라는 글자의 의미에 대한 단순한 탐색에 그치거나, 사료에 나오는 표현을 믿고 국가에 의한 지배 확대, 변경 개척과 순복(馴服)의 역사만을 그려왔으며, 이러한 '방관자적인 학문 태도'에 의해 에미시 연구가 뒤쳐졌다고 통렬히 비판했다. 그런 후 먼저 에미시라는 멸칭을 고대국가가 이름 붙인 것으로 보고, 일본 열도 내의 정치적 사회의 불균등한 성립이 언어와 생산력 발전 등의 격차를 낳아 결과적으로 율령 귀족, 농민 내부에 에미시에 대한 민족적 편견이 나타났다고 한다. 에미시는 원래 소수민족으로서의 운명이 부과된 것이 아니었지만 국가 권력의 식민과 수탈이 반항을 야기하여 8세기 후반에 반란이라는 형태로 독립 투쟁으로 발전했으며, 이로 인한 패배와 내부 분열이 에미시를 '소수민족'의 처지로 몰아갔다고 한다.[26] 현대에 필요한 것은 '에미시 자신의 역사', 에미시의 입장에서 그 주체적 발전과 그 차질의 이유를 해명하는 일이다. 그것을 통해서 소수민족 문제의 본질을 이해할 실마리를 찾을 수 있을 것이라는 결론을 내렸다(門脇 1953).

'이적'에 대해 이야기할 때 어디에 설 것인가 하는 중요한 문제에 대해서는 앞의 (1)②에서 오키나와인으로서의 발화(發話) 위치에 대해 계속 고민한 이하 후유의 사례를 들었지만, 고대 에미시 연구에서 이 점을 명확하게 자각한 사람은 아마도 가도와키가 최초일 것이다. 여기서 제시된 기본적인 틀 가운데 불균등 발전은 1930년대의 '민족=지역'론에서 계승한 관점이지만, '이적'이 어디까지나 고대국가와의 정치적 관계에 의해 규정되는 존재였다는 것, 그리고 소수민족으로서 가혹한 수탈을 당하고 '일본인' 일반으로부터 차별의 대상이 되었다는 새로운 관점이 추가되었다.[27] 이후 에미시에 머무르지 않고 '이적' 전반을 고대국가 내부의 소수민족으로 상정하고

---

(26) 가도와키는 에미시의 한계에 대해 다음과 같이 이야기한다. "고대 소수민족으로서 차츰 운명지어져 온 '에미시'인데도 그 분열은 숨길 수 없다. 본래적으로는 '에미시'가 하나로 집결할 가능성을 짐작할 수 있을 것 같지만 '에미시'에게는 그 내재적 조건이 없다. 고대 권력에 의한 외부로부터의 압력만으로는 '에미시'의 정치적 통일이 있을 수 없었다는 것을 이 사건(=에미시 호족의 반란사건=田口)은 결정적으로 보여준다"(門脇 1953)
(27) 이러한 연구 동향은 1960년대의 한 시기에 '인민 투쟁사'라고 불렸다

국가와의 항쟁을 분석한 연구가 나타나게 되었다(氏家 1955, 佐藤 1967, 井上 1974, 中村 1977 등).

한편 미군정하의 오키나와에서는 1954년부터 1956년에 걸쳐 인류학자 가나세키 다케오(金關丈夫)와 오키나와 출신의 언어학자 미야나가 마사모리(宮良當壯) 사이에서 야에야마(八重山) 제도의 문화를 둘러싼 논쟁(기원 논쟁)이 벌어졌다. 이 지역의 언어와 선사시대 문화의 기초에 있는 것이 대만-인도네시아 계통인가, 아니면 일본-아이누 계통인가가 문제되고, 일본인의 조상이 일본 열도에서 남하했는가, 남도를 거쳐 북상했는가가 쟁점이 되었다. 고대 문헌사료의 해석도 문제가 되어 7세기 말에 국가가 사신을 남도에 파견했다는 기사에 대해 이 땅의 주민이 이미 의문의 여지없이 일본인이었기 때문에 파견되었다고 보는 미야나가에 대해 가나세키는 남도인이 율령법상 '이인(夷人)'으로 규정되어 있는 것, 사신이 통역을 하지 않고서는 대화할 수 없었던 까닭은 남도인이 야마토(大和)어를 받아들인 시기가 늦었기 때문이라는 정반대의 결론에 이르렀다(宮良 1954, 金關 1955①). 당시 오키나와에서는 '이적'을 실체로서의 민족으로 바꿔 읽는 1920년대 이래의 방법론이 아직도 인류학자들에게 이어졌으며, 그 배경에는 조국 복귀운동과 류큐 독립론 사이에서 끊임없이 자기 규정을 강요받는 오키나와인의 현실이 있었다.[28] 그리고 이 논쟁에 대한 문헌사학의 입장에서 나온 응답은 없었다.[29]

1950년대는 국가 내부의 소수자로서의 '이적'이라는 관점이 추가되는 한편, 고대사와 현실적인 국제 정세의 대응관계를 묻지 않는 '이적' 연구의 출발점이 되었다.

② 소제국을 지탱하는 '내부의 타자'(1960년대 초~현재)

이상 살펴본 논의는 고대사상(古代史上)의 '이적'이 어떤 인종적·민족적 실체를 나타내는 것이라는 이제는 일탄론이 된 허석에 기초한 것이었다. 그런티 이 전제 자체가 이시모다 쇼에 의해 의문시되었다(石母田 1962, 1963).

그는 종래 따로따로 그 실태가 연구되어 온 에미시·하야토·남도인 등의 '이적'에 대해 율령법 규정상의 공통성—무성(無姓), 언어불통, 율령 관계나 세수취 체계로부터의 배제 등—이 있는 것에 착안하여 고대 일본 국가 구성원에 '왕민'(천황의 군덕을 따르고 이름이 주어지는 신하, 인민. '공민'이라고도 부른다)과 그 외의 사람들, 화내(化內)/화외(化外)라는 구분이 성립되어 있었다고 보았다. '화외의 민'에는 '이적'과 '제번(諸蕃, 藩國)'=한반도의 여러 나라 사람들이

---

(28) 미야나가는 "류큐 민족을 대만의 만족(蠻族)과 같은 핏줄을 나눈 것처럼 암시하"는 가나세키의 설이 긴박한 국제 정세 속에서 "독수리의 표적이 된 참새처럼 꼼짝 굿 하고 있는" 류큐에 대해 트집잡는 데 이용될 수도 있다고 말한다. 이에 대해 가나세키는 민족과 인종은 일치하는 것이 아니며, 서로 다른 세 가지 국어를 말하는 사람들이 하나의 국가를 형성하고 하나의 민족으로 결집하려는 사례도 있다고 하면서 "류큐인이 일본 민족의 한 파인지의 여부에 관한 결정권은 류큐 여러분들에게 있다고 해야 하지 않을까"라고 응했구(金關 1955②). 둘 사이의 인식 차이에 주의할 필요가 있다. 이 논쟁은 명확한 결론을 보지 않았지만 오키나와 각지에서 고고학적 발굴 조사가 진행되면서 일본 문화의 기층으로서의 조몬(繩文) 문화가 오키나와에까지 미쳤었다는 인식이 널리 공유되었다. 오키나와 시정권 반환="조국 복귀"(1972) 전후(前後) 시기에는 야요이(彌生) 문화가 성행하기 전의 일본 문화가 오키나와에 남아 있으며 그것을 인식함으로써 "야요이 문화 성립 시기부터 고분시대에 걸쳐 통일적인 부족국가를 성립시킨 야마토 왕권을 중심으로 한 본토의 역사를 류큐·오키나와의 존재 무게로 상대화"할 수 있다는 주장도 나타난다(吉本 1978). 오키나와는 "일초의 미연의 가능성"으로서 소비되어 간다.

(29) 도마 세이다이가 근세에서의 류큐 민족체의 형성을 일본온론의 가능성을 여는 것으로 주한 것은 1972년에 이르러서이다(藤間 1972).

포함된다. 양자는 천황에 대해 조공을 받쳐 복속한다는 공통점이 있지만, '이적'은 '열도 내부에서 아직 '교화'를 따르지 않은 종족'이며 한반도의 여러 나라처럼 국가를 형성하지 않은 점에서 더 미개하다. 이적과 제번은 왕민에게 있어 잠재적인 적=노예로 인식되었다. 이시모다는 이러한 일본 고대국가 고유의 신분 구조를 '왕민 공동체'라고 명명하고, 그 핵심을 "지배 아래 있는 인민을 전제적으로 지배할 뿐만 아니라 그것을 지배 민족으로서 조직하는 체제"(石母田 1963)라고 명쾌하게 정의했다.

게다가 이 '이적'에 대한 자리매김은 율령국가 내부의 신분 질서를 지탱할 뿐만 아니라 중화제국을 중심으로 한 동아시아 국제 질서 안에서 신라나 발해보다 우위에 서기 위해서도 기능했다. 중화제국으로부터 '동이'로 간주되는 나라들 중에서 오직 '일본'만이 '이적', '제번'에 대해 이민족 지배를 했다. 4세기 이래 중국 왕조에 조공해서 세계 제국적 질서에 편입되면서도 스스로는 한반도 남부의 여러 나라, 열도 내 이종족에게 군림하는 이중성을 특징으로 하는 "동이의 소제국"이라고 했다(山尾 1987).

이 새로운 학설에 의해 사료에 나오는 에미시·하야토·남도인을 고대국가론으로서 구조적으로 논하기 위한 이론적 기반이 성립된 것의 의미는 크다 할 것이다. 그때까지 이민족으로서의 실질을 지니며, 말하자면 율령국가의 외부로 간주되던 '이적'은 기실 국가의 신분제, 대외관계 이념 내부에 위치하고 있었다. '이적'이 자리매김을 한 것은 《일본 서기》 등을 편찬한 고대국가이지 '이적' 측이 아니다.[30] 문제가 되는 것은 민족적 실체가 아니라 국가가 어떻게 해서 그러한 이념을 만들어냈는가이다. '이적'을 생각할 때의 관점은 분명히 국가 측에 있다.

 이시모다가 애초 1960년을 전후한 시기의 일본을 둘러싼 국제상황(신미일안전보장 조약 체결에 의해 미국의 보호, 지배하에서 대만과 한국에 대해 어떤 역할을 강요받는)을 강하게 의식하면서,[31] 말하자면 그 상황을 고대에 투영한 이미지로서 그려낸 '동이의 소제국'은 본래 '이민족의 실재'를 암묵적 전제로 하는 고대국가에 의한 '내국화' 이념을 파악하는 방법론이었을 터이다. 그런데 그 후 이 전제를 뒤돌아본 사람은 거의 없었으며, 국가가 주체가 되어서 일방적으로 에미시・하야토・남도인의 실태를 '이적'화했다. 즉 '의사(擬似)민족'으로서의 이적이 국가에 의해 창출된다(石上 1984, 1987)는 등의 전도된 해석이 제시되었다. 동북지방에서의 성책(城柵; 고대 변경에 부설된 관아 방위시설)이나 마을의 고고학적 조사가 진행되고 유구(遺構)로부터 복원되는 생활양식이 관동지방과 큰 차이가 없었다는 것(平川 1978) 등을 근거로 하여 '이적'의 실질은 동북지방의 변경민, 즉 다름 아닌 '일본인'이며, 율령국가가 이에 대해 정치적 필요성에 의해 일방적으로 '이적'으로 명명하고 조공제・상번제(上

---

(30) 이시모다가 에미시의 역사적 위치를 구상할 때 참조한 것은 다카하시 도미오(高橋富雄)의 다음과 같은 이해방식이었다. "에미시가 아이누인지의 여부, 또 거기에 아이누가 포함되는지의 여부와 같은 것은 에미시(蝦夷)라는 말의 역사적 용법에는 본래적으로 상각이 없는 것이며, 그것은 에미시라는 이름으로 지시되는 것에 대해 다른 근거에 입각해서 아무도 각기 개별적으로 논의되어야 할 것들이다. 에미시 관념은 요컨대 어떤 의미에서 중앙정부 외부에 있으며 그것에 적대적인 방민(方民)들을 일반적으로 가리키는 것이 본래 용법이었다. 그리고 대화개신 이후 그 지역이 오우(奧羽)지방(현재의 동북지방)에 한정되어서 그 고유한 실질이 동북에 있는 이민(夷民)들이라는 것으로 정착된 것에 불과하다"(高橋 1963).
(31) 李成市(2000) 참조.

番制) 등 특이한 지배 형태로 착취했다. 이것이 '이적'에 대한 차별을 낳았으며 반란의 요인이 되기도 했다고 생각된다.[32] '소제국'이 실체화됨으로써 그 사정 거리는 왜왕이 한반도나 일본 열도 주변에 사는 '모인(毛人)·중이(衆夷)·해북(海北)'(《송서宋書》 왜국전)에 대한 제압을 근거로 스스로의 지배 영역을 '소천하'로 의식하기 시작했다고 하는 5세기를 기점으로 귀족들이 자폐적인 세계 인식을 가지게 되는 것과 나란히 에미시나 하야토·남도인 등 '이적'이 소멸하는 9세기에까지 이른다고 한다(石上 1987, 村井 1995).

그러면 '이적' 연구에서 민족적 실체설에서 이러한 '변경민'설로의 커다란 전환은 무엇을 의미하는 것일까. 여기에서의 '이적'은 국가에 의해 관찰, 구분되고 질서화되는 타율적인 '지배의 객체'이다. 이렇게 생각한다면 고대국가는 끊임없이 '공민', '이적' 사이의 경계선을 일방적으로 설정해나가는 것이 되며, '이적'은 어디까지나 국내 문제로 논의될 수밖에 없을 것이다. 그 결과 예(禮)질서 외연에 위치하는 것 자체가 에미시의 행동을 규제한다(伊藤 1994)든지, '이적'은 일본과의 접촉을 통해 비로소 계층화, 문명화를 향한다(鈴木 1987, 1996)든지 하는 이해방식이 필연적인 것이 된다. 다시 말하면 그것은 반대로 말하면 '왕민(공민)'은 항상 하나로 융합된 '일본인'이라는 것을 거듭 확인하게 되는 길이다. '왜인=일본인'의 선험적

---

(32) 石上(1984)를 인용해본다. "화외는 원래 번국일 터인데 변경지대에 이민족 국가는 존재하지 않는다. 원래 에미시도 하야토도 일본인(왜인)과 같은 인종이며, 이민족은 아니었다. 그것을 이적, 즉 이민족으로 설정한 까닭은 일본이라는 국가가 국가로서 성립되어 있기 위해서는 당연히 내국화시켜 놓았어야 할 변경 인민을 방치하던 상황을 은폐함과 동시에 반대로 그것을 이용해 제국의 구조를 만들어내고 내국의 왕민 통치에 이용하는 데 목적이 있었다."

설정이 아닌가 하는 비판(加藤 1988)은 지당하다.

　근본적인 문제는 국가가 왜 '이적'을 상정하고 신분으로 법제화하여 유지해야 했는가를 '이적'이라고 명명된 측의 관점에서 파악하는 방법을 아예 포기하고 있다는 것이다. 독자적인 문자 문화가 없고 따라서 스스로 역사를 쓰지 않은 사람들의 사유, 행동의 의미를 고대국가가 남긴 2차 사료에서 어떻게 읽어내고 서술할 것인가라는 문제를 해결하기 위한 방법을 추구하려 하지 않는다. 이러한 이해방식으로는 에미시·하야토의 반란 발생, 종식의 원인, '부수(俘囚)'의 변질(전쟁 포로의 일괄적 명칭에서 에미시 유력자의 칭호로 바뀐다) 등 구체상을 설명할 수 없을 것이다.[33] 이러한 상황에 만족하지 못하는 연구자들 사이에서 1980년대 후반 '내부의 타자'가 예정조화적으로 국가에 예속된 이야기로서가 아니라, '이적'의 다양하고 유동적인 실태의 상태를 파악하는 방법(蓑島 1996)에 대한 모색이 시작되었다.

3) 북방·남방사—광역적 교류와 자타 인식(1980년대~현재)

　그 움직임은 이시모다설의 직접적인 영향을 받지 않은 문헌사학 주변 분야에서 시작된다

---

(33) 예를 들어 '이적'의 전란이 대부분의 경우 '이적' 집단 사이의 내홍과 나란히 일어나고 '이적' 출신 군령(郡領; 지방 행정관)에 갑자기 지위를 버리고 국가에 저항하는 사태는 '이적' 사회 내부에 당초부터 일정한 정치 권력이 형성되어 있으며, 거기서의 헤게모니를 둘러싸고 항쟁하는 상황이 상태화(常態化)되어 있다고 상정하지 않고서는 설명할 수 없다.

① 북방 고고학(에미시 고고학) 분야에서 홋카이도 북동 연안지방, 사할린, 쿠릴 열도에서 9세기경부터 14세기 전후까지 전개된 '오호츠크 문화'의 국제적 연구가 진전되어, 연해주 등지에서 같은 시기의 유구에서 바다를 건너 활발한 교류가 이루어졌음을 뒷받침해주는 청동 제품, 영혼 보내기(북방 소수민족이 행하는 곰 등을 이용한 의례) 등의 흔적이 발견되었다. 유적의 분포지는 중국의 같은 시대 사료에 나오는 말갈과 여진의 분포 범위와도 일치한다(天野 1977, 菊地俊彦 1989) 국가의 틀을 넘어 확인할 수 있는 사물이나 사람의 교통에 주목함으로써 변경민설이 말하는 '이적'상의 사상적 왜곡을 상대화하기 위한 시각을 덧붙이는 것이 가능해졌다. 남방 고고학에서의 '조개의 길'에 대해서도 마찬가지이다(木下 1996).

나아가 중국 정사에 계속 기사로 나오는 '숙신(肅愼)'이 《일본 서기》에도 몇 군데 등장하는 것에 주목하여 7세기 말 동북아시아 정세의 대변동과 같은 시기의 국가에 의한 동북지방 경략을 관련시켜 이해하는 참신한 학설도 등장했다. 와카쓰키 요시오(若月義小)는 "이미 6세기경부터 사할린 남부에서 홋카이도 북부에 걸쳐 형성되어 있던 '숙신국'('말갈국')에서 정기적으로 남하해오는 숙신과 와타리시마에미시(渡嶋蝦夷), 쓰가루에미시(津輕蝦夷), 왜인의 접촉을 역사적 전제로 한 다음, 고구려 멸망 직후부터 발해 성립에 이르는 동북아시아 정세의 격변기에 열도에서 '숙신국'으로 상당한 규모의 피난민이 점차 이주하여 그때까지 비교적 안정적이었던 북방의 정치적·사회적 질서가 흔들리고 유동화되어 간다"라는 상황을 상정했다. 이에 대응하기 위해 고대국가가 취한 행동이 종래 "고대국가의 시위 행동"이나 "국가에 의한 교역 활동의 본격화"(熊田 1994) 등으로 파악되던 "아베노오미 히라부(阿倍臣比羅夫)의 북정"에 의한 지배 거점의 설치였다고 한다(若月 1987). 이러한 사료 해석은 연구사 속에서 실종되던 '이적'의 타자성을 재평가하는 것이라고 할 수 있다. 에미시 측의 주체적 행동을 적극적으로 평가함으로써 고대 일본 국가와 에미시·숙신의 관계를 쌍방향적 관점으로 파악하는 방법은 매력적이며 일정한 유효성을 갖지만, 홋카이도의 에미시를 '사쓰몬(擦文) 문화인', 숙신을 '오호츠크 문화인' 등 고고학에 의한 문화권에 대응시켜 양자가 혼혈되어서 아이누의 원형이 성립된다는 이해 방식을 지나치게 강조하다 보면 새로운 민족 실체론을 재생산하게 될 우려가 있다. 이 점은 주의할 필요가 있다.[34] 에디시나 숙신을 자칭하는 각 집단의 문화적 중층성이나 '민족'적 정체성의 변질이라는 문제를 어떻게 동태적으로 파악할 것인가가 새로운 과제이다.

② 에미시 연구의 학설사를 회고한 두 명의 고고학자로부터 거의 같은 주장이 나왔다. 그것은 종래 주장된 에미시=아이누설(민족적 실체론, 이 글 (1))과 변종민설(이 글 (2))을 지양해야 한다는 것이었

---

[34] 아이누 최대의 귀족 단체인 '홋카이도 우타리협회'는 우메하라 다케시(梅原猛) 등에 의해 1980년대 대대적으로 주장된 '아이누 원일본인설'에 대해 다음과 같은 견해를 피력했다. "최근 또다시 확실한 이미지로 파악하기 어려운 소위 '조몬인'과 아이누를 연결시켜 화인(和人)과 아이누가 동근이라는 식으로 말하는 학설이 언론 등을 통해 확산되고 있다. 이와 같은 설은 제2차 세계대전 이전의 연구자들에 의해 왕성하게 주장되었으며, 전후(戰後)에 그에 대한 비판이나 반성이 이루어졌다. 왜 그런가 하니 화인과 아이누가 기원적으로 일치한가는 것이 사실이든 아니든 간에 화인의 아이누에 대한 견디기 힘든 편견이나 차별은 이 몇 세기 이상의 기간에 걸쳐 존속되어 왔다는 사실이 있기 때문이며, 연구자의 인종 기원이나 민족 기원의 탐구에 의해 그런 문제들이 해결된다는 이유도 보증도 없다는 것이 명백하기 때문이다. 이는 지금까지의 역사가 증명해주고 있다"(アイヌ史編集委員會 1988).

다(菊地徹夫 1978~1979, 工藤 1986). 고고학적으로는 고대 홋카이도와 동북지방 북부에서 동질적 문화가 확인되며, 오래된 지명 가운데 아이누어로 만들어진 이름으로 생각되는 사례가 많이 있다. 이 점은 에미시가 나중의 아이누와 문화적으로 접속했을 가능성이 높다는 것을 시사하고 있다. 그러나 한편으로 마을의 발굴 사례에서도 늦어도 7세기까지는 기타카미(北上) 강 유역 등지에서 벼농사가 행해졌음이 확실하며, 문헌사료에 '전이(田夷)'라고 자칭하는 유력한 에미시가 나오고, 말 등의 교역으로 얻은 철제 무기의 쇠를 다시 달구어 농구로 사용한 사례가 있는 것으로 보아 에미시가 농경민이었다는 사실 또한 확실하다. 따라서 대립되는 두 학설은 각각 동북 고대 문화의 양면성을 강조한 것으로 생각할 수 있다. 게다가 770년대부터 동북지방의 태평양 측, 기타카미 강 유역에서 일어난 에미시 대반란을 거침으로써 에미시 내부에 마치 모건(L. H. Morgan)이 《고대 사회》에서 이로쿼이족에게서 발견한 것과 같은 '부족 동맹'이 성립되어 에미시에도 '영웅시대'라고 부를 수 있는 내부 항쟁시대를 상정할 수 있다고 주장했다(工藤 1986). 에미시의 정의에 대해서는 합리적인 해석이라고 할 수 있을 것이다. 고대국가와 에미시와의 전쟁 상황이 에미시 '마을'을 결합시킨다는 것도 개연성이 높은 상정이지만, 각 집단의 규모나 집단 구성의 차이, 상호 교통의 편향성 등을 자세히 검토할 필요가 있다(田中 1997). 같은 시대의 에미시에게만 '부족 동맹'이 남고 일본 열도 내의 다른 지역에는 존재하지 않는다고 하면 사회적 결합 규모의 차이를 결국 농경 생산력의 불균등 발전으로 환원시켜버리는 (2) ②로의 회귀가 될 우려가 있다.

필요한 것은 '이적' 내부에서 정치적 결합을 지탱한 것이 무엇인가를 묻는 시각이 아닐까? 가령 8, 9세기의 에미시는 에미시 간의 항쟁이나 율령국가와 벌인 전쟁 등의 각 국면에서 '민', '이' 등과 같은 사회적 지위를 국가의 강제에 의하지 않고 스스로 선택하고 표상했을 가능성이 있다田中 1997). 878년에 데와(出羽)지방(현재의 아키타秋田 현)에서 발생한 에미시 반란에서 당초 스스로 '이부(夷俘)'(에미시 유력자의 칭호)를 자랑하던 에미시가 반란 종결 시에는 사망한 '백성'(=공민)의 위기(位記)를 사취해서 '공민'을 가장했다. 반대로 '백성'이 에미시 출신 고유의 성인 기미코(吉彌候)를 일부러 자칭하기를 희망하는 사례도 있었다. 만약 고대 신분이 각 개인에게 생득적으로 고정된 카스트와 같은 공고한 것이었다면 이러한 유동적 사태는 일어나지 않았을 것이다. '이적'도 '공민'도 실제 상황에 따라 상호 규정 속에서 유동적으로 선택되고 표상되는 지위였다는 상정도 성립될 여지가 있을 것이다. 실체 개념에서 벗어나 관계 개념에서 '이적'을 다시 읽을 필요가 있다.

③ 1980년대 말 오키나와에서는 오키나와의 지정학적 위치를 이용해 일본과의 사이에 정치적·경제적·문화적으로 대등한 관계를 구축해야 한다는 주장이 고조되었다. 그 역사적 정치성의 상징이 바로 '고류큐(古琉球)'이다. 아마미(奄美) 제도, 류큐 열도, 야에야마 제도 등의 섬들에 구스쿠(성곽)가 지어지기 시작한 12세기부터 규슈(九州) 남부의 호족 시마즈(島津) 일족이 오키나와에 침입하여 왕가를 지배하에 두는 1609년까지가 오키나와의 독자성의 기초를 확립한 시대로 되어 있다. '고류큐'시대는 나아가 "일본 중세 국가와 구별되는 독자적 류큐 왕국이 형성, 전개된 시대"와 "자신의 정보발

신장치(오모로소우시おもろそうし, 역대보안歷代寶案 등)가 처음으로 성립된 시대"의 두 갈래로 나뉘었으며, 그 이전, 즉 일본 열도에서 고대국가가 전개되던 7세기부터 11세기경까지는 "야마토 국가에 대해 비일체적(非一體的)인 '화외(化外)' '이역(異域)'이었던 반면, 자기 내부에 대해서도 아직 일체적인 지역을 형성하지 못한 단계"였다(高良 1991). 바꿔서 말해 오키나와 문화의 개성은 일본 고대에 대응하는 시대에는 아직 존재하지 않았으며, 각 섬에 도민을 대표하는 정치 권력이 자생하고 일본·중국 왕조와의 교류 속에서 독자적 국가 권력이 형성되는 과정에서 비로소 생겨났다는 것이다.

고대국가는 오키나와 제도를 일괄하여 '남도'라고 불렀으며, 7세기 말부터 8세기 초까지 20년 정도의 기간 동안 부정기적으로 '남도인'에 의한 조공의례, 국가에 의한 반사(返賜)나 사성(賜姓)이 행해지다가 733년부터 사료에서 사라졌다. 그 후 '남도인'이라는 호칭 자체가 쓰이지 않게 된 것에 반해 '다네(多禰)인'(=다네가시마種子島), '아마야(阿麻彌)인'(=아마미오시마奄美大島) 등 'ㅇㅇ도인'이라는 호칭은 이후에도 계속 쓰였다. 이는 당시 남방의 '이적'에게 주어진 '남도인'이 아니라 거주하는 섬의 이름이 정체성의 핵이 되었음을 상상케 하지만(田中 2002),[35] 주의해야 할 점은 이것들이 고대국가

---

(35) 나는 이러한 쌍방향적이며 유동적 관계성을 '이인(夷人)'적 관계라고 명명한 바 있다. '이인'이란 율령법 규정 속에 나오는 어구이며, 8세기 초의 시점에서는 '출신·직장+인'이라는 칭호로 불리는, 왜 왕권과 개별적인 정치적 관계를 맺은 광범위한 사람들을 가리켰다. 그 중에는 이후 '제번', '이적'으로 분류되는 사람들이 혼재되어 있었다. 이러한 인적 관계의 성립은 6세기대로 거슬러올라가 가라·백제에서 출신 인정을 할 때 원형이 창출되어 그것이 왜국으로 도입된 가능성이 있다고 생각한다(田中 2002).

와의 교섭에 의해 기록되고 사용되기 시작했다는 것이다. '고류큐'론은 오키나와에서의 관점에서 구석기시대부터 현재에 이르는 오키나와 역사를 관통하는 지극히 자각적이고 주체적인 역사인식이라고 할 수 있다.

그러나 고대 이래 주변 국가, 이종과 맺은 여러 차원의 교통관계 속에서 제시된 '오키나와', '류큐' 관념은 착종(錯綜)과 변질을 거듭했으며 결코 루구(流求)→류큐(琉球)→오키나와 혹은 대만이라는 식으로 일방향적·연속적으로 추이하는 것은 아니다.[36] 오키나와의 역사적 표상을 포착할 때 그것을 오키나와 민족의 발전사처럼 배열하여 이해하는 것은 결코 '일본 민족사'의 자폐된 발전 도식의 근본적 비판일 수 없다고 본다. 앞으로 필요한 것은 가령 '류큐(琉球)'라는 관념이 그것을 사용하는 국면이나 입장에 따라 어떻게 다른가, 서로 다른 이미지들이 어떻게 겹쳐지고 관련지어졌는가를 실증적으로 해명하는 작업일 것이다.

---

(36) 가령 《수서》 이래의 流求=동인의 섬이라는 오해에 기인한 관념은 더 해역에서 9세기 이후 해적의 활동이 활발해지자 그것과 결부되어 증폭되었다. 이것은 결코 고대 일본 귀족의 고유한 관념이 아니다. 村井1995는 "9세기 중엽의 원진(圓珍) 입당(入唐) 기사에 북풍에 밀려 流求에 이른 사공이 '우리 이제 流求에게 먹히게 생겼다. 이것을 어찌하랴'라고 슬퍼하며 울었다고 하는 것(《唐房行履錄》)을 거쳐 10세기 말에 이르러서는 아마미인 해적이 규슈 연안을 습격한 것을 '남만적도(南蠻賊徒)'의 봉기로 기술하기에 이른다. 9세기를 기점으로 하는 이러한 남도인의 전환은 남도인 측의 성격 변화는 아닐 것이다. 중앙 귀족의 의식 속에서 경외의 이인이 덕화의 대상으로부터 공포의 발원으로 변모하게 된 것이다"라고 주장하는데, '이적' 측의 역사적 변화가 역으로 《수서》의 지식을 부활(復活), 재편시켰을 것이다.

3. 국경을 넘어선 '지역' 응시

이 글에서는 일본 고대에서의 '이적'에 대한 이해방식이나 문제 관심이 19세기 말부터 100여 년 동안 어떻게 변해왔는지 몇 가지 획기를 설정해 추적을 시도해 보았다. 정리하면 다음과 같다.

문제 구성 1 민족론

1880년대 국경 확정→'일본인' 정의←①인종 개념과의 접합, 시간축상에 배열

1920년대 '제국' 확장→이종에 의한 정의 반전(反轉), 바꿔 읽기←②문화차의 지역차로의 전화, 민족마다 다른 시간

1930년대 '세계사의 발전 법칙' 적용→다원적 민족론과의 어긋남←③민족별의 내발적 발전(민족사)

1950년대 단독 강화→독립 근거로서의 민족 문화←세계사/민족=조국/개인, 불가시의 '이적'

문제 구성 2 변경민론

1950년대 국민적 역사학 운동의 실패/오키나와 '복귀'운동, 식민지 독립←①텍스트 내⇔완결 국가 내부의 소수자에 의한 저항

1960년대 신안보 문제←②동이의 소제국·왕민 공동체·내부의 타자

1980년대 국민국가의 틀을 넘어선 소수 집단→에스니시티론

> ←② 법 규정의 실체시, '의사 민족'
>
> 문제 구성 3 북방·남방사
> 1980년대 지방의 자립?←북방 고고학, 부족 동맹론, 고류큐론

　이번에 취급한 이적론은 일부분에 불과하며, 또 역사 서술의 틀 자체가 각기 다른 이상, 같은 시대의 정치나 사상 상황 등이 꼭 그대로 '이적'관에 반영된 것은 아니다. 어디까지나 어떤 특징적 경향을 파악한 것으로 이해해주기 바란다.

　서두에서 현재의 일본 고대사가 지니는 폐쇄적인 공간 이미지를 약간 극단적으로 묘사해보았다. 다만 거기서 거론한 동아시아 세계 –일본–'이적'의 공간적 배치는 일본에서는 고등학교 역사 교과서나 일반용 개설서 등에 잘 알려진 것이며, 그 정도를 자연스러운 것으로 쉽게 상상할 수 있다. 하지만 가령 1945년에 과연 이 같은 고대 공간상을 그릴 수 있었을까? 아마 불가능했을 것이다. 역사적 '지역'을 설정하는 행위는 특정한 목적에 기초해 경계선을 긋는 행위를 필연적으로 수반한다. 그때 종래 '타자'였던 존재의 위치가 변경되어 새로운 '지역' 내부로 편입된다. 현재 일본 고대사의 공간 인식에 (외부로서의) '타자'가 빠져 있는 것은 과거 어떤 시점에서—이번에는 1950년대 중반을 그 기점으로 생각했다—그것을 필요로 하지 않은 역사 서술을 구상한 결과가 아닌가 한다. 그것이 현재와의 접점을 가지지 않는 고대사 서술을 지탱하는 것이 아닐까? '동아시아'라는 시공간에서 단일적인 시간축의 확립, 민족 개념의 도입, 신

화를 역사로 바꿔 읽기 등 민족사를 성립시키는 기본적 요소가 거의 동시에 형성된 한국에서 '타자'의 표상은 어떻게 변용해갔는지 그것이 알고 싶다.[37]

이 비판과 연대를 위한 동아시아 포럼과 같은 국경을 넘어선 장에서 '지역'을 문제삼을 때 어떻게 해서 그것을 열린 것으로 만들어나갈 것인가, 그 구체적인 방법을 구상해야 한다. 이 글이 그것을 위한 하나의 소재가 되었으면 한다.

— 번역 후지이 다케시(한국근대사, 성균관대)

---

[37] 예를 들어 도마 세이다이와 김소운 사이에서 이루어진 '민족의 시'를 둘러싼 논쟁(藤間 1954, 金 1956)에는 둘 사이의 민족관의 어긋남이 뚜렷하게 드러나 있다(林 2000).

【參考文獻】(著者名五十音順)

相川春喜	飛驒白川村《大家族制》の踏查並に研究(上)(中)
	日本型の家內隸役制－その殘留せる一典型・飛驒白川村〈大家族制〉の研究を機緣として－《歷史科學》4-9, 10, 12, 1935)
秋山謙藏	隋書流求國傳の再吟味 (《歷史地理》54-2, 1929)
秋山謙藏	流求卽臺灣說成立の過程 (《歷史地理》58-6, 1931)
天野哲也	極東民族史におけるオホーツク文化の位置(上・下) (《考古學研究》23-4・25-1, 1977)
石上英一	古代國家と對外關係 (《講座日本歷史》2, 東京大學出版會, 1984)
石上英一	古代東アジア地域と日本 (《日本の社會史》1, 岩波書店, 1987)
石母田正	歷史學における民族の問題 (初出 1952. 著作集14卷)
石母田正	日本古代における國際意識について－古代貴族の場合－ (初出 1962. 著作集 4 卷)
石母田正	天皇と〈諸蕃〉－大寶令制定の意義に關連して－(初出 1963. 著作集 4 卷)
伊豆公夫・渡部義通・早川二郎・三澤章《日本歷史敎程》第一冊(白揚社, 1937)	
伊豆公夫・渡部義通・秋澤修二・三澤章《日本歷史敎程》第二冊(白揚社, 1938)	
伊藤 循	古代王權と異民族 (《歷史學研究》665, 1994)
林容澤	《金素雲《朝鮮詩集》の世界－祖國喪失者の詩心－》(中公新書, 2000)
伊能嘉矩	《臺灣文化志》(刀江出版, 1928)
伊波普猷	《古琉球》(沖繩公論社, 1911. 引用文は岩波文庫版, 2000による)
伊波普猷	《隋書》に現れたる琉球 (初出 1926. 同全集 2 卷

伊波普猷	南島の自然と人 (初出 1926. 同全集2卷〈孤島苦と琉球史〉附錄)
伊波普猷	日本文學の傍系としての琉球文學 (初出 1927. 同全集9卷)
伊波普猷	あまみや考 (初出 1938. 同全集5卷)
井上達雄	《隼人と大和政權》(學生社, 1974)
今泉隆雄	律令國家とエミシ《新版古代の日本》9, 角川書店, 1992)
上原專祿	危機意識の濃淡 (初出 1951. 同著作集7卷, 評論社, 1992)
上原專祿	永遠の平和 (初出 1952①. 同著作集7卷)
上原專祿	祖國愛と平和 (初出 1952②. 同著作集7卷)
氏家和典	蝦夷の抵抗とその背景《文化》19-5, 1955)
大川豹之介 (＝羽仁五郎) プロレタリア歷史學硏究方針《プロレタリア科學》2-1)
小熊英二	《〈民主〉と〈愛國〉—戰後日本のナショナリズムと公共性—》(新曜社, 2002)
川本隆史	民族・歷史・愛國心—〈歷史敎科書論爭〉を歷史的に相對化するために— (小森陽一・高橋哲哉編《ナショナル・ヒストリーを超えて》, 東京大學出版會, 1998)
加藤典洋	《日本人》の成立 (明治學院大學《國際學硏究》2, 1988)
門脇禎二	〈蝦夷〉の反亂—その前章— (初出 1953. 同《日本古代政治史論》, 塙書房, 1981)
金關丈夫 (kanaseki takeo) 八重山群島の古代文化 (初出 1955 ①.《叢書 わが沖繩》3卷〈起源論爭〉, 木耳社, 1971)
金關丈夫	琉球の言語と民族の起源 (初出 1955 ②. 同上書所收)
鹿野政直	《沖繩の淵—伊波普猷とその時代—》(岩波書店, 1993)
菊池徹夫	蝦夷論の系譜 (初出 1978-79. 同《北方考古學の硏究》, 六興出版, 1984)
菊池俊彦	〈靺鞨と流鬼〉(初出 1989. 同《北東アジア古代文化の硏究》, 北海道大學圖書刊行會, 1995)

喜田貞吉　　東北民族研究序論-歷史家の觀たるわが民族觀-（初出 1926, 著作集9卷）

喜田貞吉　　隋書流求の民族的一考察（《歷史地理》59-3, 1932）

喜田貞吉　　日本民族の構成（初出 1938, 著作集8卷）

木下尚子　　南から見た貝の道 -二つの交易のもたらしたもの（同《南島貝文化の研究-貝の道の考古學》, 法政大學出版會, 1996）

清野謙次·宮本博人　津雲石器時代人はアイヌ人なりや（《考古學雜誌》16-8, 1926）

金素雲　　　臆測と獨斷の迷路-藤間生大氏の《民族の詩》について-（《文學》24, 1956）

京都木曜クラブ《考古學史研究》第6號〈特集　初期〈日本人類學〉と周辺地域〉（1996）

金田一京助　《アイヌの研究》（內外出版, 1925）

工藤雅樹　　古代蝦夷の社會-交易と社會組織-（《歷史評論》434, 1986）

熊田亮介　　古代國家と蝦夷·隼人（《岩波講座日本通史》4卷, 1994）

久米邦武　　神道は祭天の古俗（《史學會雜誌》2-23～25, 1891）

黑田俊雄　　民族文化論（初出 1971, 同著作集8卷, 法藏館, 1995）

高坂正顯·西谷啓治·高山岩男·鈴木成高《世界史的立場と日本》（中央公論社, 1943）

小中村義象　日本紀年ヲ論ジ併セテ那珂氏ノ說ヲ駁ス（《文》1-15付錄, 1888）

坂本太郎　　日本書紀と蝦夷（初出 1956, 著作集2卷, 吉川弘文館, 1988）

佐藤宗諄　　蝦夷の反亂と律令國家の崩壞-元慶二年の出羽の反亂を中心として-（初出 1967, 同《平安前期政治史序說》, 東京大學出版會, 1977）

白鳥庫吉　　隋書の流求國の言語に就いて（《民族學研究》1-4　1935）

鈴木靖民　　南島人の來朝をめぐる基礎的考察（《東アジアと日本（歷史編）》, 1987）

鈴木靖民	古代蝦夷の世界と交流 (同編《古代蝦夷の世界と交流》名著出版, 1996)
杉原 達	〈均質で空虛な時間〉をめぐって (《江戶の思想》4, ぺりかん社, 1996)
高橋富雄	《蝦夷》(吉川弘文館, 1963)
高良倉吉	琉球史における〈古代〉(《新版古代の日本③九州・沖繩》角川書店, 1991)
田中 聰	喜田貞吉と部落史研究 (《部落問題研究》113, 1991)
田中 聰	民夷を論ぜず －九世紀の蝦夷認識－ (《立命館史學》18, 1997)
田中 聰	〈上古〉の確定－紀年論爭をめぐって－ (《江戶の思想》8, 1998)
田中 聰	夷人論－律令國家形成期の自他認識－ (《日本史研究》475, 2002)
津田左右吉	上代日本人の道德生活 (初出 1933. 同《日本上代史の研究》, 岩波書店, 1947)
津田左右吉	《支那思想と日本》(初出 1938. 岩波新書版1947を參照)
津田左右吉	日本の國家形成の過程と皇室の恒久性に關する思想の由來 (初出 1946. 同《日本上代史の研究》, 岩波書店, 1947)
坪井正五郎	石器時代の遺物遺蹟は何者の手に成たか (《東京人類學會雜誌》31, 1888)
藤間生大	民族問題のとりあげ方 (同《日本民族の形成》, 岩波書店, 1951)
藤間生大	詩と民謠－朝鮮の詩についての感想－ (《文學》22, 1954)
藤間生大	琉球民族體の形成とその後 (《歷史評論》271, 1972)
富山一郎	國民の誕生と〈日本人種〉(《思想》845, 1994)
富山一郎	《暴力の予感 伊波普猷における危機の問題》(岩波書店, 2002)
那珂通世	日本上古年代考 (《文》1-8・9, 1888)
那珂通世	上世年紀考 (《史學雜誌》8-8・9・10・12, 1897.《外交繹史》首編として執筆されたが果たさず,《那珂通世遺書》, 大日本圖書, 1915に一括所收)

中村明藏　《隼人の研究》(學生社, 1977)

西川長夫　國民化と時間(同《國民國家論の射程－あるいは〈國民〉という怪物について－》, 柏書房, 1998)

橋浦泰雄　日本に於ける原始共産制の遺在(《歷史科學》3-4, 1934)

長谷部言人　石器時代住民論我觀(《人類學雜誌》32-11, 1917)

早川二郎　日本民族の形成過程(初出 1936. 〈日本民族の話〉と改名し著作集1卷に所收)

東恩納寬惇　隋書の流求は果して沖繩なりや(初出 1926. 同全集1卷)

平川　南　東北大戰爭時代－東北の動亂－《古代の地方史》6, 朝倉書店, 1978)

星野　恒　本邦ノ人種言語ニ付鄙考ヲ述テ世ノ眞心愛國者ニ質ス(《史學會雜誌》11, 1890)

北海道ウタリ協會アイヌ史編纂委員會　〈アイヌ史の要点〉(同《アイヌ民族の自立への道》, 1988)

蓑島榮紀　古代北海道における〈肅愼〉と〈渡嶋蝦夷〉(初出 1996. 同《古代國家と北方社會》, 吉川弘文館, 2001)

三宅米吉　《日本史學提要》(初出 1886. 《岩波日本近代思想大系》13, 1991)

宮良當壯　琉球民族とその言語(初出 1954. 《叢書わが沖繩》3卷〈起源論爭〉, 木耳社, 1971)

村井章介　王土王民思想と九世紀の轉換(《思想》847, 1995)

柳田國男　《鄕土生活の研究》(初出 1935. ちくま文庫版全集28卷, 1990を參照)

山尾幸久　石母田正氏の古代國家論(《新しい歷史學のために》189, 1987)

山里純一　《隋書》流求傳について－研究史・學說の整理を中心に－(初出 1993. 同《古代日本と南島の交流》, 吉川弘文館, 1999)

吉田　孝　《日本の誕生》(岩波新書, 1997)

吉本隆明　　異族の論理 (初出 1969. 《全著作集》續10卷, 1978)

李成市　　　表象としての廣開土王碑文 (《思想》842, 1994)

李成市　　　新たな現實と東アジア史 (《本鄕》25, 2000)

若月義小　　古代北方史研究の課題－東北アジア史における日本古代國家の
　　　　　　位置をめぐって －(《新しい歷史學のために》188, 1987)

和田　淸　　琉球臺灣の名稱に就いて (《東洋學報》14-4, 1924)

Frontiers or Borders ?

6.

근대 일본의 국경 만들기
— 일본사 속의 변방과 국가·국민 이미지

근대 일본의 국경 만들기
─ 일본사 속의 변방과 국가 · 국민 이미지

테사 모리스-스즈키(Tessa Morris-Suzuki)

오스트레일리아 국립대학 아시아 태평양 역사학부 일본사 교수. 1999~2000년 일본 히토쓰바시 대학의 객원 교수를 지냈다. 오스트레일리아 아시아 학회장을 지낸 바 있고, 현재 아시아 · 태평양 지역에서 국경통제의 역사에 관한 아시아 연구센터의 공동연구 프로젝트와 도요다 재단이 지원하는 〈아시아의 민권 네트워크 : 21세기 국가 안보, 미디어와 권리 증진〉 프로젝트에 참여하고 있다.

The Technological Transformation of Japan, Cambridge University Press, 1994. *Re-Inventing Japan: Time, Space, Nation*, M. E. Sharpe, 1998.
Henkyō kara Nagameru ("The View from the Frontier"), Misuzu Shobō, 2000., *Hihanteki Sōzōryoku no Tame ni* ("In Search of the Critical Imagination") Heibonsha, 2001.
The Past Within Us: Media, Memory, History, Verso, 2004.

1. '지리적 신체(geo-body)'로서의 국가·국민

2004년 3월 일단의 중국 민족주의자들이 오키나와 서방 무인 군도인 댜오위다오(釣魚島) 혹은 센카쿠(尖閣) 열도에 영유권을 주장할 목적으로 상륙했다. 이 사건은 중국, 대만, 일본이 열도의 영유권을 놓고 분쟁함에 따라 수십 년간 지속되어 온 주장과 반론이라는 진행형 의례의 한 부분이었다. 이 사건에서 중국의 항의자들은 일본 해양 경찰에 신속히 체포되어 일본으로의 불법 입국 죄로 기소되었다. 그러나 전략적·경제적 이해관계가 이 외딴 열도와 풍요로운 그 주변 해역에 대한 주권을 주장하도록 각국을 몰아붙이고 있기 때문에 비슷한 사건들이 재발할 것처럼 보인다.

이 논쟁에 관해 필자가 흥미를 갖는 부분은 각국이 열도에 대한 영유권을 주장하는 논리이다. 현재 열도에는 거주자가 없고, 그로 인해 현존하는 (각국) 주민과의 문화적 유대를 주장할 아무런 수단이 없기 때문에, 댜오위다오/센카쿠에 대한 주장은 역사와의 관련 속에서 정당화된다. 일본, 대만, 중국은 모두 이 열도가 자국 영토의 '불가결한 부분'이라는 주장을 뒷받침하는 사료들을 인용하고 있다.

이와 같은 주장들은 그 밖의 다른 곳에서도 적용된다. 예를 들어, 러시아가 이른바 '북방 영토', 즉 남부 쿠릴 열도 또는 지시마(千島) 열도(주로 러시아 출신 현 주민을 지닌 오호츠크 해의 군도)에 대한 영유권을 양도해야 한다는 일본의 계속되는 주장도 이 열도가 '불가결한 우리 국토', 즉 '우리나라 고유의 영토'라는 주장에 근거하고 있다. 이러한 입장을 정교하게 정리하면서 일본 외무성은 다음과 같이 언급했다. "일본은 러시아보다 앞서 북방 4개 도서에 대해 알게 되었다. 많은 일본인들이 이 섬들로 여행했으며 점차 그 지배를 확립했다. 1855년 일러화친조약은 ······**이미 확립된 자연적 경계**를 확인했다."[1] 물론 유사한 공식들이 세계의 다른 나라들에 의해서 분쟁지역이나 해역을 놓고 자국의 주권을 주장하는 데 사용되고 있다.

'우리나라 고유의 영토'라는 어구와 '이미 확립된 자연적 경계'라는 어구는 압도적으로 근대적인 내셔널리즘적 사고의 중심에 자리한 국가/국민의 이미지를 유창하게 표현하는 것이다. 태국의 역사가인 통차이 위니카출(Thongchai Winikatchul)의 표현을 빌자면, 이 구절은 '지리적 신체(geo-body)'로서의 국가/국민 개념을 암시하는 것이다―즉 시간의 경과 속에서 지속되는 자연스럽고도 유기적으로 통합된 영토적 단위를 말한다.[2] 이 전망에서 바라볼 때 국가/국민이라는 유기적 신체의 그 어떠한 부분이라도 절단하는 것―그 '자연적 경계'를 침범하는 것―은 인체의 일부를 절단하는 것과 비슷한 것이다. 그것은 신체의 나머지를 영구히 불완전하게 방치하는 상실로 이해된다.

이 글은 센카쿠/댜오위다오 열도나 지시마/쿠릴 열도 남부에 대한 영유권 분쟁의 시시비비를 가리는 상세한 평가를 제시하고자 하는 것이 아니다. 오히려 이 글은 이러한 국가적인 지리적 신체 이미지의 기저를 이루는 함의의 일부를 이리저리 문제삼고, 국토를 다른 방식으로 바라볼 수 있는 가능성을 탐색하고자 하는 것이다. 여기에

---

(1) 외무성 웹사이트. www.mofa.go.jp/region/europe/russia/territory/overview.html. (강조는 필자에 의한 것임).
(2) Thongchai Winichakul, *Siam-Mapped: A History of the Geo-Body of a Nation*, Honolulu : University Hawaii Press, 1994.

서는 필자 자신의 연구 증심 영역인 일본의 영토에 초점을 맞출 것이다. 필자의 생각으로는 모종의 의미에서 일본의 지리적 신체 관념이 특별히 강력한 이유는 이른바 '섬나라'로서의 일본이 이미 자기 완결적이며, 명확한 경계와 대내적으로 동질적이라고 전제되기 때문이다. 그러나 여기에서 검토되는 일부 관념들이 다른 나라의 역사와 관련될지도 모른다는 생각을 하며 또한 그러기를 희망한다.

2. '일본'은 언제부터?

학교 역사 교육에 관해 최근 몇 년간 일본 내에서 그리고 일본과 이웃 나라들 사이에서 격렬한 논쟁이 전개되었다. 논쟁의 초점이 된 것은 《새 역사 교과서》라는 제하의 책으로 광범위한 민족주의자 압력 단체에 의해 제작되고 일본 중등학교 교재로 2001년도에 문부성에 의해 검인정되었다. 이 책은 일본 내외에서 격렬한 비판을 촉발했다. 왜냐하면 황실 가문과 관련된 신화가 추가되고, 19~20세기 일본의 식민지 팽창의 여러 측면이 강조되었으며, 1937~38년 난징 대학살 같은 전시 사건들이 충분하게 다루어지지 않았기 때문이다. 부분적으로 이러한 이유로 인해 이 책의 역사 수업용 교재 채택을 고수한 것은 일본의 극소수 학교들뿐이었다.

그러나 여기에서는 《새 역사 교과서》에서 국내외적으로 그리 논쟁을 야기하지 않은 부분에 초점을 맞추고자 한다. 문제시된 부분은 교과서 앞부분에 나오는 작은 지도인데, 일본에서 벼농사의 점진적인 도입을 설명하는 부분이다. 교과서에 따르면 쌀 생산의 도입은 약 6000년 전에 시작되어 벼농사의 확산은 2400년 전 규슈(九州)에 벼 재배와 더불어 커다란 계기가 생겨났다.[3] 이를 접할 때 이 설명에 관한 부분이나 여기에 수반된 지도에 관한 부분은 특별히 민족주의적인 것도 반대할 만한 것도 없다. 진실로 다양한 국적과 정치적 스펙트럼의 역사가들이 집필한 저서에서도 거의 동일한 설명과 지도를 발견할 수 있다.

바로 그런 이유에서 이 지도를 조금 더 면밀히 살펴볼 가치가 있다. 왜냐하면 이것이 일본사 논의에서 광범위하게 수용되는 국가적/국민적인 지리적 신체에 대한 견해를 명확하게 설명하기 때문이다. 지도는 '중국', '조선', '일본'으로 명명된 세 지역에서 벼 재배 기술의 흐름을 보여주고 있다. 이 세 지역의 실재의 정확한 경계는 그어져 있지 않지만, 일본 북단의 섬인 홋카이도(北海道)는 지도 위 부분에서 사라질 위험에 처한 것처럼 보인다. 그러나 2000여 년 전에 일어난 사건들을 논할 경우 이 땅들에 '중국', '한국', '일본' 등의 지명을 적용하는 것이 시대착오적일지 모른다는 암시는 여기에 전혀 언급되어 있지 않다.

만일 교과서 저자들이 이 점에 대해 추궁을 받는다면 지도에 사용된 지명으로서의 국명은 2400년 전에는 해당 지역을 표시하는 데 실제로 사용되지 않았다고 분명히 쉽게 인정할 것이다. 아마 그들은 더 나아가 학생들이 지도상의 지역을 인식하고 기억하는 데 도움을 주기 위해 자신들이 근대적 지명을 사용했을 뿐이라고 말할 것이다. 또한 이 지도는 남북한의 분단을 보여주지 않고 있으며, 대만을 별

---

(3) Nishio Kanji et al., *Atarashii rekishi kykasho*, Tokyo, Fussha, 2001, p. 28.

도로 명명된 실재로 확인하지도 않고 있다. 만일 이러한 표시가 되었더라면 대부분의 독자는 분명히 당혹스러워하거나 쾌재를 부를 것이며, 또 왜 이러한 현재의 정치적 구분들이 고대사를 묘사하는 지도에 나타나 있는지 의문을 갖게 될 것이다. 다시 말해서 우리는 남북한의 구분이나, 근대적·정치적·인위적인 뚜렷한 실재로서의 대만 명명을 쉽게 받아들인다. 그러나 대조적으로 이 지도가 가리키듯이 대부분의 일본 사람들은 어린 시절부터 '중국', '한국', '일본'이라는 범주를 자연스럽고 영속적인 것으로 이해하도록, 그리고 이러한 명칭을 6000년 전의 세계로 아무 생각 없이 투영하도록 교육을 받고 있는 것이다. 따라서 지도는 상당히 광범위하게 유포되고 심대한 영향력을 발휘하는 견해를 설명하는 것인데, 그에 따르면 동북아시아 역사를 중앙집권적 대국들의 역사와 등치시키고 이러한 국가들을 역사적 시대 경과 속에서도 지속되는 항구적 실재로 간주하게 되는 것이다.

이러한 국가/국민의 영속적인 지리적 실체의 이미지에 내재된 문제들에 진지한 주의를 기울였던 얼마 안 되는 학자들 중 한 사람이 위대한 역사가인 고(故) 아미노 요시히코(網野善彦)이다. 그의 구습타파적인 접근법은 그 자신이 고단샤(講談社)를 위해 편집하고, 2000~2002년에 간행된 여러 권의 일본사 총서에 설명되어 있다. 이 총서의 서론 격인 첫 권의 논쟁 촉발적인 제목은 '일본은 무엇인가'이다. 이 문제에 답하면서 아미노는 일본의 교육 관료들을 통렬히 비판했는데, 이들이 '일본 자랑'을 하도록 학생들을 부추기며, '일본'이라는 개념이 언제 그리고 어떻게 성겨난 것인지는 학생들에게 가르쳐주지 않으면서 일본 국가나 부르고 국기나 휘날리도록 요구하고 있었기 때문이다.[4] 아미노 자신의 연구에 따르면 지명인 일본이 최초로 나타난 것은 8세기 초 즈음으로 경쟁적인 권세 가문들 중 하나가 오늘날 중서부 일본에 해당하는 실질적인 지역에 대한 지배권을 성공적으로 주장하면서부터였다. 동시에 국가에서 가장 강력한 인물에게는 '하늘의 왕'을 의미하는 **천황**(天皇)의 명칭이 부여되었다.[5] 다시 말해서 **일본국**(日本國)은 특정한 벌족에 의해 지배되는 특정한 정치적 단위였다.

덧붙여야 할 것이 있다면(비록 아미노 자신은 이 점을 부각시키지 않았음에도 불구하고), 일본 용어인 **텐노**(天皇)가 영어 단어 'emperor'로 일반적으로 번역되기 시작한 것은 19세기 후반의 일이라는 점이다. 일찍이 유럽에서 일본을 방문한 사람들은 일반적으로 일본의 300여 개 번(藩)을 그 자체의 '왕'이나 '공'(다이묘大名)에 의해 지배되는 '나라(country)'나 '공령(公領)'으로 여겼으며, 이 모든 '나라들(countries)'이 수도 에도에 사는 '황제'(emperor, 쇼군將軍)에 충성하는 것으로 생각했다. **텐노**(또는 **미카도**)는 일반적으로 일본의 '정신적 지도자' 또는 '교황'으로 해석되었다.[6]

아미노의 연구는 한편으로 우리가 오늘날 알고 있으며, 19세기의 창조물인 국민국가 '**일본/니혼**'과, 다른 한편으로 아미노 자신이 **니혼코쿠(일본국)**라고 부르는 역사적 실재, 즉 그 성격과 영토적 경계

---

(4) Amino Yoshihiko, *"Nihon" to wa nani ka*, Tokyo, Kdansha, 2000, pp. 19~28.
(5) Ibid., pp. 88~89.
(6) 예를 들어 Richard Hildreth, *Japan as it was and is*, London : Sampson Low and Son, 1856, pp. 55~56; Charles MacFarlane, *Japan: An Account, Geographical and Historical*, London: George Routledge and Co., 1852, pp. 136~237.

(territorial boundaries)가 시간의 경과 속에 크게 변한 정치체(polity)를 명확히 구분해야 할 중요성을 부각시켰다. 우선 **니혼코쿠**의 경계는 오히려 빠르게 팽창해 9세기 말까지 그 지배 씨족은 규슈·시코쿠·혼슈 섬으로 구성된 열도의 대부분에 대해 어떤 형태의 권위 행사를 주장할 수 있었다(지금 홋카이도로 알려진 오늘날 일본 최북단의 섬은 19세기 중반까지 국가에 완전히 통합되지 않았다). 그러나 이러한 팽창에도 불구하고 이와 같은 권위는 취약하고 도전을 자주 받아서 중앙 권력이 약화될 때 **니혼코쿠**의 지배자들은 실제적 권력의 상당 부분을 다른 사람에게 양도하고 아울러 자신들의 권위를 인정하지 않는 다른 정치체들과 함께 열도의 구역들을 공유하지 않을 수 없었다.

14~15세기의 예를 한 가지만 들자면(복잡하고 오랜 역사이기 때문에 많은 예가 있지만), 토사미나토(十三湊)의 북쪽 읍촌에 기반을 둔 안도(安藤) 일족은 현재 남부 홋카이도로 알려진 지역과 혼슈 북단의 지역을 지배했었다. 오늘날 우리가 '일본 인종'과 '아이누 인종'으로 표현하는 사람들의 여러 언어적 혼합체가 주민이었던 안도 일족의 지배 영역은 **니혼코쿠**의 통제에서 벗어나 있었으며, 일반적으로 **에조가시마**(蝦夷島), **에조가치시마**(蝦夷千島) 또는 **히노모토**(日の本)로 알려져 있다(히노모토는 혼란스럽게 **니혼**과 같은 글자로 쓰여 있다. 두 지명 모두의 기본적 의미는 '동쪽 나라'이다). 1482년 조선 왕에게 조공 사절을 보낸 것으로 기록된 '에조가치시마의 왕'은 안도 일족의 일원인 것으로 추측된다.[7]

---

(7) Amino op. cit., p. 169.

3. 변경으로부터의 비전

필자 자신의 연구에서 각별히 초점을 맞춘 것은 17~18세기부터 오늘날에 이르는 시대에 걸쳐 '일본'으로 알려진 지리적 공간에서 변경 지역을 살펴보는 것이었다. 이 주제를 탐색함에 있어서 필자는 아미노 같은 학자들에 의해 제기된 국사 비판에서 영감을 얻었다. 진실로 국경이 근대에 부단히 새롭게 그어졌다는 사실을 인식하지 않고서는 일본 변경의 역사를 살필 수 없다. 이러한 경계의 재설정은 지리적이거나 문화적인 운명보다는 세력 다툼, 정치적 이해, 협상과 전쟁에 의해서 훨씬 더 많은 영향을 받아왔다. 일본 변경 지역의 역사를 살펴볼 때 다시 한 번 우리에게 상기되는 것은 19세기에 이르도록 현재 우리가 '일본'이라고 명명하는 공간은 병존하며 복합적 방식으로 상호 반응하는 다양한 유형의 정치체들에 의해 점유되었다는 점이다.

예를 들어 북쪽의 오호츠크 해 지역에서 쿠릴 열도와 사할린 남부뿐만 아니라 우리가 현재 홋카이도로 알고 있는 섬 대부분에는 아이누 언어 집단의 성원들이 거주했는데, 이들은 복합적인 가족관계와 의례관계에 의해 함께 연결된 소규모 자치 촌락을 이루었다. 아이누의 경제생활은 어로·수렵·채집, 그리고 (일부 지역에서는) 소규모 곡물 생산에 종사했는데, 남쪽으로는 혼슈에서 서쪽으로는 만주 및 중국에 이르는 교역로 네트워크로 연결되어 있기도 했다. 이 네트워크의 일부가 이른바 '북방 실크로드'였다. 이를 통해 장려한 중국산 금란(金襴, brocade)이 아무르 강 지역의 다양한 인종 집단에 의해서 모피와 교환되고, 다시 위엄의 상징으로 이를 입는 사할린 및 홋카이도의 아이누를 상대로, 그리고 홋카이도 남부와 혼슈의 일본 상인들을 상대로 교역이 이루어졌다. 이러한 교역의 일부 품목은 최종적으로 17~18세기 일본의 도시 시장에까지 이르렀는데, 이곳에서는 '에조 금란'으로 알려졌다.

남부 아이누 공동체들의 일부는 (우리가 보아온 대로) 14~15세기에 안도 일족의 지배 영역의 통제하에 놓이게 되었고, 17세기 초에 이르러 일본의 도쿠가와 쇼군체제(德川將軍體制)에 충성을 서약한 마쓰마에 번(松前藩)이 홋카이도 남단에 확립되어 아이누와의 교역 독점을 주장하기 시작했다. 마쓰마에 번으로부터 면허를 획득한 상인들이 조금씩 아이누 사회로의 침투로를 점점 확장해가는 가운데 어촌을 세워 여기에서 아이누를 준-예속적 조건에서 일하도록 강요했다. 그러나 아이누 사회에 대한 통제의 많은 측면은 19세기 중반까지는 일본 국가의 지배 격 범위 밖에 놓여 있었다.

한편 남쪽으로는 (현재 오키나와沖繩로 알려진) 류큐(琉球) 열도의 무수한 소규모 자치적 정치체들이 14세기경에 쇼(尙) 왕조 아래 통합되었다. 다음 세기 동안 류큐 왕국은 북쪽으로는 일본과 한국에서부터 남쪽으로는 동남아시아의 여러 지역에 이르는 광활한 교역로 네트워크의 중심이 되었다. 1609년 규슈의 사쓰마 번(薩摩藩)이 류큐 왕국을 침입해 일본 도쿠가와 쇼군체제에 조공을 바치도록 강요했다. 그러나 왕국은 중국에도 계속 조공을 받쳤으며, 새로이 중앙집권화된 일본 국가에 일방적으로 병합되는 1870년대까지 내정의 많은 부분에 대해 독립성을 유지했다.

쇼군체제의 권력이 증대되던 변경 지역들에서조차 권력의 중첩적이고 복수적인 층은 '국민 주권'이라는 근대적 개념들을 19세기 이전의 동아시아 세계로 투영하는 것이 불가능하다는 것을 우리에게 상기시켜 준다. 예를 들어 일본의 섬 중에서 한국에 가장 가까운 쓰시마(對馬)를 지배한 소(宗) 가문은 17세기 이래 자신들이 도쿠가와 쇼군의 신하임을 명백히 하고 있다. 그러나 오늘날 쓰시마 박물관을 방문할 경우 도쿠가와시대 쓰시마의 한 유력자에게 보내는 공식 서한을 볼 수 있는데, 그 내용은 조선 왕국의 관리로 공식 임명함을 확인하는 것이다.

이러한 문서들은 조선국이 특별히 가치 있다고 간주하는 일(예를 들어 쓰시마 해안에 번번이 표류하는 조선의 어부 및 기타 인물의 송환)을 수행하는 섬 주민에게 수여되었다. 이러한 명예를 얻게 되면 조선과의 공식 교역을 허락받는 특별한 특권을 획득하는 것이었다(그렇지 않을 경우에는 조선 왕의 사절이나 쓰시마 번주에게 제한되는 권리였다). 이 당시에는 아무도 소 가문의 가신이면서 간접적으로 도쿠가와 쇼군체제의 신하인 동시에 조선 왕국의 관리인 사람에 대해 하등의 이상한 점이 있으리라고는 생각하지 않았을 것으로 보인다.

4. 시간과 공간 속의 변경들

아이누 및 류큐 사회 같은 변경 지역의 역사는 근대 국민국가가 역사 서술에 드리운 긴 그림자에 의해 희미해진 과거의 일부일 뿐이다. 국가 중심부나 수도의 전망보다는 변경의 전망에서 동북아 역사를 살펴봄에 있어서 필자가 바라는 바는 (예를 들자면)《새 역사 교과서》의 역사 지도에 의해 투영된 지역의 과거 이미지에 대한 대안을 제시하는 것이다. 이 대안적 이미지를 개괄적으로 제시하면 다음과 같다.

18세기 이래의 근대적 세계 질서가 형성되기 이전에는 우리가 현재 '동북아시아'라고 부르는 공간은 다양한 형태의 정치체에 의해 점유되어 있었다. 고도로 생산적인(벼 생산과 같은) 단일작물 재배 농업의 발전에 적합한 지역들에서는 인구밀도가 급증했으며, 근대 역사가들이 '문명'의 특징들로 해석하는 사회적 형태들이 아주 빠르게 나타났다. 다시 말해서 소읍들과 도시들이 자리잡았고, 집권화된 형태의 정치 통제가 발전되었으며, 기록과 지식 교류의 복합적 방법들을 고안한 전문 관료층이 형성됨으로써 경제적 특화가 수반되었다. 이러한 중앙집권적 국가들은 우리가 현재 '중국'이라고 부르는 지상 공간의 부분들에서 처음으로 출현했다. 1세기 초에 우리가 현재 한국 및 만주로 알고 있는 지역들에도 상대적으로 규모 있는 중앙집권적 국가들이 나타났고, 8~9세기에 이르면 야마토 국가 혹은 일본 국가가 현재 우리가 일본이라고 부르는 중심 지역에서 권력을 행사하게 되었다.

그러나 이러한 중앙집권화된 정치체들은 류큐 열도의 소왕국들 및 분권화된 정치적 형태의 아이누 사회와 같은 다양한 다른 사회 형태들과 공존하고 상호반응했다. 그러나 이러한 사회 형태들의 공존적 다양성을 사리에 맞게 하려면 국가들/국민들 사이의 **공간적** 경계뿐만 아니라 우리가 역사를 시대 구분하는 **시간적** 경계를 다시 생각하는 것이 필요하다. 특히 학자들이 역사 발전 단계를 해석하는 인습적인 패턴을 재고하는 것이 필요하다.

최근까지 일본에서의 역사 서술은 (세계의 많은 다른 부분에서와 마찬가지로) 진보의 단계 이론들에 의해 심대한 영향을 받아왔다. 이에 따르면 인간사회는 수렵·채집에서 농경사회로 그리고 산업사회로 (그리고 '후기 산업사회'로) 단일하고 광범위한 궤적을 따라 발전하는 것이다. 이러한 이론들은 여러 가지 순열 속에서 마르크스주의 역사가에 의한 것이거나 자유주의 또는 보수주의 역사가에 의한 것이건 간에 19세기 중반 대부분의 일본사를 이론화하는 작업의 기저를 이룬다. 진보의 관념이 훨씬 덜 쉽게 받아들여지는 오늘날까지도 역사 이해의 이러한 틀은 계속해서 일반적인(비학문적인) 역사 논쟁의 많은 부분을 이루고 있다.

이러한 전망에 따르면 아이누 사회나 중앙집권화된 동북아시아 국가들 사이의 넓은 지역에서 최근까지도 번영하고 있는 다른 공동체들과 같은 중앙집권적 정부가 없는 소규모 사회들은 사회 발전 과정에서 '고대' 내지는 '원시' 단계를 나타내는 것으로 전제된다. 다른 한편으로 지역의 중앙집권화된 대규모 왕국들이나 제국들은 역사에서 가장 '문명화된' 선봉을 나타냈으며, 그러기에 역사 연구의 주된 초점이 되었다. 이러한 세계관은 아직도 아이누 문화나 오늘날 다른 '소수' 지역 문화에 대한 일반 통념에 지대한 영향을 미치고 있다. 그러나 이것은 소규모 국가들이나 지역의 분권화된 사회적 정치체가 불변의 정체성을 지니는 것과는 거리가 멀다는 사실을 간과한 견해이다. 이들은 이웃하는 대규모 사회들과 마찬가지로 여러 세기에 걸쳐 중요하고 지속적인 변모를 겪었다. 기후 변화에 적응하고, 외부 세계로부터 새로운 기술과 아이디어를 흡수하며, 교역관계를 발전시켰다. 그러나 이러한 변화는 발전 단계론이 상정하는 '진보'

패턴에는 잘 들어맞지 않는다.

여기에서는 역사 발전의 인습적인 이미지를 동북아시아의 비(非)국가 소규모 사회에 적용하는 몇 가지 문제를 설명하기 위해 현재 러시아-일본 변경에 자리한 오호츠크 해 지역 사회들의 예를 들고자 한다. 13세기경 이전의 오호츠크 해 지역에는 토리·밀과 같은 작물의 성장과 양돈 및 도기 생산이 아주 광범위하게 확산되어 있었음을 암시하는 방대한 증거가 있다. 그러나 13세기 이후 이러한 것들이 새로운 문화 패턴의 형성에 따라 사라지는 경향이 있었다. 고고학자인 후쿠사와 유리의 표현대로 "아이누 문화는 경작의 존재보다는 오히려 경작의 소멸로 규정된다."[8]

실제로 오호츠크 사회에서의 역사적 변이는 '진보'의 인습적인 이미지에도 들어맞지 않으며, 그렇다고 좀더 '원시적' 국면으로의 '퇴보'라는 인습적 이미지에도 들어맞지 않는다. 한편 곡물 생산과 도기 제작의 규모는 줄어들었고, 수렵과 어로는 일상생활에 더욱 중요해졌다. 다른 한편으로 교역 네트워크는 확대된 것처럼 보이며, 주변 사회들과의 좀더 폭넓은 접촉으로 새로운 어로, 직조 및 기타 기술이 도입되었다.

이러한 변화에 대한 여러 가능한 설명들이 있다. 그러나 한 가지 중요한 요인은 아마 아이누 사회가 이웃 사회들, 특히 도쿠가와 일본이라는 상대적으로 규모가 크고 중앙집권화된 정치체와 점차 긴밀해지는 교역관계로 통합된 것이었을 것이다. 이러한 교역관계는

---

[8] Y. Fukuzawa, "*Emishi and the Ainu from Archeological Point of View,*" *International Symposium on Japanese Archeology in Protohistoric and Early Historic Period: Yamato and its Relations to Surrounding Populations*, Bonn, September 1992.

상대적으로 다변화되고 자족적인 경제로부터 수렵·어로와 같은 아이누 특유의 '비교 우위' 부문들로 점차 집중되는 경제로의 변이를 촉진했다. 이는 농사의 감소뿐만 아니라 도쿠가와 일본이 좀더 유리한 입장에 있는 부문의 다른 활동의 소멸로 이어졌다.

가장 중요한 예의 하나는 야금업이다. 일본인 여행가 마미야 린조(間宮林藏)가 19세기 초 사할린에서 가장 북쪽에 위치한 일부 아이누 사회를 방문했을 때, 그는 아이누 대장장이가 도쿠가와 일본에서와는 전혀 다른 기법을 사용하는 것을 발견했다. 그의 지적에 따르면 이러한 유형의 야금 작업은 (근대 홋카이도의 북부를 포함하는) 아이누 지역의 다른 곳에서 최근까지 존속해왔으나, 일본산 금속제 수입에 직면하여 점차 소멸되었다.[9] 아이누 문화에 관한 많은 근대 텍스트들은 아이누가 야금 능력을 보유했던 사실을 부인하고 있다.[10] 그렇다면 아이누 사회를 '수렵·채집' 사회의 원형으로 **재편성**하도록 도운 것은 주변 세계와의 교역 및 접촉의 증대라는 점에 개연성이 있는 듯해 보인다.

소규모의 분권화된 정치체들에서 변화의 유사한 과정이 세계의 다른 여러 곳에서도 지적되고 있다. 예를 들어 미국의 역사가 스테판 코넬(Stephen Cornell)은 서구 식민 개척자들과 상인들의 북아메리카 도래가 어떻게 토착 아메리카 사회의 점증하는 상업화와 동시에 곡물 생산으로부터 수렵으로의 변이를 야기했는지 지적했다.[11]

---

(9) Mamiya Rinz, <u>Kita</u> *Ezochi zusetsu* (<u>1854</u>), in *Hokumon ssho*, vol. 5, Tokyo, Kokusho Kankkai, 1972, pp. 338~342.

(10) 예를 들어 Hayashi Yoshishige, *Ainu no nk bunka*, Tokyo, Keiyusha, 1969, p. 31; Takakura Shinichir, *Shinkan Ainu seisaku shi*, Tokyo, San-Ichi Shob, 1972, p. 31.

중부 시베리아의 에벤키 사람들 사이에서도 러시아인들의 도래로 인해 하천 계곡의 정착 어촌이 쇠퇴하고 삼림 수렵과 넓은 지역에서의 순록 목축이 증대되었다.[12] 이러한 과정의 핵심 요인은 러시아인들의 공물과 모피 교역에 대한 끊임없는 수요였던 것으로 보인다. 역사가 유리 슬레즈키너(Yuri Slezkine)의 관찰대로, "모피에 대한 끊임없는 요구가 다른 경제적 추구와 계속적으로 충돌했다. 가장 질 좋은 극지 여우의 겨울 궤적은 순록 이동도보다 훨씬 더 북쪽에 위치했다. 타이거지대의 검은담비는 많은 어부들로 하여금 그들의 강으로부터 벗어나게 했다. 그리고 정착한 바다 사냥꾼들은 포획물의 상당량을 자신들의 내지(內地) '친구들'이 가져오는 모피와 교환해야 했다."[13]

교역은 토착 경제체제의 다양성과 자족성을 축소시켰으며, 차, 보드카, 담배, 철제 연장 같은 러시아 소비재에 대한 의존도를 증대시켰다. 유럽의 초기 자료에는 아무르 강 하구 거주민들이 야철 작업을 하고 훌륭한 금속제 무기를 생산하는 것으로 묘사되어 있지만, 이러한 기술들이 마미야 린조가 이 지역을 방문했을 즈음에는 아마 서양의 수입 금속 제품에 밀려 소멸한 것으로 보인다.[14] 그러나 교

---

(11) Stephen Cornell, *The Return of the Native*, New York, Oxford University Press, 1988.
(12) M. G. Kurov and K. Inoue, "중부 시베리아의 에벤키족: 종족사 회고의 '체험' Evenki Srednei Sibiri: 'Vyzhivanie' v Retrospektive Etnicheskoi Istorii" in S. Saito, ed., 시베리아에 대한 관점 *Vzgliady na Sibiri/Shiberia e no menasashi*, Nagoya, Nagoya City University College of General Education, 1996, pp. 17~18
(13) Yuri Slezkine, *Artic Mirrors: Russia and the Small Peoples of the North*, Ithaca, Cornell University Press, 1994, pp. 25~26.
(14) P. J. von Strahlenberg, 러시아제국의 역사 서술 *Description Historique de l'Empire Russien*, vol. 2, Amsterdam: Dessaint et Saillant, 1742, p. 180.

역의 확산은 순전히 파괴적인 것만은 아니었다. 토착 사회들은 때때로 새로운 기술과 지식을 산출하는 방식으로 수입품들을 자신들의 일상생활에 통합시켰다. 예를 들어 소중한 교역 품목인 금속제 수입 바늘은 동부 오호츠크 지역 사회들 사이에서 개화된 장려한 자수(刺繡) 기술의 발전에 기여했는데, 이 기술은 오늘날까지도 이 지역 토착 공동체의 일부 구성원들에 의해 보존되고 있다.

5. '조몬시대'는 어디에 있었나?

그러므로 오호츠크 해 연안, 류큐 열도나 쓰시마 같은 변경 지역의 역사를 살펴보게 되면 두 가지 역사 서술의 중요한 문제가 부각된다. 첫 번째는 공간적인 범주 체계와 시간적인 범주 체계의 관계이다. 일본사에 대한 국가/국민 중심적 설명방식은 국민국가로서의 일본이라는 근대적 이미지를 아득한 시대의 과거로까지 투영한다. 뿐만 아니라 이러한 설명방식은 **단일한** 시간적 틀이 일본 영토 전체의 역사를 서술하는 데 사용되어야 함을 주장하기도 한다.

이처럼 어느 교과서 할 것 없이 일본사가 여섯 시대로 구분됨을 말해준다. 첫째가 '원시'시대인데, 이는 다시 수렵·채집의 시대인 조몬(繩文)시대와 벼농사의 급속한 확산을 특징으로 하는 야요이(弥生)시대로 세분된다. 다음은 4~12세기에 이르는 '고대'인데, 야마토(大和)·나라(奈良)·헤이안(平安) 시대로 세분된다. 마지막 단계에서는 중앙집권적 국가가 형성되고 강화된다. 12~16세기의 일본은 경쟁적 다이묘 간의 지속적 대립 시대인 중세로 진입하게 된다. 다음으로는 종종 '중앙집권화된 봉건주의'로 묘사되는 상대적 안정기인 근세로 이어진다. 19세기 중반부터 일본은 근대를 거치며, 1945년 태평양 전쟁의 패배가 새로운 시대인 현대의 도래를 의미한다.

그러나 이러한 구분들이 (이를테면) 혼슈 남서부의 역사에 합당한 것임에도 불구하고, 국가/국민의 심장부에서 멀어질수록 그 의미를 상실하게 된다. 문제는 (우리가 살펴본 바와 같이) 오호츠크 해 연안이 밭작물 생산의 팽창-수축을 포함하는 판이한 유형의 역사를 지녔다는 정도에서 그치는 것이 아니다. 심지어 중심부 가까이에 위치한 지역이라 하더라도 지방적 과거를 국가적/국민적 서술에 맞도록 시도하는 일도 문제에 직면하게 된다. 예를 들어 조몬시대는 밧줄 무늬로 장식된 토기의 고유한 형태에 따라 명명되었고, 그 시대 문화의 특징적인 것으로 간주된다. 그러나 용어 자체는 본래 19세기 미국의 학자인 모스(E. S. Morse)가 창안한 것으로, 자신이 도쿄(東京) 인근 고고학적 유적지에서 발견한 토기를 묘사하기 위한 목적에서였다. 그런데 '조몬시대'에 일본의 많은 다른 부분에서는 밧줄 무늬가 전혀 없는 판이한 유형의 토기들이 출토되었다.

국가적/국민적 체계를 갖는 시대 구분의 문제들이 필자에게 부각된 것은 최근 쓰시마 섬 박물관의 방문을 통해서였다. 그곳의 첫 번째 진열관에서는 섬의 '조몬시대' 유적지에서 발굴된 토기들을 볼 수 있다. 박물관 측의 설명문에 따르면 이 '조몬시대' 유적지에서는 '조몬 문화'의 특징적인 토기 7점과 '한국 신석기시대 문화'의 특징적인 토기 2,000여 점이 발견되었다고 한다. 그렇다면 이것이 어떤 의미에서 '조몬시대'의 유적지인지, 그리고 진실로 어떤 의미에서 쓰시마가 '조몬시대'를 겪기나 한 것인지 하는 의문이 필자에게 생겼다. 필자는 이 점을 들어 쓰시마가 어떤 의미에서 일본이라기보다는 한국에 실제로 '귀속'됨을 암시하려는 것은 아니다. 보다 가까운 시대의 쓰시마 역사를 고려한다면 이러한 암시는 터무니없어 보일 것이다. 그보다는 필자가 문제시하는 것은 오늘날의 일본 국가/국민과 거의 동일한 영역을 차지하며, 역사적 지역의 변화 추이 속에서도 다소 일관되게 유지되는 일본 단일 국민의 관념이다. 필자가 보다 의미 있게 생각하는 것은 독자적인 역사 시대의 리듬을 지닌 채 아주 최근까지도 상호 연결되어 있으되 다양한 사회들에 의해 점유되어 온 일본 열도를 마음속에 그려보는 일이다.

6. 누가 과거를 소유하는가?

일본의 변경 지역 역사 연구에 의해 부각되는 두 번째 문제는 소유와 귀속의 문제이다. 누가 과거를 소유하는가? 또는 좀더 정확히 말하면 누가 어느 부분의 과거를 소유하는가? 학교 교과서의 인습적인 역사 서술은 '우리 역사'와 '저들의 역사' 사이에 명백한 구분선을 제시하고 있다. 일본의 역사 교과서에는 '우리나라의 역사'와 '다른 나라들의 역사'라는 문구로 가득하다. 1950년대 이래 일본에서 역사 교육의 핵심적 양상이 되어 온 것은 학생들로 하여금 자기 가족 및 지역의 역사를 국가 역사 서술과 동일시할 수 있도록 고무하는 일이었다.

예를 들어 중등학교 역사 교육을 위한 문부성 지침이 교사들에게 그 임무로서 전달되는 것은 "인근 지역의 역사를 일본 사람들의 일상사와 그 위에 건설된 문화와 연결짓고, 각 역사 시대의 정치적·사회적 흐름의 설명에 대한 지침을 제공해야 한다"는 것이다. 이러한 목적을 위해 교사들은 '민속학적 발견, 박물관 및 지방 역사 중심지의 답사와 견학을 활용해 학생들로 하여금 실제적 관련 속에서 살아 있는 문화의 발전을 학습할 수 있도록 해야 한다.'[15] 이러한 시각에서 각 지역의 역사, 그리고 궁극적으로 각 가문의 역사는 전체로서 국민 역사의 축도로 간주된다.

그러나 오호츠크 연안이나 오키나와 같은 변경 지역의 역사를 고려할 경우 이러한 접근 방법에 대한 몇 가지 문제는 명백해진다. 예를 들어 오키나와의 어린이들은 자기 지방의 과거를 외국이었던 헤이안시대의 일본 역사와 동일시할 것으로 생각되는가? 반대로 자기 조상이 혼슈(本州) 출신인 일본 사람들은 류큐 왕국의 역사를 '우리 역사'로 주장할 수 있는가, 아니면 그것은 오키나와 사람들에 전적으로 '귀속'되고 구별되는 과거, 즉 '그들의 역사'인가? 여기에서조차 더 복잡한 문제들이 대두한다. 왜냐하면 류큐 열도의 다른 부분들은 별개의 역사를 지니기 때문이다. 또 다른 예를 생각할 경우 쓰시마의 역사는 명백히 '일본사'의 일부인가? 아니면 한반도와의 오랜 연결을 고려할 때 모종의 의미에서 '한국사'의 일부인가?

필자에게 역사적 '귀속'의 이러한 문제들은 개인적인 이유에서 중요하고 당혹스럽다. 잉글랜드인과 스코틀랜드인, 아일랜드인의 혈통을 부분적으로 지니고 잉글랜드에서 교육받고 오스트레일리아에

---

(15) Monbukagash, "Cngakk gakush shid yry" appendix to *Atarashii rekishi kyokasho*, op. cit., p. 336.

살고 있으며, 일본인 남자와 결혼한 사람은 과거의 어떠한 조각이 '내 것'인가? 만일 (통념대로) 현 세대가 과거 자기 국민이나 사회의 비행에 대한 역사적 책임을 받아들여야 한다면, 필자는 어떠한 부분의 역사에 대해 책임져야 하는가? 예를 들어 오스트레일리아 원주민의 역사는 현재 내가 오스트레일리아 시민이므로 '내' 역사의 일부인가? 아니면 내 조상들은 여기에 직접적으로 관련되어 있지 않으므로 '저들의' 역사인가? 나의 결혼과 연구 관심은 일본사도 모종의 의미에서 '내 역사'임을 의미하는 것인가?

변경 중심적 역사 조망이 필자에게 시사하는 바는 다음과 같다. 현재 '일본'이라 불려지는 공간의 경계 내에 복수의 정치체와 복수의 역사 리듬이 존재함을 우리가 인정할 필요가 있는 것과 마찬가지로, 사람들이 역사를 '소유'하거나 역사에 '귀속'되는 방식이 무수히 다양하고 중복적으로 존재함을 인정하는 것 또한 유용하다는 점이다. 필자가 현재 살고 있는 오스트레일리아 전역에 한때 거주했던 군나왈(Ngunnawal) 원주민의 역사가 생존한 후손들에게 '귀속'되듯이 필자에게 '귀속'된다고 주장한다면 적절하지 않을 것이라 생각한다. 생존한 군나왈 후손들은 그 역사에 분명히 필자보다는 더 가깝고 좀더 관련되어 있다. 그러나 필자의 생각으로는 군나왈 땅에 현재 살고 있는 어떤 사람으로서 필자가 그 역사를 모종의 의미에서 '내' 과거의 일부, 스스로 알고 다른 이에게 전파할 책임을 갖게 하는 역사로 보아야 한다는 것이다.

마찬가지로 쓰시마 역사는 최우선적으로 쓰시마 섬 주민에게 '귀속'되나 또한 다른 일본 사람들이 모종의 의미에서 '우리' 역사로 동일시하는 좀더 광범위한 일본 역사의 일부이기도 하다. 그런가 하면 또 다른 의미에서는 한국 역사의 일부이기도 하며, 특히 가장 오래되고 깊숙한 역사적 관계를 맺어온 부산 지역 역사의 일부이다. 진실로 학자들 사이에서 늘고 있는 인식인 듯 보이는 것은 여러 지역 출신의 많은 사람들이 다양한 방식과 정도에 차이가 있으나 동일한 역사에 대해 애착을 주장한다는 점이다. 일례가 되는 것으로는 쓰시마 출신 학자들이 섬의 고고학에 대한 합동 연구를 위해 타지역의 일본 학자들 및 한국 학자들과 함께 아울러 시도하는 공동 연구 프로젝트의 대두이다.

  다시 처음으로 돌아가 보자. 이 글이 논탁한 것은 시간의 흐름 속에 지속되는 통합적인 지리적 신체의 관념이었다. 국민국가는 근대적 산물이며, 그 주권이 미치는 변경은 자연이나 고대사에 의해서라기보다는 정치에 의해서 결정된다. 일본 같은 일견 '고립적'이기까지 한 국민의 현재 영토는 다양한 시대를 지닌 다양한 역사를 내포하고 있다. 이 모든 점으로 인해 상당히 의심스러워지는 것은 특정 장소를 '우리 국토의 불가결한 부분'으로 규정하기 위해 역사를 정치적으로 활용하는 일이다. 예를 들어 남부 쿠릴/ズ시마 열도에 관한 최초의 기록은 아이누인들이 거주했음을 명백히 보여주고 있다. 전부는 아니라 하더라도 대부분의 아이누인들은 비자발적으로 일본인들의 근대국가에 궁극적으로 통합되었다. 그러나 이 점은 열도가 '자연적으로' 그리고 '불가결하게' 일본에 속한다는 주장의 근거로는 빈약해 보인다. 열도의 방문 기록을 남긴 최초의 이방인은 사실 네덜란드인이었다. 그러나 오늘날 아무도 이 사실로 인해 네덜란드가 열도에 대한 영유권을 갖는다고 주장하지는 않을 것이다. 최근에도 러시아인들과 일본인들이 열도의 영유권에 대한 논쟁을 벌이고

있다. 역사는 이 논쟁에 간단명료한 아무런 답을 주지 않는다. 댜오위다오/센카쿠 열도의 경우도 마찬가지이다. 필자가 제시하려는 것은 역사는 문제의 책임을 현재에 돌릴 뿐이라는 것이다. 즉 현재의 우리가 미래에 새로운 분쟁의 소지를 갖는 고통의 유산을 새롭게 만들기보다는 이웃한 공동체들의 중복된 이해관계를 공평히 다루는 분쟁의 해소책을 모색하는 일이 요구된다.

한편 동북아시아 역사를 수도보다 그 변경 지역 중심으로 살펴본다면 우리가 동북아 역사의 풍요로움과 다양함을 좀더 완벽히 음미하는 데 일조할 수 있을 것이다. 역사를 변경의 관점에서 조망하는 것은 우리가 과거 이해에 적용하는 시공간적 틀에 관해 새로운 문제를 제기하는 것이다. 그리고 변경사는 '우리' 과거를 복합적이고 다층적인 역사로 바라보는 데, 그리고 근대 국민국가의 경계 안팎에 위치한 다양한 집단의 사람들이 '우리' 과거를 공유하는 데 일조한다.

Frontiers or Borders ?

7.

영웅 변경을 가다
— 중국 전근대·근대의 상상된 변강(邊疆)

영웅, 변경을 가다
—중국 전근대·근대의 상상된 변강(邊疆)

왕밍커(王明珂)

하버드 대학에서 박사 학위를 받았으며, 타이베이(台北) 소재 중앙연구원 산하 역사어언연구소의 연구원이자 부소장직을 맡고 있다. 또 국립 타이완(台灣) 대학, 수저우(東吳) 대학, 국립 칭화(淸華) 대학의 역사 인류학과 교수이기도 하다. 중국 쓰촨성(四川省) 북서부에서 강(羌)족에 관한 인류학 연구를 수행한 바 있다.

華夏邊緣: 歷史記憶與族群認同(台北: 允晨文化出版公司, 1997).
羌在漢藏之間: 一個華夏邊緣的歷史人類學研究(台北: 聯經出版事業公司, 2003).
그 밖에도 중국 고대사, 중국 남서부 지역 소수민족들의 역사와 민족지, 사회적 기억과 정체성, 재현과 텍스트 분석에 관한 여러 편의 논문이 있다.

1. '기반 역사'로 만들어진 중국사

인류학에서의 종족군 연구(ethnicity study)는 적어도 1980년대에 시작되었고, 많은 학자들이 '역사'와 종족군의 정체성 사이의 관계에 주의를 기울였다. '공동의 기원 신념(common brief of origin)'이건 혹은 '의제적 혈연관계(assumed blood ties)'이건 기본적으로 혈통적 기원을 공유하는 기억을 갖고 있는 집단과 '종족군'이 일치한다는 점을 강조한다. 동일 종족군이나 민족은 서로를 '동포' 혹은 '형제자매(brothers and sisters)'로 호칭한다. 종족군 혹은 민족의 정체성을 드러내는 것은 동일 모친에서 출발한 가장 기본적인 친족 집단에 비견되는 사회 집단임을 보여준다. 이 때문에 한 집단의 '공동 조상 기원'의 기억은 성원들 사이의 기반 정서연계(primordial attachment)를 강조하고, 아울러 이 일체감(oneness)으로 공동자원을 나누고 보호한다. 이러한 혈연관계(blood ties), 공간자원 관계(territorial ties) 및 양자의 연속과 변천이 주요 요소가 된 역사 기억은 인류 '역사'의 보편적인 기본 형식이다. 우리는 이를 기반 역사(primordial history)라 부를 수 있다.

응집된 사회 집단 내에서 '역사'를 강조하는 효능은 현재 학자들이 국민국가(nation-state)와 민족주의(nationalism)를 연구할 경우에도 나타난다. 학자들은 많은 근대국가의 건립에 국사(national history) 연구와 서술이 수반된다고 지적하고 있다. 이런 역사 연구와 서술은 보통 강렬한 역사 상상, 역사 구성 및 논쟁을 포함한다. 국사는 '과거'의 구성을 통해 민족이 응당 가져야 할 공간자원의 경계를 강조한다. 아울러 혈연을 기준으로 이 자원을 나누어 누릴 수 있는 사람들을 한정하고 구분한다. 국사 중에서 중요한 요소 역시 혈연, 공간 및 양자의 시간상의 연속과 변천이다. 이러한 국사 역시 일종의 '기반 역사'이다.

본문 중에서 필자는 세 가지 점에 중점을 두었다. 첫째, 일종의 '기반 역사'로 만들어진 중국의 역사가 완전히 서양 민족주의의 영향을 받아 나타난 '근현대(modern)'의 현상, 즉 일종의 근현대적 역사 상상과 구조가 아니라 본래의 역사문화적 근원이 있다는 점이다. 이 역사문화의 근원은 '역사'를 구성하는 역사심성(historical mentality)과 장르 및 도식화된 서사 틀에 포함되어 있다. 둘째, '영웅조상 역사심성'의 영향하에서 고대 중국의 지식인들은 일찍이 일종의 '영웅사변기(英雄徙邊記)'적 서사(hero-went-to-frontier narratives)를 통해 '중화민족'의 공간과 혈연의 경계를 묘사해왔다는 점이다. 근대 중국의 지식인들은 국사를 구성하면서 마찬가지의 역사심성과 장르 개념의 영향을 받아, 새로운 역사를 서사하는 장르에서 이러한 역사서사 도식을 이어받아 중화민족의 혈연과 공간 경계를 확립했다. 셋째, 이 연구를 통해 근현대 역사학자들이 '중화민족의 강역'에 관한 논쟁에서 주장하고 쟁론 중인 '역사 사실(事實)' ― 예를 들면 고조선, 고구려와 기자, 단군의 역사 ― 은 전통적인 역사심성과 각종 장르 및 근대 '사회과학'에서 연속되고 새로이 만들어진 역사 상상에 지나지 않는다는 점을 밝히기를 기대한다.

이번 토론회에서 필자는 '변경(periphery)'과 '경계(boundary, border)' 현상 중에 반영적(reflective) 지식과 반성적(reflexive) 지식을 낳은 바를 탐구하여 우리들에게 익숙한 지식 체계와 사회 및 그 형성 과정에 대해 새로운 이해를 할 수 있기를 강조하고자 한다. 이와 같이 탄생된 '반성적 지식(reflexive knowledge)'만이 전범주 지식(normative knowledge)과 해체적 지식(deconstructive knowledge)이 만들어온 각 집단의 정체성 체계 사이의 대립과 충돌을 보완하고 조정할 수 있다.[1] 따라서 이하 먼저 중국 변경의 개별 역사(other history)를 단서로 시작해 우리가 익숙한 중국사를 반성하려 한다.

2. 역사심성 – 형제조상과 영웅조상

최근 10년간 나는 여름방학을 이용해 중국 쓰촨성(四川省) 서부 민장(岷江) 상루의 아패장족강족자치주(阿壩藏族羌族自治州)에서 강족(羌族)의 역사와 관련된 인류학 현지 연구를 진행했다. 연구 주제 중 하나는 역사 기억(historical memory)과 종족적 정체성(ethnic identity)의 관계였다. 현재 '강족'은 대부분 높은 산의 골짜기에 거주하고 있다. 1950년대 이전 그들은 스스로를 '얼마(爾瑪; 각 지역의 발음은 차이가 있다)' 혹은 '한런(漢人)'이라 불렀다. 소지역마다 혹은 스스로 '얼마'라고 부르는 산채(山寨)의 주민들은 모두 자신의 집단이 '야만인(蠻子)'과 '한인(漢人)'의 포위망 안에 있다고 생각한

---

[1] 반성적 지식(reflexive knowledge)과 해체적 지식(deconstructive knowledge)에 대해서는 Kamala Visweswaran이 말한 reflexive ethnology와 deconstructive ethnology의 구분에서 따왔다. 나는 반성과 해체의 다른 점이 전자의 지성 활동 중에서 관찰되고 묘사되는 주체성을 완전히 보전된 이후에 후자가 관찰되고 묘사되는 대상의 주체성을 완전히 파괴되는 데 있다는 견해에 동의한다. Kamala Visweswaran, *Fictions of feminist ethnography*(University of Minnesota Press, 1994) 참조.

다. 이 같은 자연환경과 정체성의 체계 속에서 산채 촌락에서는 '형제조상의 이야기'가 전해지고 있다.

  이 이야기는 구조화된 서사이다. 예를 들면 산의 골짜기에 3개의 산채가 있었는데, 산채의 촌민들은 세 산채 주민들의 기원에 대해 말할 때마다 항상 "예전에 3형제가 여기에 왔지요. 그들은 성장하여 세 산채 촌민들의 조상이 되었는데……"라고 말한다. 다음은 쑹판(松潘)의 아이시(埃期) 구(溝)에 살던 한 강족 노인의 구술 역사 기억을 채록한 것이다.

    아주 옛날 사람이 없던 때에 3형제가 왔는데, 큰형은 절름발이였다. 둘째 형이 이곳에 왔고, 막내는 일대(一隊)로 갔다. 큰형이 말하길 "나는 여기 머물겠다. 여기는 태양이 잘 들기 때문이다." 그래서 삼대(三隊)는 일찍부터 태양이 든다. 막내가 혼자 될까 봐 두려워하자 둘째가 "네가 죽으면 나의 이대(二隊)로 와 묻힐 수 있다"고 말했다. 그래서 일대의 사람들은 사망하면 여기로 와서 묻혔다.

  산골에는 위에서 일대, 이대, 삼대라 부른 3개의 산채가 있었다. 큰형의 후예인 삼대는 태양이 잘 드는 산 앞면에 있고, 막내의 후예인 일대와 둘째의 후예인 이대 산채는 모두 산 뒤쪽에 있는데, 서로 간의 거리가 1킬로미터 정도 된다. 한 구(溝) 내의 몇 개의 채 주민들은 이 '형제조상 고사' 기억으로 집단을 응집하고 구분할 뿐 아니라, 채 내의 가족과 같이 더 작은 집단 및 몇 개 구의 집단처럼 보다 큰 단위의 집단 역시 이 '과거'를 근거로 응집하고 구분한다. 예를 들어 앞의 아이시 구 중에도 7형제 조상, 9형제 조상과 같은 이야기가 전해지는데, 이는 다양한 집단 간의 혈연적·공간적 관계를 설명해준다.[2]

이 '형제조상 고사'에 나타난 혈연, 공간 및 양자간의 연속에서 필자는 '형제조상 고사'가 일종의 '역사'이자 '과거'로 집단을 응집시키는 '기반 역사'라고 믿는다. 간단히 말해 '형제조상 고사'는 평등하고 자주적인(egalitarian) 사회 내의 '역사'로 유전된 것이다. 이런 사회에서 역사 기억은 소규모 범주의 내부적으로 비교적 평등한 집단 간의 정체성과 구분을 강화시킨다. 정복자와 피정복자의 후예라는 구분도 없고, 먼저 온 자와 뒤늦게 온 자의 구분도 없으며, 혈통상의 적서(嫡庶)의 구분도 없고, 공간상의 핵심과 주변의 구분도 없다. 이런 '역사'는 그 지역 특유의 인류 생태와 사회 환경하에서 만들어졌기 때문에 각 종족군 사이의 협력과 구분 및 대립의 관계라는 인류 생태와 사회 환경과 연관이 있다. 이런 관계는 고사에 보이는 '형제'가 나타내는 세 가지 은유를 포함하고 있다. 즉 '형제'는 기원이 같아 협력적이고, '형제'는 구분되는 대등한 개체이고, '형제'는 또 피차간에 경쟁 대립한다. 한 산골짜기에는 몇 개인가의 촌채(村寨) 주민들이 구 내의 자원을 공동으로 보호하고 나누고 경쟁한다. 변방의 약소자였던 여성을 제외하면(이런 역사 중에 자매는 찾아볼 수 없다) 기본상으로 평등한 사회이다.[3] 이런 사회적 환경과 상관된 문화의 영향 아래에서 사람들은 끊임없이 유사한 구조의 '형제조상

---

(2) 王明珂,《羌在漢藏之間: 一個華夏邊緣的歷史人類學研究》(臺北, 聯經出版公司, 2003), 222~227쪽.
(3) 위의 책, 245~246쪽.

고사'를 창작하여 다른 집단의 조상 기원과 구분을 해석해왔다. 따라서 우리는 이런 도식화된 '역사'를 '역사심성'의 산물이라고 인정할 수 있다. 이런 역사심성의 영향으로 사람들은 부단히 도식화된 '형제조상 고사'를 만들어내 현실의 정황과 변천에 대응해왔다.

'형제조상 고사'에 상대적인 것이 바로 우리가 잘 알고 또 신뢰하는 '영웅조상 역사'이다. 황제(黃帝), 단군, 기자, 칭기즈 칸, 아브라함은 모두 각 민족이 기억하는 영웅조상이다. 그들을 시조로 하는 역사를 우리는 이른바 '역사 사실'로서 믿거나 혹은 논쟁을 벌이고 있다. 그러나 만일 우리들이 '형제조상 고사'와 '영웅조상 역사'의 서사에 주의를 기울인다면 그것들이 모두 혈연, 공간 및 양자간의 연속과 변천이라는 유사한 내부적 요소를 가졌다는 것을 발견할 수 있을 것이다. 또한 민장 상류 산채 주민들이 유사한 '형제조상 고사'를 끊임없이 만들어왔듯이, 구조가 유사한 '영웅조상 역사' 역시 우리들이 익숙한 사회 문화 내에서 부단히 만들어온 것이다. 따라서 우리는 '영웅조상 역사' 역시 특수한 역사심성의 영향으로 만들어진 산물이라는 것을 알 수 있고, 우리는 이를 '영웅조상 역사심성'이라 부를 수 있다. 이 역사심성에 근거해 만들어진 역사 서사는 항상 한 사람의 '영웅 성왕(聖王)'을 그 기원으로 하며, 타지로 옮기거나 사방을 정복한 경력(공간적인 전이 轉移와 정복)을 묘사하고, 그 혈통의 직계와 방계를 기술한다. 이처럼 역사 기억은 지금 사람들 사이에서 영웅의 후예인 정복자와 피정복자 무리 간의 구분, 영웅의 후예인 토착인과 비영웅의 혈통을 지닌 외래인의 구분 및 영웅 후예 사이의 직계와 방계의 구분, 공간적으로 영웅의 원 고향 주민과 이주한 새 지역민들 간의 구분을 만들어낸다.

분명 과거에 무슨 일이 있었던 간에 과거에 대한 사람들의 기억은 형태를 갖는다. '영웅조상'과 '형제조상' 두 종류의 역사심성은 바로 항상 발견되는 두 종류의 역사 기억과 서사의 형태이다. 서사에 나타난 혈통 기원의 상징, 한 사람의 영웅조상 혹은 몇 사람의 형제조상 및 서사에 나타난 혈연적·공간적 유대의 지속과 변화는 생태관계와 사회관계에 대응하는 두 역사심성의 차이를 보여준다. '형제조상 고사' 속에 나오는 '형제'의 은유는 이런 역사심성의 영향으로 사람들이 대등한 각 집단 사이의 협력, 분배와 경쟁을 통해 내향적(inward)으로 생존자원의 문제를 해결하려는 경향이 있었음을 보여준다. 반면 '영웅조상 역사' 속에 등장하는 영웅은 일종의 외향적(outward)·위계적(hierarchical) 은유이다. 이는 자원의 부족을 영웅의 대외적인 정복으로 해결하고, 정복자와 피정복자의 구분 및 '영웅' 혈통의 직계와 방계의 구분에 따라 차등적으로 자원을 분배했음을 보여준다.[4]

3. 중국 고대의 영웅조상 심성과 확산 과정

중국 상주(商周)시대의 갑골문(甲骨文)과 금문(金文)을 통해 '영웅조상 역사심성'이 이미 상주시대의 사회 상층에 출현했음을 알 수 있다. 그러나 이것만이 유일한 역사심성은 아니었다. 춘추전국시대

---

(4) 王明珂, 〈歷史事實, 歷史記憶與歷史心性〉 《歷史研究》 5(2001), 136~147쪽 및 王明珂, 《羌在漢藏之間》, 245~47쪽.

에 화하(華夏)의 정체성은 여러 국가의 상층 귀족 사이에서 출현했
다. 이와 동시에 '역사'를 만들어 영웅조상을 보유한 집단을 응집시
키는 작업이 진행되었다. 전국시대 말, 한 초(漢初)에 이르러 '황제
(黃帝)'가 점차 화하 국가 사이의 영웅조상의 공동 선조로 만들어졌
다. 이때가 되면 일부 문헌의 작자는 '염제(炎帝)와 황제는 형제다'
라고 하고 있는데, 이런 '역사'는 염제와 황제를 조상으로 받드는
각 화하의 귀족 집단을 응집시키고 구분했다. 여기서 우리는 당시
일부 화하족에 '형제조상 역사심성'[5]이 존재했음을 알 수 있다. 여
하간 '황제'가 문명의 창조자이고 정복자이자, 화하의 공동 조상이
라는 '영웅조상 역사'가 전국시대 말기에 이르러 널리 받아들여졌
다. 이런 역사의 기억에서 황제의 업적은 영웅으로서의 정벌에 있
었다. 염제와 치우(蚩尤)의 부족은 합병되거나 쫓겨나 흩어져버린
부족이었다.[6]

전한시대에 사마천(司馬遷)의 《사기(史記)》에 황제와 관련된 기
사가 보이는데, 이는 전국시대 이후 화하의 지식 정화가 주류적 논
술이 되었음을 반영하는 것이다. 《사기》에는 황제가 소전(小典)의
자식으로 신농씨(神農氏)의 후예라고 되어 있다. 그는 염제를 물리
치고 치우를 사로잡아 죽임으로써 천하를 얻었다. 이 문헌에는 또한
황제가 천하를 얻은 후 사방을 정복하고 순수(巡狩)했다고 한다. 그
의 정벌로는 동쪽으로 바닷가에, 서쪽으로 공동(空桐)에 이르렀고,
남쪽으로는 양쯔 강에, 북쪽으로는 훈죽(葷粥)에 이르렀다. 사마천

---

(5) 王明珂, 〈起源的魔力及相關探討〉《語言暨言語學》 2.1(2001), 261~267쪽.
(6) 王明珂, 〈論攀附: 近代炎黃子孫國族建構的古代基礎〉《歷史語言研究所集刊》 73. 3, 583~624쪽.

은 분명히 '영웅성왕'을 시조로 하는 역사심성을 계승하고 발양했다. 이 때문에 사마천은 난세를 종결시킨 정복자 황제를 역사의 시작으로 여겼고, 영웅의 정복을 영웅조상이 거쳐한 영토 공간으로 여겼으며, 영웅의 후예를 정체성을 지닌 하나의 집단, 즉 화하로 응집시켰다. 《사기》에서는 하·상·주의 역사가 황제의 후예인 영웅조상에서 비롯되었을 뿐 아니라 춘추전국시대의 각 왕족에 '변경'에 속하던 오(吳)·월(越) 초(楚)·진(秦)·위(魏) 등의 나라를 포함시켜 그들의 조상 역시 황제의 후예인 '영웅 성왕'이라고 주장했다.[7] 《사기》는 '영웅조상 역사심성'을 계승하고 발양했을 뿐 아니라 더욱 중요한 점은 그 편장(篇章)과 서사 구조가 후대 역사 서사자에 의해 모방, 복제되어 하나의 장르[8], 즉 소위 '정사(正史)'가 되었다는 것이다.

정사 장르의 영향으로 새로 편찬되는 정사는 끊임없이 복제되었고, '영웅조상 역사심성' 역시 이에 의해 계승되고 전파되었다. 정사 장르 중의 일부 주제는 여타 규범화된 서사를 부연하여 '지방지(方志)'와 '족보'라는 새로운 장르로 만들어졌다. 이 두 장르와 정사 장르의 관계는 중국 변경이 공간적·혈연적으로 중심을 향해 모방한 것을 상징한다. 따라서 지방지와 족보가 보편적으로 출현함에 따라 '영웅조상 역사심성' 역시 사회적·정치적 변경으로 전파되었다.

---

(7) 위와 같음.
(8) 여기서 '장르'에 대해 간단한 정의를 하겠다. 장르란 답습되어 만들어진 수많은 문건의 규범화된 서사, 편집 및 읽기 형식이다. 예를 들어 중국의 '정사'에는 규범적인 서사체제와 용어가 있고, 모범화된 편집 출판의 과정이 있으며, 규범화된 독자층이 있다. 어떤 작가가 '정사'를 쓸 때 어떻게 이 '장르'의 서사를 따라야 할지를 알고, 이로 인해 독자들은 이 문건을 읽을 때 이 책이 '야사'나 '신화 전설'보다 과거에 대해 신뢰할 수 있는 기록인 '정사'라는 것을 알게 된다.

한진(漢晉)시대의 파촉인(巴蜀人)을 예로 들어보자. 진대에 촉 출신인 상거(常璩)는 《화양국지(華陽國志)》에서 파촉의 고대 군왕의 조상에 대해 두 종류의 '역사'가 전한다고 말했다. 하나는 황제가 자식인 창의(昌意)를 촉산씨(蜀山氏)의 딸과 결혼시켜 제곡(帝嚳)을 낳았는데, 제곡이 제위를 계승한 뒤에 자신의 '서자'를 분봉해 촉의 땅으로 보내 왕노릇을 하게 했다고 한다.[9] 이처럼 촉의 옛 제왕은 황제의 자손이지만, '서출(庶出)'의 자손이었다는 것이다. 사실 이런 이야기는 이미 《사기》에 나타나 있다. 상거가 《낙서(洛書)》를 인용해 말한 다른 하나의 '역사'에 의하면 '인황(人皇)'은 모두 9형제가 있었다. '인황'은 자신이 '중주(中州)'에 거처하면서 다른 형제들을 분봉해준 8개 주변 지역을 관장했는데, '화양', 즉 파촉은 바로 이 주변 지역 중 하나였다.[10] 이 '형제조상 고사'에 나타난 '파촉'의 혈연과 공간은 여전히 화하의 변경이었다. 여하간 당시 사람들의 심중에는 《낙서》가 일부 오래된 전설의 집합을 대표했다. 《낙서》를 빌려 이야기한 것을 보면 상거도 이런 '역사'를 확신하지 못했음을 알 수 있다. 상거가 확신했던 역사는 《사기》에 보이는 파촉인을 황제의 후예와 관련시킨 기록이었다. 주의할 점은 상거가 언급한 파촉을 통치하던 집안과 연관된 두 기원이 바로 우리가 앞에서 살펴본 두 종류의 역사심성의 산물이라는 점이다. 하나는 '형제조

---

(9) 《史記》 13/1 三代世表, 《譜記》에서 인용.
(10) 공간 개념과 민족의 정체성에 대해서 근년 역사학과 인류학 모두에서 많이 논의되었고, 이와 관련된 저작으로 Thongchai Winichakul, *Siam Mapped, A History of the Geo-Body of a Nation*(Honolulu, University of Hawaii Press, 1994)가 있다. 위에서 말한 고대 파촉인의 사례는 정체성과 공간 구조, 공간 상상의 관계가 인류 사회군의 보편적 특질이며, 근대의 민족주의에만 존재하는 것이 아니라는 점을 명확히 보여준다.

상 역사심성'에서 나왔고 다른 하나는 '영웅조상 역사심성'에서 나왔다. 그러나 《화양국지》에는 분명 작자가 믿는 역사란 '촉인이 황제의 후예'라는 역사이고, '인황의 9형제 고사'는 이미 신화나 전설로 치부되었다.

4. '영웅사변기'에서 상상된 고대 화하의 공간과 혈연

앞에서 언급했던 《사기》에는 황제의 사방 정벌 혹은 순수를 묘사하며 화하의 강역, 즉 공간 범위를 암시적으로 드러내고 있다. 또한 한진시대에 촉인들이 어떻게 황제의 후예인 영웅조상 역사 기억을 형성하게 되었고, 또 그 땅을 화하의 영역으로 만들였는가에 대해서도 언급했다. 춘추전국시대에서 진한(기원전 770년경~기원 200)은 화하의 정체성이 형성되고 확장되는 시기였다. 이 정체성과 확장은 화하가 '우리 민족의 변경'이라는 표현를 근거로 달성되었다. 그런데 화하가 '우리 민족의 변경'이라고 한 표현, 구조, 탐색은 항상 필자가 영웅사변기라 부르는 일종의 영웅조상 역사 상상을 투과한다. 이런 역사 서사의 주요 줄거리는 다음과 같다. 화하 영웅이나 비화하 영웅은 우여곡절 끝에 멀고 황량한 야만족의 땅으로 가서 그곳의 왕이 되고, 아울러 그 지역에 문명을 전하여 발전시켰다. 이런 역사 서사 및 그 중에 드러나는 은유와 줄거리를 통해 고대 화하족은 다양한 성격의 변경을 묘사했다. 이런 종류의 서사 역시 다양한 성격의 화하 변경을 만들었다. 이하 한진시대 중국의 동북, 동남, 서남, 서북 등 네 방면의 변방을 예로 들어보자.

동북 변방 한대 중국인들은 한반도 북부와 요동 지역의 부족을 예의바른 나라로 생각했다. 중국인은 그 이유를 중국을 떠난 영웅 조상인 기자의 공으로 돌렸다. 《한서(漢書)》에 따르면 기자는 은(殷)나라의 왕자로서 은나라의 왕이 정치를 어지럽혀 나라가 쇠퇴하기 시작하자 기자가 모국을 떠나 멀리 조선으로 떠나갔다. 그곳에서 기자는 토착민에게 농경, 양잠, 예의를 가르쳤고, 8조로 된 간단한 금령을 백성들에게 약속했다. 따라서 지금(한대)에 이르기까지 그곳에는 도적이 없고 부녀자도 모두 정절을 지켜 음란하지 않다고 한다.[11]

동남 변방 《사기》는 춘추전국시대 각국의 시조 전설에 대해 기록했는데, 당시 화하의 동남 변경에 위치하고 있던 오(吳)나라의 시조에 대해서 다음과 같이 기록했다. 오태백(吳太伯)은 주(周)나라 태왕(太王)의 큰아들이었는데, 동생인 계력(季歷)이 어질고 똑똑한데다 뛰어난 아들인 희창(姬昌)을 두었다. 주나라의 태왕은 왕위를 계력에게 계승하게 하여 희창에게 잇게 하고 싶었다. 그러자 태백은 다른 동생인 중옹(仲雍)과 함께 곧바로 나라를 멀리 떠나 강남의 형만(荊蠻)지방으로 도망갔다. 그 지방의 오랑캐들은 그의 의로운 행동에 감복해 모두 그에게 귀부했고, 태백은 그곳에 나라를 세우고 이름을 오라고 했다. 태백 역시 형만의 땅에 문명을 전해주었다.[12]

서남 변방 한대의 서남이(西南夷)란 윈구이 고원(雲貴高原; 윈난과 구이저우의 고원지대)의 여러 산간 지역의 부락민을 말한다. 《사

---

(11) 《漢書》28b/8b 地理志.
(12) 《史記》31/1 吳太伯世家.

기》와 《한서》를 보면, 츠(楚)나라 위왕(威王)의 재위 기간(기원전 339~329) 동안 초의 장군 장교(莊蹻)가 군주의 명을 받들어 남방을 정벌했다. 그가 승리를 거두며 덴츠(滇池)에 도착했을 때, 진(秦)나라가 모극인 초를 공격하여 퇴로가 차단되었다. 장교는 그곳에 머물며 전국(滇國)을 세운 뒤 왕이 되었다. 장교와 부하들은 옷차림을 바꾸고 토착의 풍속에 따라 그곳의 인민을 다스렸다.[13] 《후한서(後漢書)》에는 초나라 경양왕(頃襄王) 때(기원전 298~263) 초의 장군 장호(莊豪)가 야랑(夜郞)을 정벌한 후 전지의 왕이 되었고, 그의 후손이 대대로 전왕(滇王)이 되었다고 한다.[14]

서북 변방 한진시대 칭짱 고원(靑藏高原: 간쑤와 티베트의 고원지대) 동쪽에는 상호 통속관계가 없고 종족관계도 복잡한 수많은 부락민이 존재했는데, 중국인들은 이들 이민족을 '강(羌)'이라 범칭했다. 《후한서》에는 이들 중 일부 종족의 기원에 관한 기사가 기록되어 있다. 이 기사에 따르면 서강(西羌)의 선조는 중국 고대의 사흉(四凶) 중 하나였던 '삼묘(三苗)'인데, 그들은 강성(姜姓) 부족의 한 분파였다. 중국의 영웅 성왕인 순(舜) 임금이 '삼묘'를 물리친 후 황하 상류지방으로 추방했다.[15] 이것이 강족(羌族)의 시조 설화이다. 《후한서》의 다른 곳에는 강족의 추장 가문의 시조와 연관된 기사가 실려 있다. 그에 따르면 강족의 조상인 '무익원검(武弋爰劍)'은 본래 융족(戎族)으로서 진(秦)나라의 노예였다. 어느 날 기회를 틈타 도망을 갔는데, 신통한 기적을 발휘해 진나라 병사의 추적을 따돌리

---

(13) 《史記》 116/56 西南夷列傳.
(14) 《後漢書》 86/76 南蠻西南夷列傳.
(15) 《後漢書》 87/77 西羌傳.

고 황허(黃河) 상류와 황수(湟水) 사이의 지역에 이르렀다. 그곳의 강족들이 그를 신으로 여겨 왕으로 받들었다. 원검은 강족들에게 농경과 목축을 가르쳐주었고, 그의 후손이 여러 강족 부락의 추장이 되었다.

한대 이후의 중국 역사가들은 이상의 기사를 모두 역사의 사실로 믿었다. 그러나 앞서 살펴본 '영웅사변기'의 글에는 중국 역사학자들이 소홀히 넘긴 '이례(anomalies)'와 '불일치(discrepancies)'가 존재한다. 먼저 오태백, 기자, 무익원검 모두 덕행이나 신기한 행적으로 토착민을 설복시켜 그곳의 왕이 되었다. 그들이 어떤 언어로 토착민과 의사를 소통했는지, 토착민들이 이런 덕행과 신기한 행적으로 어떻게 감동받을 수 있었는지 이 모두는 내용상의 불합리한 이례이다. 또한 기자가 조선으로 떠나간 것은 그리 멀리 않고 장교가 출정하여 뎬츠에 이른 것은 믿을 수 있다고 해도 오태백이 산시(陝西) 지방에서 도망을 가 장쑤(江蘇)의 남방에 이르렀다거나, '삼묘'와 무익원검이 화난(華南), 화베이(華北)에서 도망을 가 황허 상류에 이르렀다는 것은 어떻게 장거리 이동이 가능했는지 밝혀져 있지 않아 모두 내용상 이해되지 않는 점이다. 장교의 사례에 따르면 장교가 귀환로를 차단당한 사실이 보이는데, 진의 소양왕(昭襄王)이 초나라를 정벌한 것은 기원전 277년의 일이다. 이때와 초나라 위왕의 시대는 적어도 52년의 차이가 난다. 뒤늦게 편찬된 《후한서》에 영웅사변기적인 사건을 초나라 경양왕 때로 수정한 것은 이를 합리화시키기 위한 것으로, 이 역사의 허구성을 보다 명백히 보여준다.[16] 오태백의 사례를 전하면서 《사기》는 오태백의 후예의 세계(世系)를 기록했다. 이 세계를 보면 두 종류의 서로 다른 왕들의 명명(命名) 형식에 따라 계보가 구성되었다. 최초의 4대 인명 중에는 백(伯), 중(仲), 숙(叔), 계(季) 등의 칭호가 보이는데, 이는 주족(周族)의 명명 습속이었다. 이후 수몽(壽夢)에 이르기까지 15대 동안 왕들의 이름은 모두 주족의 명명 습속과 무관했다. 이는 분명 주족의 계보 기억을 그곳의 통치 가문의 원래 계보 앞에 배치한 결과이다. 고고학 발굴 역시 서주(西周)시대에 바오지(寶鷄) 일대에 강성(姜姓)을 칭하는 대국, 즉 오(吳)가 있었음이 증명된다. 태백이 도망간 오도 마땅히 이 오일 것이다.[17]

다음으로 이들 고사의 줄거리에는 내용상 일치되는 구조가 보인다. 즉 영웅이 여러 이유로 인해 먼 변방의 이민족 나라로 흘러들게 되고, 연후에 그들은 그곳의 토착민의 통치자 및 문명을 가르쳐주는 인물이 된다는 구조이다. 이런 '역사'에서 인간의 역사는 모두 영웅을 그 시조로 하고, 이 영웅은 또 실패자이기도 하다. 망국의 은나라 왕자, 초국의 장군, 왕위를 계승하지 못한 주나라 왕자, 중국의 영웅 성왕인 순 임금에게 내쫓긴 악한, 진나라 사람들로부터 도망친 노예 등등. 이들 '실패한 영웅'이 정착한 공간은 모두 원래 야만적이고, 낙후되고, 문명이 없던 이민족이 거주하던 변방의 공간이었다. 여하튼 이들 '실패한 영웅'들은 장교를 제외하고는 모두 토착민들에게 문명을 전해주었다. 그리고 '삼묘'의 후예인 강족을 제외하면 이들

---

(16) 《史記》와 《漢書》 중 莊蹻가 滇國에서 왕이 되었다는 기록에 대해서는 연대상 많은 모순점이 있는 점을 종래 《史記》와 《漢書》를 연구하는 학자들이 일찍이 지적한 바 있다. 王先謙, 《後漢書集解》 86/76에서 鄭樵의 《通志》를 인용한 부분을 보라.
(17) 王明珂, 《華夏邊緣: 歷史記憶與族群認同》(臺北, 允晨文化出版公司, 1997), 266~69쪽.

영웅조상의 후예들은 모두 토착민의 영토를 다스리는 왕족의 성원이 되었다. 이런 서사의 구조성으로 보아 이들 서사가 창작된 하나의 문화 모델임을 설명해주고 있다. 이런 구조의 서사에서 강조하고 있는 것은 혈연, 공간 및 양자간의 연속이다. 그리고 앞서 이름붙인 '기반 역사'이기도 하다.

 마지막으로 이들 서사의 구조와 상징은 모두 그에 대응하는 '맥락'이 있다. 서사적 상징으로 볼 때 동북방의 조선으로 떠나가고, 동남방의 오나라로 간 영웅조상은 은과 주의 왕자이고, 전국으로 간 인물은 초나라의 장군이다. 한대 중국인의 심중에 그들은 모두 화하의 핵심(상과 주) 혹은 변강(초)의 영웅조상 출신이다. 그러나 서북방의 강족 지역으로 간 융족은 도망친 노예이며, 흉악하고 잔인한 이질적 존재(삼묘)이다. 이들 서사상의 상징 및 그 사이에 드러난 차이를 보면 당시 중국인들이 이들 지역의 집단과 사회에 대해 이질성(the sense of otherness)을 느끼는 주관적인 관점을 갖고 있었음을 알 수 있다. 간단히 말해 한대 중국인들은 사방을 모두 변방의 이역이자 자신과는 다르다(others)고 생각했다. 그러나 그들의 이질성에는 차별이 있었다. 조선, 오나라, 전국처럼 정착 농경을 하며 위계적인 사회를 구성한 집단은 비교적 문명화된 집단이다. 따라서 화하는 그들을 화하 '귀족' 조상의 후예라는 것을 인정했다. 반면 서강처럼 유목이나 반농반목하며 부락이 분산되어 집권화 및 위계화된 정치조직이 결여된 집단을 한대 중국인들은 특히 야만적이라고 여겼다. 따라서 중국인들은 그들을 융인 출신의 도망친 노예 혹은 흉악하고 잔인한 이질적 존재의 후손으로 보았다.

 이들 서사에 반영된 또 다른 맥락으로 한대 중국 지식인들의 '화하 중심주의'와 '중국'이라는 관념을 들 수 있다. 이런 관념하에서 중국의 지식인들은 '화하'를 사방의 야만족에게 둘러싸인 문명의 핵심으로 보았다. 만약 한 방면의 사회 집단이 낙후하거나 야만스럽지 않았다면 중국인은 곧바로 그들을 화하 조상의 후예로 인정할 수 있었을 것이다. 예를 들어 춘추시대 말기 '태백이 오나라로 달아난' 고사가 출현한 것은 당시 양쯔 강 하류에서 새로이 발흥한 구오(句吳)가 화하를 도와 강대한 츠나라와 대항했기 때문일 것이다. 따라서 구오의 왕실은 화하를 자칭했고, 중원의 화하 역시 구오의 왕실이 화하의 자손이라고 믿었다. '중국을 떠난 실패한 영웅'은 능히 토착민의 왕이 될 수 있고, 아울러 그들에게 문명을 전해줄 수 있었다. 이러한 서사를 통해 중국 지식인들은 자신들의 문화와 문명의 핵심적 지위를 강조함과 동시에 사방에 공간, 혈연 및 문명상의 변방으로서의 지위를 강조했다. 우리는 이를 인류학자 오베이에스케르(Gananath Obeyesekere)의 용어를 빌려 '신화 모델'로 이름 붙일 수 있다.[18] 문명 세계에서 온 인물이 먼 변방의 토착민들의 신이나

---

(18) 인류학자 Gananath Obeyesekere와 Marshall Sahlins는 역사와 문화 구조에 관한 논의 과정에서 Obeyesekere는 신화 모델(myth model)을 서양 문화의 우월감에서 만들어진 일종의 도식화된 서사로 보았다. 즉 멀리 떨어진 낙후된 지역의 서양인을 토착민들이 존숭하여 받들어 神이나 왕으로 여기는 서술로 보았다. 이를 근거로 그는 Captain Cook이 하와이 토착민들에게 신으로 받들어질 수 있었고, 문화적 편견을 갖고 있던 선원, 여행자, 인류학자들은 이 '신화 모델'의 영향을 받은 상상을 갖고 있었다고 해석했다. 이로 보면 '영웅-사변기'는 당연 중국인들이 독특하게 가지고 있던 문화 심성이 아니라 보편성을 갖고 있는 것이다. Gananath Obeyesekere, *The Apotheosis of Captain Cook: European Mythmaking in the Pacific*(Princeton, Princeton University Press, 1992), 8~11; Marshall Sahlins, *Historical Metaphors and Mythical Realities*(Ann Arbor, The University of Michigan Press, 1981); How *"Native" Think: About Captain Cook, for Example*(Chicago: The University of Chicago Press, 1995)를 보라.

왕이 되는 모델이다. '신화 모델'은 끊임없이 새로운 '신화' 혹은 '역사'를 만들어냈다.

5. 한대 이후의 '신화', '역사'의 역사

이하에서 설명하려는 것은 '신화'와 '역사'가 보편적인 역사 기억과 문화 구조가 될 때 그것은 확실히 역사의 진전에 영향을 준다는 것이다. 이는 또한 앞서 설명한 문건과 '맥락' 사이의 복잡한 관계와도 상관이 있다. 문건은 맥락하에서 만들어지지만, 맥락 역시 문건에 따라 강화되거나 변화한다. 한대 혹은 더 이른 시기의 중국 역사 서사자는 이들 변방의 집단과 공간을 묘사할 때, 앞서 말한 일종의 역사심성의 영향을 받아 '타자(他者)'의 역사'를 구성하면서 변방의 사람들과 영역에 대한 상상과 기대를 표현했다. 그러나 이런 서사가 서사자, 피서사자, 혹은 쌍방의 역사 기억으로 만들어질 때 항상 중국과 사방의 변방인들의 상호작용에 영향을 끼치고, 또한 어느 정도의 역사 사실로 만들어진다.

앞에서 설명한 '영웅사변기'의 서사 중에 칭짱 고원 동쪽과 동북 변방의 부락민들을 중국인은 심중에 '삼묘', '강성', '융족 출신의 무익원검'의 후손으로 보았다. 이런 기억은 변방인에 대한 폐쇄적인 화하의 정체성을 낳았고, 한대 이후 이 일대의 무리들을 '화하'의 영역 밖의 존재로 배제했다. 가령 한말과 위진시대에 산시로 이주한 강족의 추장 가문들은 중국의 역사 기억을 접한 뒤에 스스로 '삼묘' 혹은 '무익원검'의 후손임을 자칭하지 않았고, 모두 자신들이 황제의 후손임을 칭했다. 당대 이후 두 가지 역사적 변화가 서북방 및 서방에 대한 중국인의 관점에 영향을 주었다. 하나는 7세기에 토번(吐蕃)이 흥기하여 동쪽으로 세력을 펼쳐 수많은 중국인들은 '강족'의 부락이 토번의 세력 범위 내에 포함된 것으로 보았다. 토번이 붕괴된 후 티베트 불교 문화가 칭짱 고원의 동쪽 일대의 부락민에게 지속적으로 영향을 주었으므로 중국인들은 그들을 모두 '번(番)'이라고 부르게 되었다. 중국인들의 심중에 '번'은 '강'에 비해 더 야만적인 이질적 종족이었다. 다음으로 북조시대의 호족과 한족의 교류를 거쳐 당대에는 수많은 북방 호족(豪族)들이 중국으로 진입하여 조정의 관리가 되었다. 그들 중 일부는 심지어 재상이 되기도 했다. 이때가 되자 많은 당대의 재상과 북방의 호족들은 '옌제'의 후손이라고 자칭했다. 이것이 당시 중국인들이 스스로를 '염황(炎黃)의 자손'이라고 부르게 된 이유 중 하나였다. 염제가 '강성(姜姓)'의 조상으로 인정되었기 때문에 문헌의 기록에는 '강성으로 구분되는' 강족이 되었고, 상대적으로 토번화한 '번'과 대비되어 일컬어짐으로써 중국의 역사 기억에서의 이질성은 비교적 약화되었다.

'태백이 오나라로 달아난' 영웅조상 기억과 관련하여 중국 동남 변방에서는 변방에 대한 개방적인 화하 정체성이 만들어졌다. 그곳의 왕족이 이 '영웅조상'을 원해서 받아들이기만 하면 그들은 황제의 자손이 될 수 있었고, 그 자손들도 화하의 영역에 거주하는 백성이 될 수 있었다. 확실히 '태백이 오나라로 달아난' 고사는 춘추시대에 이미 오나라 왕실의 기억의 일부가 되었다. 이 역사 기억은 후대 《사기》에서 확인되며, 《사기》와 같은 정사의 장르에 힘입어 지식 정치 권력의 지지를 획득했다. 가령 한말 삼국이 분립했을 때 손권

(孫權)이 독립 왕국인 동오(東吳)를 건립하자 중국의 역사가들은 그 시기의 역사를 정사인 《삼국지(三國志)》에 편입시켰다. 《삼국지》의 편찬과 서사는 동오를 중국의 일부로서 역사 상상을 더욱 강화시켰다.

강남인들이 본토와의 동일시에 대해 이야기하게 되자 한대 이후 '태백이 오나라로 달아난' 기억은 끊임없이 강남지방의 문헌과 '지방지'에 나타나게 되었다. '지방지' 역시 장르의 일종이고, 통상적으로 한 지방이 장기간 중국의 일부(군현)가 된 이후 출현했다. '장르'는 사회 기억을 구조화시킨 서사의 모델이고, 장르와 모종의 사회 구조 및 사회 현상은 서로 대응한다. 예를 들어 '정사' 장르에 대응되는 것은 중국 제국의 규제이고, '지방지' 장르에 대응되는 것은 중앙 조정에 대한 지방 군현이다. 강남의 각 지방에서의 지방지 편찬에서 '태백이 오나라로 달아난' 고사는 끊임없이 나타난다. 이러한 장르, 문건과 진한 이후 강남이 장기간 중국의 군현이 되었다는 사실이 서로 호응한 결과 역사 문건, 상징, 정치 현실을 만들어냈다. 이들 문건과 상징 역시 사회적 역사 현실로 볼 때 강남이 중국의 일부였다는 사실을 강화시켰다. 따라서 중국 화하는 한대 이후 강남 일대의 공간과 집단을 점차로 의심할 여지없이 화하의 영역이자 화하족으로 보게 되었다.

동북 방면 지역민의 기원과 관련하여 '기자가 조선에서 왕노릇을 했다'는 영웅 역사 이외에 한진시대의 중국 역사가들은 또한 영웅조상 고사를 기록했는데, 바로 동명(東明)과 연관된 기사였다. 《후한서》〈동이열전(東夷列傳)〉에 따르면 북방의 호리국왕(豪離國王)의 한 시비가 달걀과 같은 기체가 몸에 내려온 후 임신하여 아이를 낳았다. 왕은 명을 내려 그 아이를 돼지우리와 마굿간에 내다 버렸지만 돼지와 말이 그 아이를 보호했다. 이 어린아이가 바로 고구려의 시조인 동명(東明)이라고 한다.[19] 《위서(魏書)》에는 이와 유사한 고구려 선조에 관한 기사가 실려 있다. "고구려는 부여(夫餘)에서 나왔다. 스스로 선조가 주몽(朱夢)이라 한다. 주몽의 어머니는 하백(河伯)의 딸인데……." 영웅조상 주몽과 금와(金蛙)의 고사 역시 고구려와 백제 때 한문으로 서사된 각종 기록에서 찾아볼 수 있다. 이로 보면 한자가 본토 영웅조상 전설의 유전, 융합, 보존에 도움을 주었다고 말할 수 있다. 기자와 위만이 아닌 본토 영웅조상 기억은 또한 한반도의 민족 형성에 도움을 주었다.

공동 조상 상상 및 이으 연관된 역사 기억을 통해 민족이 형성되는 데는 오랜 시간의 변호무쌍한 과정을 거친다. 12세기 고려의 역사가 김부식(金富軾)은 《삼국사기》를 저술하면서 이 변화 과정상에 중요한 이정표를 세웠다. 먼저 이 책은 한문으로 서사되었고, 중국의 정사 장르를 서사의 구성으로 채택했다. 책 이름 또한 중국의 두 정사, 즉 《사기》와 《삼국지》를 종합한 것이었다. 작자는 이 '삼국'을 중국 한대 이후의 삼국(위·촉·오)에 비견하여 고구려·백제·신라의 삼국 역사를 중국 정사에 비견했다. 이는 또한 삼국을 계승한 고려를 중국과 대등한 하나의 정치체이자 민족적 실체로 보았다. 다음으로 주의할 점은 이 책에서 고구려의 선조 기원을 "시조 동명성왕은 성이 고씨(高氏)이고, 휘(諱)는 주몽(朱夢)으로……"라고 기록했고, 백제의 시조에 대해서는 주몽과 연관시켜 "온조왕(溫祚王)은

---

(19) 《後漢書集解》魏書, 東夷傳注에 인용된 《魏略》 및 《後漢書》 85/75 東夷列傳.

아버지가 추모(鄒牟) 혹은 주몽이라 하는데, 북부여(北夫餘)에서 도망쳐 졸본부여(卒本夫餘)로 왔다"라고 기록했다. 이 조상 기원의 서사는 모두 의도적으로 '기자'를 잊어버리고 본토의 영웅조상을 강조하고 있다. 이 책의 신라본기(新羅本紀) 중에서 작자는 이 왕실의 시조가 '조선의 유민(遺民)'으로 구성된 육촌(六村)에서 나왔다는 것을 지적하면서도 '기자'에 대해서는 언급하고 있지 않다. 그리고 "시조는 성이 박씨(朴氏)이고, 휘가 혁거세(赫居世)인데······ 말이 무릎을 꿇고 울음을 울어 가서 보니 순식간에 말이 사라지고 큰 알이 있어 갈라보니 그 안에서 아이가 나왔다"[20]고 한다. 각국의 영웅조상과 연관된 《삼국사기》의 서사를 보면 당시 고려가 중국과 유사한 '영웅조상' 역사심성과 '정사' 장르를 가지고 있었음을 알 수 있다. 그러나 대상으로 오히려 중국과 무관한 영웅조상의 기록을 선택했다. 세 번째로 더욱 중요한 사실은 '단군'이라는 영웅조상의 기억이 만들어지고, 전하여 서술되면서 이 기억이 한반도에서 점차 여타 영웅조상의 기억을 능가했다는 점이다. '단군'이 표현하고 있는 것은 '기자조선'보다 더 오래된 본토의 영웅조상이며, 이 때문에 한편으로 이 영웅조상 기억이 '기자'를 초월하여 조선의 토착성을 강조하고, 한편으로 어지럽고 다원적인 각 지방의 조상 기억에서 하나의 오래된 공동 기원을 찾아낼 수 있었다.

서남 방면에서 한진시대의 중국 역사가들 또한 그 지역의 조상에 대한 전설을 기록했다. '죽왕(竹王)'과 '사일(沙壹)과 구릉(九隆)'의 전설이 바로 그것이다. '죽왕'의 고사는 대나무에서 한 아이가 출생

---

(20) 金富軾, 《三國史記》.

하여 후에 야랑왕(夜郞王)이 되었다는 것이다. '사일과 구룡' 고사에 의하면 사일이라는 여성이 강변에서 침목(沈木)에 접촉하여 임신한 뒤 10명의 아이를 낳았다고 한다. 후일 이 침목이 용으로 변하자 9명의 아이는 모두 놀라 도주했지만 한 아이만은 도망치지 않았다. 용이 된 아버지가 그 아이를 혀로 핥아주었고, 그 아이가 바로 구룡이었다. 성장한 뒤 형들은 구룡을 추대하여 왕으로 삼았고, 그들 모두는 한 집안의 10명의 자매와 결혼하여 후대를 낳았다. 주의할 점은 이 '구룡 10형제 전설'이 '형제조상 심성'의 산물과 유사하다는 점이다.

한대 중국은 비록 일찍이 전(滇)과 야랑 등지에 군(郡)을 설치했지만 항상 그 지역으로부터 거두어들이는 이익이 변강을 유지하는 데 드는 비용보다 적다고 생각했다.[21] 한대 이후 명청시대에 이르기까지 서남의 원구이 고원 지역은 오랜 동안 중국의 통제 밖에 있었다. 당대에서 송대에 이르기까지 이 지역에서는 남조(南詔), 대리(大理) 등의 본토 왕국이 출현했다. 수많은 중국의 지식인과 상인 및 수공업자들은 일찍부터 직간접적으로 이들 왕국의 조정에서 봉사했고, 아울러 왕국의 조직에 큰 영향을 미쳤다. 중국의 문자는 그 지역 사회 상층의 기억 매체가 되었고, 중국의 문헌 역시 그들 사회 기억의 일부분이 되었다. 그러나 이 지역은 중국의 군현이 아니었기 때문에 당연히 '지방지'를 만들지 않았다. 남조와 대리 모두 조선의 《삼국사기》와 같은 정사 저작물을 만들지 않았다. 불교의 영향으로 남조와 대리의 왕족들은 다른 장르를 통해 그 '기원'을 묘사했다. 남

---

(21)《漢書》96/65 西南夷兩粤朝鮮傳.

조의 《남조도권(南詔圖卷)》과 대리의 《장승온도권(張勝溫圖卷)》이 이러한 대표적인 장르이다.

《남조도권》은 인도 승려의 일곱 화신(化身)으로, 각 지역〔詔〕인민들의 대등한 '신도' 신분을 설명하고 있다.《장승온도권》은 왕실을 신격화하여 단씨(段氏)의 통치 권위를 합리화했다. 이는 불교화로 인해 '영웅조상'의 기원 서사가 '부처'로 대치되었음을 말해주는 것이다. 대리국이 원(元)나라에 멸망한 이후 명대에 그 지역에서는 지역 역사를 기록한 두 종류의 저작이 출현했다.《기고전설원집(紀古滇說原集)》과 《백고통기(白古通記)》가 그것이다. 전자는 아소카왕〔阿育王〕의 세 아들이 신마(神馬)를 쫓아 전(滇)에 도착했고, 그들은 장교(莊蹻)의 부하들 및 여러 이민족과 함께 그곳에 머물렀다. 남조 때 그들은 모두 신으로 봉해졌고, 세 명산(名山)·명묘(名廟)를 나누어 다스렸다.[22] 《백고통기》에는 아소카 왕이 천녀(天女)와 맺어져 세 아이를 낳았고, 셋째 아들인 '표저저(驃苴低)'가 '사일(沙壹)'과 혼인했다고 한다. 표저저가 익사하자 사일이 곡을 하며 애도하고 수상의 표목(漂木)과 접촉하자 이로 인해 10명의 아이를 낳았다. 이 10형제가 바로 '육조(六詔)'와 인근 각 부족의 시조가 되었다.[23] 이 두 문헌에서 언급한 그 지역의 '기원'은 불교 아소카 왕과 한진시대 중국 문헌의 '장교'와 '사일'의 고사를 혼합한 것이었다. 이것은 그 지역 사회의 기억이 장기간 남방에서 전해진 불교와 한문화의 영향으로 혼합된 특징이 드러난 것으로 힉스(Emily Hicks)가

---

(22) 張道宗(元),《紀古滇說原集》(臺北, 正中書局, 1981).

(23)《白古通記》, 王叔武 輯,《雲南古佚書鈔》(昆明, 雲南人民出版社, 1996) 참조.

말한 '변경 서사(border writing)'[24]와 같은 종류이다. 사실상 장교는 이미 소홀히 취급되었고 중요한 지위도 아니었다 더욱주목할 사실은《기고전설원집》과《백고통기》의 서사가 모두 '형제조상'을 통해 몇 개의 지역 집단 간의 대등한 관계를 설명한다는 점이다. 특히《백고통기》는 토번, 한인, 백이(白夷), 몽씨남조(蒙氏南詔) 등을 모두 '10형제 조상'의 후예로 여겨 저술자가 내심 이들을 대등한 관계로 보고 있음을 드러냈다. 이런 역사심성과 역사 기억은 당시 윈구이 고원 각지의 다원적이고 분산적인 종족군과 정치 체계에 조응하는 것이었다. 이러한 맥락 역시 명청시대 중국의 군사통치와 이민 세력의 침입에 유리하게 작용했다.

6. '영웅사변기'와 근대 중국의 민족사

19세기 후반에 민족주의, 민족 개념과 사회진화론(social Darwinism)이 구미 열강의 세력 침투에 따라 중국에 유입되었다. 서구 열강의 세력이 중국에서 확장되는 것을 우려한 중국의 지식인들은 민족주의 개념 및 민주 개혁 사상과 결합하여 '아족(我族)'이 단합하여 자립과 자강을 이루어야 한다고 극력하게 호소했다. 일부 혁명파 지식인들에게 중국 민족인 '아족'은 사방의 오랑캐에게 포위된 한족이라는 전통적인 '중국'의 개념이었다. 만주족을 포용하려던

---

(24) D. Emily Hicks, *Border Writing: The Multidimensional Text*(Minneapolis, University of Minnesota Press, 1991).

입헌파 지식인들은 이 중화민족 개념에 만주족과 몽고족 등을 포함시켰다. 이후 구미와 일본이 적극적으로 티베트, 몽고, 만주 및 서남지역의 이익을 도모하려는 정세하에서 '중국인(핵심)'과 '사예만이(四裔蠻夷, 변방)'가 결합하여 중국인들이 상상하는 '중화민족'이 만들어졌다. 이는 점차 청 말과 중화민국 초기의 많은 중국의 지식인들에게 중화민족의 청사진이 되었다. 이 중화민족의 구조와 함께 동시에 진행된 것은 중화민족의 '기원'과 '변방'의 관계를 탐색하고 기술하는 것이었다. 즉 역사 기원으로서 중화민족을 응집시키고 중화민족의 경계를 획정하려는 시도였다.[25] 근현대 중국의 민족사 연구와 서사는 바로 공동 기원을 다시 찾아내고 경계를 획정하려는 도구이자, 또 다른 새로운 장르이기도 했다.

'민족사'라는 새로운 장르는 과거 《사기》, 《한서》, 《화양국지》 등의 문헌에 나오는 역사 기억을 계승할 뿐 아니라 그 안에 반영된 역사심성과 정사 및 지방지의 장르 개념을 계승한 것이었다. 또한 어느 정도 그에 포함된 지식 권력을 계승한 것이기도 했다. 이러한 정황 속에서 '황제'는 중화민족의 시조로 인정되었다.[26] 황제의 적통은 한족이었고, 변방으로 흘러들어간 황제의 지파 혹은 황제의 후예에게 패배한 실패한 영웅은 중화민족 내의 수많은 비한족인 '소수민족'의 조상으로 인정되었다. 예를 들어 장유지(蔣由智)는 만주족의 조상이 숙신(肅愼)과 고구려, 신라, 삼한 등이고, 이들 모두는 황제의 손자인 소호(少昊)의 아들인 반(般)을 받드는 국가의 후예

---

(25) 王明珂, 《羌在漢藏之間》, 155~57쪽.
(26) 沈松僑, 〈我以我血薦軒轅: 黃帝神話與晚淸的國族建構〉 《臺灣社會硏究季刊》 28(1997), 1~77쪽.

로 보았다. 몽골족은 황제의 후예인 하후씨(夏后氏)의 후손으로 보아, 하(夏)나라 걸왕(桀王)의 아들 순유(淳維)가 하가 멸망한 후 북방으로 도망쳐 흉노(匈奴) 및 후대 몽골족의 조상이 되었다고 보았다. 또한 회족(回族)은 황제의 아들인 창의(昌意)의 후예로 보아 창의의 둘째 아들 안(安)이 서방에 거처하여 그 나라 이름을 안식(安息)으로 정했으니 회족을 낳은 페르시아인도 역시 황제의 후예로 보았다. 티베트족[藏族]이 거처하는 시짱(西藏)은 옛날 삼위(三危)의 땅으로 황제의 비가 아들을 낳았는데, 이 아들이 삼위에 거처하며 삼묘(三苗)의 여러 각족의 조상이 되었다고 보았다.[27] 이상과 같이 장유지는 중국 민족사를 논술하면서 명백히 영웅조상인 황제의 역사를 가지고 한족, 만주족, 몽고족, 회족, 티베트족을 응집하려 했다.

엄격히 말해 장유지는 역사학자가 아니었다. 당시 역사학자가 구상하던 중화민족의 범주에서 중화민족의 '기원' 역사는 장유지가 짜맞춘 것보다 훨씬 더 복잡했다. '역사'는 중화민족을 응집시킬 뿐 아니라 한족 각 지파와 각 소수민족 간의 내부 구분을 모두 당시 유행하던 종족, 어군, 문화 등의 개념과 서로 결합시켜야 했다. 따라서 전국시대부터 한대까지의 중국 문헌에 나오는 '영웅사변기'적 서사를 모두 새로운 민족사의 기억으로 편입하여, 새로운 중화민족의 각 변방을 구성하고 구획했다. 이하 나는 태백, 장교, 기자, 무익원검과 삼묘 등을 대상으로 이 점을 설명하고자 한다.

---

(27) 蔣由智, 〈中國人種考原〉《中國人種考》(上海, 上海華通書局, 1929) 참조.

중화민족의 동남 변방 강남의 민(閩)과 월(越) 대부분의 지역은 역사상 일찍부터 화하의 영역이 되었고, 그 지역민은 한인(漢人)을 자칭하는 화하의 민이 되었다. 따라서 20세기 전반기의 중화민족 역사 구상에서 학자들은 모두 '역사'로 받아들여 이 지역을 문명의 후진 지역으로, 이 지역민을 한족에 동화된 옛 월(越, 粵)족으로 묘사했다. '태백이 오나라로 달아난' 고사 등의 영웅조상 사적은 이 역사를 증명하는 자료로 이용되었다. 예를 들어 왕동령(王桐齡)은 《중국 민족사》에서 다음과 같이 적었다. 중국 동남방의 '오월(吳越)' 민족은 단발을 하고 문신을 새기는 풍속이 있었고 한족과 언어, 혈연에서 차이가 있었다. 상나라 말 주나라 태백이 장쑤(江蘇)로 이주한 뒤 식민통치를 실행했고, 진(秦)나라 때 이 민족은 완전히 한화되었다.[28] 여사면(呂思勉) 또한 '월족(粵族)'은 말레이족(馬來族)으로서 그 문화적 특징으로 문신, 식인(食人), 단발, 나체 등의 풍습이 있었다고 보았다. 그는 '오태백'이 어떻게 월족을 교화시키고, 오월지방의 옛 월족을 진한시대에 복식과 의관 면에서 화하와 완전히 동일하게 만들었는가에 대해 언급했다.[29] 임혜상(林惠祥)도 동남방의 '형오(荊吳) 계통' 민족을 한족의 내원의 하나로 인정했다. 그도 마찬가지로 오나라의 군주는 '오태백'의 후예이고, 그 인민들은 형만(荊蠻)으로 보았다.[30]

'형오 계통'이건 '월족'이건 이상의 학자들은 모두 동남의 장저(江

---

(28) 王桐齡, 《中國民族史》(上海, 上海書店, 1989; 文化學社, 1934년판 영인본), 13쪽.
(29) 呂思勉, 《中國民族史》(上海, 上海書店, 1989; 世界書局, 1934년판 영인본), 231~33쪽.
(30) 林惠祥, 《中國民族史》(上海, 商務印書館, 1936), 99~100쪽.

浙), 광둥(廣東), 광시(廣西) 일대의 사람들을 한족의 일부로 인정했다. 다만 역사적으로 문명이 뒤떨어진 변경의 한족이라고 여겼다. '태백이 오나라로 달아난' 고사를 이용해 이 역사를 증명한 것이다. 동시에 '월족' 또는 '말레이족' 등의 종족 혈통 상상을 통해 민족주의 역사가들 또한 남방 한족의 중화민족 범주를 국가의 경계 밖으로까지 확장시켰다.

중화민족 서는 변방 대리국이 멸망한 뒤 명청시대 이래 수많은 한족이 윈구이 고원으로 진입해 이민했다. 중국은 군정 조직을 통해 대부분의 서남 지역을 통제했다. 명대 중국은 현지의 추장을 임명해 간접적으로 통치하는 토사(土司)제도를 실시했지만, 청 중기 이후 정식으로 중국의 지방관을 파견하는 방식으로 통치정책을 바꾸었다. 따라서 서남 변방과 중국의 관계는 날이 갈수록 긴밀해졌다. 그러나 명청시대의 중국 관리와 사대부는 토착민을 '비중화민족 부류'로 여겼다. 그들은 항상 저작물에서 현지 토착민의 이질성을 언급했다. 민국 이후 민족사 서사자들은 이런 전통을 계승했다. 그들은 한편으로 '장교가 전(滇)에서 왕노릇을 했다'는 것으로 토착 통치자에게 한족의 혈통이 있다고 하면서도 장교와 투하들의 '야만인화'가 토착의 야만성을 설명해준다고 여겼다. 결론적으로 당시 민족사 구상자들은 '서남의 오랑캐'를 중국 경계 내의 비한족 소수민족으로 보는 경향이 강했다. 예를 들어 청 말과 민국 초기의 유학자 장태염(章太炎)은 '장교가 전에서 왕노릇을 했다'는 것을 그 후예가 통치한 것이 고작 한 나라에 그쳤기 때문에 토착민에게 동화되어 한대인들이 그들을 만이(蠻夷)로 보았다고 설명했다. 그는 또 중하

민족(中夏民族, 화하)은 북방의 서강(西羌) 종족과 남방의 무복(髳濮) 종족은 모두 화하의 인종이라고 인정했다.[31] 따라서 비록 중원의 화하와 문화가 다르더라도 종족적으로 무복 종족 역시 장태염이 말한 '중하민족'에 포함된다. 이처럼 장태염은 서남의 종족 집단을 그 중화민족의 상상체 내에 포함시켰다.

'장교가 전에서 왕노릇을 했다'는 역사 기억은 역사상 서남의 토착민 통치자가 한족이고, 피통치자가 비한족이라는 점을 설명하는 데 이용되었다. 예를 들어 주희조(朱希祖)는 오만(烏蠻)과 백만(白蠻)의 인민들을 만(蠻)으로, 그 통치자인 찬씨(爨氏)를 한족이라고 극력하게 논증하려 했다.[32] '민가(民家)'를 연구한 서가서(徐嘉瑞) 역시 민가를 송외제만(松外諸蠻), 즉 백만의 통치 가문이며, 이들 통치 귀족들은 장교를 따라 전 지역에 들어온 한족의 후예라고 보았다.[33] 여사면은 중국 서남 변강의 민족을 주로 복족(濮族)으로 보고, '장교가 전에서 왕노릇을 했다'는 고사를 이용해 많은 복족의 조상이 중원 혹은 초나라에서 들어왔으며, 복족의 분포가 후베이성(湖北省)과 허난성(河南省)에 이른다고 주장했다.[34]

결론적으로 20세기 초반의 중국 민족사 저작자들은 대부분 '역사'를 이용해 서남의 토착 종족을 이해하고, 문화 수준이 낮은 이들

---

(31) 章太炎,〈西南夷屬小記〉《制言半月刊》25(1936). 李紹明, 程賢敏 編,《西南民族捐軀論文選》(成都, 四川大學出版社, 1991), 4~6쪽 참조.
(32) 朱希祖,《雲南兩爨民族考》《民族學研究集刊》3(1943). 李紹明, 程賢敏 編,《西南民族捐軀論文選》, 217~21쪽 참조.
(33) 徐嘉瑞,〈民家新詁〉《東方雜誌》42.10(1946). 李紹明, 程賢敏 編,《西南民族捐軀論文選》, 319~27쪽 참조.
(34) 呂思勉,《中國民族史》, 239~40쪽.

과 중원 혹은 남방 한족과의 긴밀한 관계를 설명했다. 장태염이 말한 '무복 종족'과 여사면이 말한 '복족'이 모두 이와 같았다. 따라서 민족사 구성은 비록 그들을 중화민족의 경계 내로 끌어들였지만 여전히 한족의 경계 밖에 존재하는 소수민족이었다. 혹은 그들을 한족 통치자, 즉 토사(土司)의 통치를 받는 비한족 소수민족으로 보았다.

중화민족 서북 변방 강성 '삼묘'와 '무익원검'은 근대 중화민족의 변경을 구성할 때 모두 서방, 서북방에서 상당한 중요성을 지닌다. 앞에서 언급했듯이 이들은 모두 중세 이래 변방에 거주하던 수많은 화하족이 그들을 '강성염제'의 후예와 관련이 있다고 칭했다. 강(羌)과 강(姜)은 문자상으로 유사하고, 《후한서》에서는 강(羌)을 강성(姜姓)의 한 지파로 칭하고 있기 때문에 '강(羌)' 역시 염제의 자손과 밀접한 관련이 있고, 따라서 중국 민족사 구성에 중요한 부분을 차지한다. 예를 들어 장태염은 북방, 남방, 동북의 이민족을 각각 개 종족〔犬種〕, 뱀 종족〔蛇種〕, 표범 종족〔豹種〕이라고 불러 구분했지만 유독 서방의 '강족(羌族)'에 대해서만은 화하와 비슷한 종류의 사람들로 보았다. 그는 황제와 염제가 모두 서방에서 기원했기 때문에 서방의 강족 또한 중화민족으로 칭했던 것이다. 임혜상은 서강(西羌)이 삼묘에서 나온 강성의 후예로서 중국에 거주하면서 점차 한족에 동화되었고, 먼 변방의 강족 부락은 '무익원검'의 후예로서[35] 한대에 끊임없이 반란을 일으켜 중국에 엄청난 소란을 일으킨 존재로 보았다. 이 두 가지로 본다면 임혜상은 '영웅조상 역사'를 이용해

---

(35) 林惠祥, 《中國民族史》, 116~17쪽.

저강(氐羌)계 민족과 화하의 긴밀한 관계를 강조하는 한편, '무익원검'의 후예라는 것을 이용해 서방 저강계 민족—특히 티베트족—의 비열하고 반란을 일으키기를 좋아하는 속성을 은유했다. 여사면은 《중국 민족사》에서 '무익원검'을 서방 강족에게 농경과 목축을 전한 문명의 교화자로 보았다. 또한 그는 이 교화의 공로가 원검이 오랜 동안 변경 내에 거주하여 한족의 농경과 목축에 익숙했기 때문이라는 점을 들었다.[36] 여하간 이 기억에 의해 건립된 '강족'과 '저강계 민족'은 한편으로 오래된 화하의 중요 민족의 한 내원이 되었지만 다른 한편으로는 티베트족, 이족(彝族)과 수많은 서남 소수민족의 종족 원류로 인정되었다.

따라서 서남 변강에 있어서 한진시대의 '강족'이 오늘날의 '저강계 민족'으로 변화한 것은 '화하의 경계'가 칭짱 고원 동쪽에서 칭짱 고원과 윈난으로 확대된 것일 뿐 아니라, 화하족에게 있어 이 변방 공간에 거주하는 집단들에 대한 인식이 질적으로 변화했음을 의미한다. 즉 변강(frontier)에 존재하는 '오랑캐'에서 국가의 경계(border) 내의 '소수민족'으로 변화했다.

중화민족 동북 변방 이상의 각 '영웅조상 역사'로 인해 당시의 후예들이 중화민족 내의 '소수민족'이 되거나 혹은 문명이 뒤떨어진 '변방 한족'이 되었지만, 모두 중화민족의 경계 내에 존재하게 되었다. 다만 동북 방면의 '기자가 조선에서 왕노릇을 했다'는 기억은 민국시대 중국 역사학자들이 중화민족의 경계 밖에 한민족 혹은 한민

---

(36) 呂思勉, 《中國民族史》, 254~55쪽.

족 문화의 원천을 설명하는 데 이용되었다. 장태염 같은 학자는 화하의 기원을 서방에 두었고, 동북지방은 모두 벌레 같은 종족으로 여겼다. 다만 조선에 대해서는 그 문명이 기자와 위만(衛滿)에 근원을 두고 있다는 이유로 중국과 마찬가지로 예의와 교화가 있는 곳으로 여겼다. 그렇지만 조선은 장태염이 말한 '중하민족'의 개념 밖에 존재했다.

1920~30년대에 일본인이 '만주와 몽고는 중국 역사상 지나의 영토가 아니다'라는 논쟁을 제기했을 때, 부사년(傅斯年) 등의 역사학자는 《동북사강(東北史綱)》이라는 책을 써서 '만주'가 중국의 '동북'이며, 자고이래 계속해서 중국의 일부였다는 점을 논증하려 했다. 그들의 주요 논증은 다음과 같다.

1. 은인(殷人)은 동북지방에 와서 패망한 후 동북지방으로 물러났는데, 그 족속과 맥족(貊族)은 관계가 긴밀했다. 맥족과 동북지방의 예맥족(濊貊族)은 기자조선(箕子朝鮮)의 민족으로서, 강역은 대동강 유역뿐 아니라 압록강 이북에까지 미쳤다.

2. 부여(夫餘)와 구려(句麗) 등의 주요 성원도 예객족이었고, 중국 예교 문화의 영향을 깊이 받았다.

3. 만주족은 옛 읍루(挹婁) 출신으로 후대의 퉁구스족이며, 수대(隋代) 이후에 읍루 여러 쿠족, 즉 물길(勿吉)은 영토를 확장하여 동북지방이 퉁구스족의 세계가 되었다.

4. 이후 조선은 중국과의 사이에 문화가 낙후된 퉁구스족이 존재하게 되어 점차 하나의 민족으로 독립, 발전했다.[37]

---

(37) 傅斯年, 《東北史綱》(北平, 中央研究院歷史語言研究所, 1932).

이와 같은 역사 구조에서 부사년은 '기자가 조선에서 왕노릇을 했다'는 점과 상나라를 건국한 상족(商族)이 동이(東夷) 계통이라는 점을 들어[38] 동북지방은 중국의 일부라고 강조했다. 뿐만 아니라 부사년은 더 나아가 고고학 · 형질학 · 신화학 · 역사를 활용해 옛 동북지방의 각 부족은 혈연적 · 문화적으로 중국과 긴밀한 관계가 있다고 강조했다.[39] 신화 측면에서 그들은 부여와 고구려의 시조 설화, 즉 동명과 주몽의 전설과 상족의 조성 설화 사이에는 공통의 요소가 있다고 지적했다. 이러한 논증은 사실상 상족이 동북 민족이고, 기자가 조선에서 왕노릇을 했다는 것은 상나라가 멸망한 후 자기 민족을 거느리고 옛 땅으로 돌아간 데 지나지 않는다는 점을 증명하려 한 것이었다.[40] 그러나 이와 같은 민족사를 구상하면서 동이, 예맥족의 개념 및 '기자가 조선에서 왕노릇을 했다'는 영역 관념을 통해 부사년 등이 건립한 '동북지방 중화민족 동포'의 범주가 현재 중국과 한국 사이의 민족적 지리 경계를 초월해버렸다.

 부사년이 말한 예맥족을 여사면이 저술한 《중국 민족사》에서는 맥족으로 칭했다. 여사면은 맥족을 연(燕)나라 북방에 거주하다가 후일 요동(遼東)의 밖으로 옮겼는데, 그 땅이 랴오닝성(遼寧省)과

---

(38) 이 설은 〈夷夏東西說〉에서 더욱 자세하게 볼 수 있다. 이 글은 《慶祝蔡元培先生六十五歲論文集》, 中央研究院歷史語言研究所集刊外編, 第一種(中央研究院歷史語言研究所, 1933)에 실려 있다.
(39) 고고학적으로 그들은 앤더슨(Andersson)의 설을 인용하여 遼寧 沙鍋屯의 고고학적 발견과 河南 仰韶村의 이상스러운 유사성을 지적했다. 또한 블랙(Black)의 설을 인용하여 신석기시대 沙鍋屯의 주민과 仰韶의 주민이 인종적으로 같다고 인식했다. 그들은 또한 지금의 滿洲人과 黃河, 揚子江 유역의 사람들이 외관상 뚜렷한 차이가 없다고 지적했다. 傅斯年 等, 《東北史綱》 7~9쪽 참조.
(40) 傅斯年 等, 《東北史綱》, 14~25쪽.

지린성(吉林省) 및 부분적으로 조선의 국경에 이르렀다고 보았다. 이 책에서는 또한 맥족의 문화 수준이 상당히 높은데, 이를 기자가 조선에 문화를 전해준 덧으로 돌렸다. 기자가 나라를 세운 조선은 오늘날의 조선이 아니라 연나라의 동북방, 지금의 광닌(廣寧) 일대였고, 당시는 맥족의 거주지였다.[41] 이 점에서 여사면의 관점은 부사년 등의 관점과 달랐다. 분명 여사면은 중국과 한국의 민족적 지리 경계를 강조했다.[42] 린혜상은 《중화민사사》에서 조선이 본래 은족(殷族)의 분포지이고, 기자조선은 단지 고국으로 돌아간 것에 불과하다고 썼다. 기자조선의 뒤를 이어 그와 여타 저작자들은 모두 중국을 떠나 변방으로 간 또 다른 영웅, 즉 위만이 어떻게 위만조선을 건국했는가에 대해 언급했다. 따라서 그는 "맥족은 오늘날 고려인의 조상으로 지금 중화민족 내에 포함되지 않는다"고 생각했다. 그러면서도 또 "역사상 일찍이 중국의 일부였고, 문화적으로 중국의 영향을 지대하게 받았으며, 인종적으로 중국인의 이민이 많았다"[43]고 이야기했다. 이 같이 중화민족의 역사를 구성하면서 한대 이후 '조선'은 공간적·문화적·혈연적으로 중국의 일부라는 상상이 기자와 위만의 기억을 통해 일부 중국인의 마음속에 계속 전해졌다.

---

(41) 呂思勉, 《中國民族史》, 134~37쪽.
(42) 呂思勉은 이 책에서 漢代에 일찍이 朝鮮의 북부에 郡을 두었지만, 이후 중국의 실력이 미치지 못하게 되어 朝鮮이 또 중국의 판도에서 이탈했다고 언급했고, 중국이 멀리 있는 조선을 통제하려 했던 것을 실책으로 인식했음을 알 수 있다. 이를 보면 그가 중국과 한국 간의 민족 공간의 경계를 존중하는 태도를 가졌음을 알 수 있다.
(43) 林惠祥, 《中國民族史》, 84쪽.

이상이 근대 중국의 '민족사' 중에서 중화민족 변방과 연관된 혈연, 문화, 공간 구성의 내용이다. 중화민족의 변방을 구성하면서 한 진시대의 역사가들은 신뢰를 가지고 화하 변방 지역의 다양한 '영웅사변기'적 서사를 서술했고, 중화민족 변경의 '민족사'에서 이를 획정하여 표현했다. 민족사 저작자들은 이를 기준으로 '민족'의 경계를 누가 중화민족의 경계 내에 있는가, 누가 중화민족의 경계 밖에 있는가, 또 누가 핵심 경계 내의 한족인가, 누가 핵심 밖의 변방의 소수민족인가와 같이 구분했다. 이상의 토론을 통해 우리들은 한대의 '화하'에서 지금의 '중화민족'에 이르기까지 중국의 주류 사회 역사 기억에서 볼 수 있는 중화민족의 공간적·혈연적 경계 상상은 한편으로 연속성이 있으며, 한편으로 상당한 변화를 보여왔다고 이해할 수 있을 것이다. 연속적인 측면은 영웅조상 역사심성, 각종 장르 개념 및 황제와 염제, 우(禹) 임금, 기자, 태백 등 조상과 함께 만들어진 '경계'에 대한 기억이다. 비교적 상당한 경계의 변화 측면은 새로운 인문 사회과학 면에서 비롯된 중화민족 변경의 상상이었다.

　간단히 말해 동북 방면의 조선과 동남 방면의 구오(句吳)는 모두 한진시대 중국 지식인들이 모호화되거나 혹은 소멸되기를 희망했던 화하 종족군의 경계였다. 그러나 한대 이후 역사의 발전에 따라 중국 강남지방의 사람들은 '태백'을 받아들여 한화되었고, 마침내 중화민족 내의 남방 한족이 되었다. 한반도 여러 나라에서는 역사 기억의 본토화가 진행되어 마침내 '기자'를 잊어버리고, 고려부터 한국에 이르기까지 점차 독립된 중국 밖의 민족을 형성했다. 서로 다르게 발전하면서 한자와 장르 및 그에 실려 있는 역사 기억은 모두 선택적으로 운용되어 현지의 영웅조상 역사를 구성했다. 강남인들은 '지방지'를 편찬해 그 지역을 중국의 일부로 변화시켰으며, 조선인들은 '정사'를 편찬해 한반도 여러 국가를 중국과 대등한 정치체이자 민족체로 변모시켰다.

서남의 전인(滇人)들과 서북의 강족들은 한진시대 중국의 지식인들에게는 마땅히 격리되고 경계 밖으로 내쫓아야 할 이민족이었다. 이는 그들의 마음속에 확연히 구분되는 화하의 변경에 존재했음을 의미한다. 역사적으로 이들 지역민 중에서 한자와 장르를 접하고 배울 수 있었던 부류는 그 지역의 통치자나 토사(土司)였지만, 그들은 중국의 '족보' 장르에 근거해 가문의 '영웅조상 역사'를 만들어냈다. 이로서 그들은 자신의 가문을 중국에서 온 통치자로 변모시킬 수 있었다. 이 지역의 '형제조상 역사심성'은 가장 보편적인 역사 구성의 청사진이 될 수 있었는데, 그 이유는 광대한 지역의 집단을 포함하는 '영웅조상 역사심성'을 만들기 어려웠기 때문이다. 오나라 사람들처럼 토착민을 한족의 한 지파로 변모시키거나, 조선처럼 독립된 민족으로 만들기 어려웠기 때문이기도 했다. 따라서 중국에서 강세를 떨친 민족사의 기억 영향과 청 말 이후 중국이 이 지역에 대한 통치로 인해 이 지역의 종족군은 중국 국경 내의 소수민족이 되었다.

새로운 '민족사' 중에도 과거 '영웅사변기'적인 기억과 이와 연관된 혈연적·문화적 상상은 여전히 중화민족의 변경과 경계를 위한 기본 틀을 제공한다. 그러나 보다 세밀해지고 학술적인 '경계' 구조를 위한 도구로 인정받은 것은 언어학·형질학·고고학·민족학 등의 사회과학이었다. 몽골 인종, 한-티베트어군, 앙소(仰韶) 문화 등의 분류 범주 개념을 통해 전통적으로 화하의 변방이 돌연 중화민족의 경계 내로 편입되고, 중화민족 내 각 민족의 경계선 역시 '과학적'인 식별과 인증을 획득했다.

7. 탈영역화된 '역사 지식' 체계

상주시대에 출현해 전국시대에 확립된 일종의 역사심성인 영웅조상 역사심성은 전국시대에서 한 초에 화하의 정체성을 형상화한 역사 상상의 설계도가 되었다. 이 설계도에 근거해 황제(黃帝)는 화하의 영웅조상이 되었고, 화하를 자칭하는 많은 사람들—주로 사회의 상류층—역시 조상이 같다는 이유로 응집할 수 있었다. 이런 역사심성으로 인해 한진시대의 역사가들은 이미 '황제의 후예'를 기준으로 하는 역사 서사를 완성했다. 이 역사에서는 화하의 공간과 혈연 범위 및 시간적인 연속성과 변천을 설명하고 있다. '영웅조상 역사심성'은 확장성을 지닌 역사심성이고, 이에 근거해 만들어진 '역사'는 자원이 부족할 경우 영웅의 대외적인 이주[遷徙], 정복, 영토 확장에 의해 또 대내적으로 차등적인 자원 분배를 통해 해결해왔음을 보여주고 있다. 화하는 바로 이런 역사심성하에서 사방을 향해 변강을 확장시켰다.

진한제국의 변방 군현은 화하가 확장할 당시에 미칠 수 있었던 공간적 경계를 대표한다. 한진시대의 중국 역사가들 역시 이런 변방 군현의 '이민족'이 일부 '영웅조상 역사'를 만들었다고 보아, 이를 기준으로 성격이 다양한 화하의 변경을 서술했다. 이 글에서 이야기한 '영웅사변기'는 바로 이런 역사 기억과 서사이다. 화하는 이런 역사 서사를 통해 모호함을 부각시키거나 이들 집단의 '이질성'을 강조했다. 동북방 조선의 집단은 당시 중국인들이 모호하게 여기기를 바랐던 화하의 변경이었다. 한진시대 중국인들의 눈과 마음속에는 서남방의 전인(眞人)들의 이질성이 오(吳)와 조선 등지의 집단보다 더 컸고, 더욱 이질성이 컸던 것은 서북방과 서방의 강족(羌族)이었다. 또한 이런 '영웅사변기' 외에 한진시대의 중국 역사가들은 토착적인 기억을 만들었던 시조 설화를 기록했다. 예를 들면 동북방의 동명, 주몽과 서남 지역의 구륭(九隆), 죽왕(竹王) 등의 전설이 그러했다.

변방에 거주하던 '이민족'은 화하의 문헌에 기록된 '역사'와 '신화'에 대해 다른 선택을 하거나 새로운 구조를 만들었다. 춘추전국시대 이래 구오(句吳) 왕즉은 '태백(太伯)'을 시조로 받아들였다. 왜냐하면 이 지역이 화하의 영역이고, 영역 내에 거주하는 사람들이 화하의 백성이라는 이유 대문이었다. 그 지역의 지식인들은 그 지역의 '지방지'를 서사했고, 그 지역의 가문들은 '계보'를 서사했다. 이 두 종류의 장르를 통해 자신들이 거주하고 있던 지역은 화하의 영역이고, 자신들은 화하의 백성이라는 점을 강조했다. 조선과 이후의 고구려, 고려, 백제 등은 비록 중국의 기자가 일찍이 들어왔다는 것은 받아들였지만, 그들이 강조한 '영웅조상'은 동명, 주몽 및 후세에 출현한 단군 등 그 지역의 영웅이었다. 보다 주목해야 할 사실은 고려학자가 12세기에 《삼국사기》를 완성했고, 이 정사(正史) 장르에 속하는 문헌에서 조선이 중국과 마찬가지로 주체성과 정체성을 갖고 있었다고 주장한 점이다. 비록 후대에 조선 역사상 정치적인 '사대(事大)'파가 있었고, '기자가 조선에서 왕노릇을 했다'는 역사 기억도 남아 있었지만, 한국에서 민족주의가 발전함에 따라 단군이 점점 더 중시되었고, 또 그 지역 민족의 조상이 되었다. 기자의 사적은 신화나 전설로 치부되어 점차 기억 속에서 사라졌다.[44]

여하간 조선과 구오 모두 정도는 다르지만 중국 문헌에 기재된 '영웅사변기'적 기억을 받아들였다. 그러나 이미 알려진 문헌 중에서 한진시대 이후 서방 강족이 '무익원검'의 후예라고 자칭한 것은 거의 없으며, 서남의 비한족이 '장교'의 후예를 자칭한 문헌 역시 매우 적다. 이 차이는 부분적으로 서로 다른 '역사심성'과 그에 조응하는 정치 사회구조가 만들어낸 것에 원인이 있다. 간단히 말해 고대 조선과 구오의 경제생태와 사회구조는 모두 위계화, 중앙화의 경향이 있었다. 이런 사회는 '영웅조상 역사심성'이 자랄 수 있는 온상이다. 그러나 칭짱 고원 동부의 대부분과 중국 서남방 및 남방의 산이 많은 변방 지역은 경제생태와 사회조직 모두가 분립적인 구조(segmentary structure)이어서 각 집단이 대등하게 경쟁하는 경향을 보였다. 또한 '형제조상 역사심성'이 보급된 지역이기도 했다. 앞에서 언급한 《기고전설원집》 중 아소카 왕의 세 아들, 즉 3형제의 고사 및 《백고통기》 중 사일의 열 아들, 즉 이 10형제의 고사는 모두 '형제조상 영웅심성'의 산물이었다.

---

[44] 明代 朝鮮人이 지은 《朝鮮史略》을 보면 내용이 단군에서 시작하여 高麗 恭讓王까지 미쳤다. 나는 현재 한국학자가 지은 두 권의 韓國史 책을 참고했는데, 하나는 李基白, 《韓國史新論》이고, 하나는 李丙燾, 《韓國史大觀》이다. 이 책들에서 한국 역사의 기원 인물은 '단군'이었다. 상대적으로 그들은 '기자가 조선에서 왕노릇을 했다'는 것을 단지 전설로 여기거나 혹은 기자를 토착 조선인으로 보았다. 李基白, 厲帆 譯, 《韓國史新論》(北京, 國際文化出版公司, 1994), 15~18쪽 및 李丙燾, 許宇成 譯, 《韓國史大觀》(臺北, 正中書局, 1961), 19~31쪽.

1930년대 중국 민족 관찰자는 윈난 강심파(江心坡; 현재 경피족景頗族 지역)에서 그 지역의 전설을 기록했다.

> (강심파) 토착 종족은 매우 많다. …… 혹자는 자신들이 치우(蚩尤)의 자손이라고 말한다. …… 토착 노인은 "우리 야인(野人)과 파이(擺夷) 및 한인(漢人)은 동족입니다. 야인이 큰형이고, 파이는 둘째 형, 한인은 셋째입니다. 부친이 막내를 귀여워했기 때문에 큰 형을 산야로 쫓아내 머물게 했고, 둘째 파이는 농사를 지어 막내를 부양토록 했습니다. 또 큰형 야인이 난을 일으킬까 두려워 둘째 형 파이에게 변방에 거주하면서 야인을 막고 셋째를 보호하도록 했습니다……."[45]

중국 고대 전설에서 치우는 황제에게 패배한 군주였다. 때문에 '치우의 자손'이라는 이야기는 한인들이 이미 그 지역 토착민들을 위해 '영웅사변기'적인 종족 기원, 즉 그들은 화하에게 패배한 '영웅조상'의 후예라는 역사를 만들었음을 보여주는 것이다. 그러나 토착민 구세대는 이 '3형제 조상 고사'를 '한인', '파이(현재의 傣族)', '야인(현재의 경피족)'의 증족 원류로 해석했다. 이는 토착민 구세대의 마음속에 아직도 '형제조상 역사심성'이 남아 있음을 보여주는 것이다. 칭짱 고원 동쪽의 민장 유역에 거주하는 강족과 장족의 취락지에서는 지금도 각종 '형제조상 고사'가 유전되어 오고 있다.[46]

---

(45) 華企雲, 《中國邊疆》, 新亞細亞叢書邊疆研究之二(上海, 新亞細亞月刊社 1932) 332쪽.
(46) 王明珂, 《羌在漢藏之間》, 第7章 〈本土根基歷史: 兄弟祖先故事〉.

만약 우리가 자신에게 익숙한 역사만이 역사이고, 이런 '형제조상 고사'를 모두 신화로 본다면 우리는 '변방'의 문헌과 민족지에서 비롯된 지식들을 쉽게 소홀히 여긴다.

'형제조상 고사'가 또 다른 역사심성하에서 탄생된 역사라는 것을 이해한다면 우리는 우리가 믿는 '영웅조상 역사'가 반드시 사실이 아니고 일종의 도식화된 역사 기억과 구조라는 반성적 지식을 인식할 수 있을 것이다. 이 역사 기억과 구조는 다시 각종 '장르' 개념의 영향을 받는다. '역사 사실'과 '신화'의 구별은 중화민족, 중국의 소수민족, 한민족을 만드는 데 중요하지 않았다. 사실상 역사심성과 장르 개념의 역사 기억 구조를 통해 오늘날의 한국인은 한민족이 되고, 중국 강남지방민이 한족이 되고, 칭짱 고원 동쪽과 윈구이 고원의 수많은 사람들이 중국의 소수민족이 될 수 있었다.

마지막으로 이 글의 연구가 현재 각국과 민족이 막닥뜨린 국경 분쟁에 대해 약간의 도움이 되는 측면이 있다. 자원, 국가 주권, 국경을 넘나드는 교류 등의 요소 때문에 국가와 민족의 '경계'는 가장 신성시되고 가장 위험하며, 가장 요원하고 가장 절실하며, 가장 소홀히 하고 가장 관심을 쏟는다. 종족군이 품고 있는 '경계'는 지리적·공간적인 실제 국경만이 아니라 사람들의 주관적인 의식 속에 세워진 '경계'이다. 이것이 가리키는 범위는 멀리 이민족에서부터 사람들의 마음속에 잠재적으로 감추어져 있는 이질류까지를 포함한다.[47]

---

(47) 王明珂, 《羌在漢藏之間》, 第4章 〈結構下的情感與行爲〉; René Girard, *Violence and the Sacred*, trans. by Patrick Gregory (Baltimore, The Johns Hopkins University Press, 1977); Robin Briggs, *Witches & Neighbors*(New York, Penguin Books, 1996) Mary Douglas, *Purity and Danger: An Analysis of Concepts of Pollution and Taboo*(London: Routledge & Kegan Paul, 1966).

이 '경계'가 사람들의 집단적 역사와 문화 상상 및 구조에 영향을 미치는 것은 두말 할 필요도 없다. 사람들은 하나의 '진실된 과거'를 상상하고, 또한 민족사에서 '우리들'과 '그들' 사이의 국가와 민족의 경계를 만들어냈다. 이러한 상상 속에서 사람들은 음식, 복장, 생활습속상의 다양한 문화적 경계에서 '우리들'과 '그들'의 차이를 강조한다. 사실상 이 글에서 언급했듯이 경계를 이루는 공간, 혈연, 통치 권위는 역사 상상의 산물이다. 기자, 태백, 장교, 무익원검 등이 떠나간 '변강'의 역사는 모두 고금의 중국인, 즉 화하가 이를 통해 중국의 공간, 혈연, 정치 권위의 경계를 구성해온 역사 기억과 상상이었다. '영웅사변기'적인 도식적인 서사의 허구성은 이미 앞에서 설명했다. 조선, 고구려, 구오, 전처럼 서사에 등장하는 공간적 상징은 그 경계가 모호하고 유동적이다. 예족, 오인, 형만, 강족 등과 같은 혈연적 상징도 그 지적하는 범주가 분명하지 않고 때에 따라서 유동적이다. 심지어 그 속에 등장하는 '영웅'과 태백이나 기자, 장교, 무익원검 등을 은유하고 있는 대상이 중국인인지의 여부, 화하인인지의 여부가 항상 논쟁거리가 되었다.

오늘날 많은 국가 간, 민족 간의 영토 분쟁은 모두 '역사'로부터 만들어진 것이다. 역사학자들이 겉으로 드러난 역사 사실(historical facts)을 가지고 깊이 연구하고 토론하는 것은 문제를 해결할 수 없을 뿐 아니라, 도리어 늘상 민족 감정을 격동시켜 보다 많은 충돌로 이어지게 할 수 있다. 오늘날 우리에게 필요한 것은 역사의 실상을 폭로할 수 있는 새로운 역사 지식(historical truth as revelation)을 세우는 일이다. 이러한 역사 지식은 '경계'가 어디냐를 강조하거나 판별하는 데 있지 않다. '경계'의 다원성(multiplicity), 모호함

(vagueness), 넘나들기(cross-passing), 유동성(fluidity) 등의 현상을 반성하는 데 있다. 그래야 우리들이 탈영역화된(deterritorialization) 지식 체계를 세울 수 있을 뿐 아니라, 각종 '경계'가 만들고 반영하는 것과 사회적 정황 및 실상 그리고 역사 변천에 대해 진일보한 이해를 할 수 있을 것이다.

— 번역 신성곤(중국사, 한양대)

Frontiers or Borders ?

8.

중국과 중화인민공화국의 사이
— 요동과 티베트 역사공동체의 역사적 위상

중국과 중화인민공화국의 사이
—요동과 티베트 역사공동체의 역사적 위상

김한규(金翰奎)

서강대학교 사학과를 졸업한 뒤 동대학원에서 고대 동아시아의 중국적 세계 질서에 대한 연구로 문학박사(역사학 전공) 학위를 받았다. 부산여자대학교 역사교육과와 이화여자대학교 사회생활학과 교수를 역임했고, 1985년부터 서강대학교 사학과에서 학생들을 가르치고 있다. 현재 전통시대 동아시아 세계 질서의 구조적 특성에 대해 연구하고 있다.

《고대 중국적 세계 질서》일조각, 1982
《고대 동아시아 막부체제 연구》일조각, 1997
《한중 관계사 1, 2》아르케, 1999.
《티베트와 중국》소나무, 2000.
《요동사》문학과지성사, 2004.

1. 역사공동체와 국가

'중국과 중화인민공화국의 사이'는 두 가지의 뜻을 갖는다. 그 하나는 '중국'과 '중화인민공화국'이란 두 말에 내포된 의미의 차이라는 뜻이고, 다른 하나는 '중국'의 범주에서 '중화인민공화국'의 범주를 뺀 나머지 부분이라는 뜻이다. 이 글에서는 이 두 가지 의미를 모두 알아보고자 한다.

'중국'은 역사적 경험과 역사의식을 공유하는 공동체, 즉 역사공동체의 명칭이며, '중화인민공화국'은 국가의 이름이다. 보다 엄격히 말하면 '중국'은 1912년 이후 '중화민국'이나 '중화인민공화국'의 약칭으로도 사용되었지만, 그 이전의 전통시대에는 역사공동체의 명칭으로만 사용되었다. 양자의 '사이'에는 엄연히 차이가 있음에도 불구하고 양자가 분별되지 못한 채 혼용된 까닭의 하나는 현대에 이르러 역사공동체의 명칭인 '중국'이 국명의 약칭으로도 사용됨으로써, 전통시대에 역사공동체의 명칭으로 사용된 사실이 망각되었기 때문이다.

'중국'과 '중화인민공화국'의 '사이'에는 개념상의 차이만 존재하는 것이 아니라 범주의 간격도 존재한다. 현재 중국인들은 '중국'과 '중화인민공화국'의 사이를 '변강(邊疆)'이라고 부른다. 그러나 역사의 실제에서 양자의 '사이'에는 중국과는 구별되는 별개의 역사공동체들이 존재했다. 물론 현재는 오랜 정치적 통합으로 인해 이들 역사공동체들의 정체성이 많이 희석되었다. 그러나 현재의 상황으로 인해 과거의 사실이 굴절될 수는 없다. 현재의 중국인에게 '중국'과 '중화인민공화국'의 사이는 '변강'에 지나지 않겠지만, 전통시대 동아시아 세계에서는 중국과 엄연히 구별되는 독립된 역사공동체들이었다.

'중화인민공화국'이라는 국가는 '중국'이라는 역사공동체뿐만 아니라 다른 여러 역사공동체도 통합, 지배한다. 양자의 '사이'에는 몽고(蒙古), 서역(西域), 티베트, 전검(계)(滇黔(桂)), 요동(遼東), 대만(臺灣) 등 여러 역사공동체들이 개재되어 있지만, 이 가운데서도 특히 요동과 티베트는 양자의 '사이'를 극명하게 보여주는 대표적인 경우라 할 수 있다. 티베트 고원에 위치한 티베트는 그 특수한 지리적 환경으로 인해 매우 독특한 풍속과 문화를 발전시켰으며, 정교일치의 특이한 정치체제를 확립했다. 대싱안링(大興安嶺)과 발해(渤海)로 중국과 격절된 요동은 예맥(濊貊)과 동호(東胡), 숙신(肅愼) 등 하급의 여러 군소 공동체를 포섭, 융합하여 조선(朝鮮), 고구려(高句麗), 발해(渤海), 요(遼), 금(金), 원(元), 청(淸) 등 여러 국가를 건립했다. 이들 역사공동체는 '중국인'과는 다른 독자적인 역사적 경험과 역사의식을 공유하면서 독립된 역사 체계를 발전시켰다.

티베트와 요동은 '중국'과 '중화인민공화국'의 '사이'를 대표하는 범주로서, 중화인민공화국이라는 특정한 국가의 영토 범위 안에 포함되어 있었다. 이와 동시에 역사적으로 중국과는 구별되는 별개의 역사공동체를 구성하고 있었다는 특수한 위상으로 인해 이해 당사자 사이에 치열한 논쟁을 불러일으켰다. 그러나 이러한 논쟁은 대부분 국가와 역사공동체 개념을 구별하지 못한 상태에서 전개됨으로써 논쟁 자체를 논리적 당착에 빠뜨렸을 뿐만 아니라 '중국'과 '중화인민공화국' '사이'가 갖는 특수한 역사적 위상과 의미에 대한 정확한 접근도 방해했다. 따라서 이 글에서는 이른바 티베트 논쟁과 고구려사 논쟁을 정리하여 그 방향의 착오를 지적하고, 나아가서는 티베트와 요동의 역사공동체적 위상을 확인하여 역사적 '중국'과 그 '변강'의 의미를 적시하고자 한다.

2. 티베트 논쟁

최근 동아시아에서 전개된 가장 주목할 만한 국제적 논쟁은 티베트의 귀속 문제와 고구려사 귀속 문제에 관한 것이다. 전자는 중화인민공화국의 인민해방군이 1950년 티베트를 침공, 점령함으로써 발생했다. 티베트인(혹은 그것을 지지하는 국제 사회)과 중국인 사이에 전개된 이 논쟁의 초점은 티베트가 오래 전부터 중국의 일부였는가 하는 것이었다. 후자는 중화인민공화국 사회고학원 중국변강사지연구중심이 추진하는 이른바 '동북공정'이 한국에 알려짐으로써 촉발되었는데, 중국인과 한국인 사이에서 전개되고 있는 이 논쟁의 초점은 고구려사를 중국사에 편입시키는 것이 타당한가 하는 것이다.

그런데 이 두 국제적 논쟁 사이에서 몇 가지 공통점을 발견할 수 있다. 그 하나는 양자 모두 중국과 관련되어 있으며, 양자 모두 중국인에 의해 촉발되었다는 것이다. 또 다른 하나는 양자 모두 중국인이 이른바 '변강'이라고 부르는 공간을 둘러싸고 전개된 논쟁이라는 점이다. 현재 중국의 학계에서는 이른바 동북과 북방(몽골), 신강(서역), 서장(티베트), 서남(전검계), 해강(대만) 등을 '변강'이라고 부르는데,[1] 티베트와 고구려는 이들 중 서장과 동북 변강과 관련이 있다. 그러나 이 두 논쟁에서 발견되는 가장 큰 근사성은 논쟁의 당사자들이 모두 국가와 역사공동체 개념을 구분하지 못함으로써 논쟁이 무의미한 혼돈에 빠져 있다는 점이다.

1950년 중화인민공화국의 인민해방군이 티베트의 라싸(拉薩)로 진군하고, 1959년 14세 다라이 라마(達賴喇嘛)가 라싸를 탈출하여 인도로 망명한 이래로, 티베트의 독립을 갈망하거나 지지하는 측과 티베트의 독립을 거부하거나 탄압하는 측 사이에는 티베트 독립 문제를 둘러싼 치열한 논쟁이 전개되었다. 이 논쟁의 가장 두드러진 특징은 양측 모두 자기 주장의 근거를 역사적 전통에서 찾으려 했다는 점이다. 특히 티베트 측에서는 1967년 샤캅파(Tsepon W. D. Shakabpa)의 《티베트 정치사(*Tibet: A Political History*)》와 1987년 반 프라그(Michael C. van Walt van Praag)의 《티베트의 지위(*The Status of Tibet: History, Rights, and Prospects in International Law*)》를 출판하여 역사상 티베트 국가의 독립적 지위를 세계에 널리 알렸으며, 이에 대해 중국 측에서는 1986년 서장사회과학원(西藏社會科學院) 등에서 편집한 《西藏地方是中國不可分割的一部分》과 1995년 왕귀(王貴) 등이 공동집필한 《西藏歷史地位辨－平夏格巴'藏區政治史'和范普拉赫'西藏的地位'》등 수많은 논저를 출판하여 이를 혹독하게 비판하면서 중국과 티베트의 전통적 '주속(主屬)'관계를 강조했다.

티베트 측의 주장에 의하면 티베트 최초의 통일국가였던 토번(吐蕃) 왕국(7세기 초부터 9세기 말까지)은 당시의 중국 당(唐)과 대등

---

(1) 馬大正 劉逖《二十世紀的中國邊疆硏究》(黑龍江敎育出版社, 1997) 119~122쪽.

하고 독립적인 관계를 유지했고, 양국의 관계는 항상 대립적이었다. 특히 문성공주(文成公主)의 출가를 통한 토번-당의 화친은 당이 토번의 강력한 군사적 압박을 이기지 못해 성사되었다. 몽골이 중국 등 동아시아의 대부분을 석권, 지배했을 때에도 티베트와 몽원제국은 최왼(檀越)=공시(供施) 관계라는 특수한 관계를 유지했다. 최왼관계란 시주(施主)와 법사(法師)의 관계를 말하는 것으로, 몽원제국의 대칸(大汗)은 티베트의 최고위 라마(喇嘛)를 정치적으로 보호하고 물질적으로 지원했으며, 티베트의 라마는 몽원의 대칸을 위해 종교적·정신적으로 지원했다. 티베트는 토번 왕국이 붕괴된 후부터 근세에 이르기까지 복수의 지방 정권으로 분산되어 있었지만, 송대나 명대의 중국인은 티베트에 대해 관심을 갖고 있지 않았기 때문에 티베트 정권들의 지위는 여전히 독립적이었다. 만주(滿洲)가 중국을 지배하게 된 시기에도 만청(滿淸) 황제와 티베트 최고위 라마 사이에 최왼=공시 관계가 재현되었다. 만청의 순치황제(順治皇帝)와 티베트의 5세 다라이 라마는 서로 독립적이며 대등한 입장에서 직접 만나 상대의 지위를 상호 인정했다. 한때는 만청의 군대가 티베트로 진군한 적도 있었지만, 그것은 법사인 다라이 라마를 외적과 정적으로부터 보호하기 위한 시주의 적절한 조처였다. 만청은 주장대신(駐藏大臣)을 라사에 파견하여 상주케 했지만, 이 역시 일개 사절단의 수준에 지나지 않았다. 만청은 그 말기에 영국 등 제국주의 세력과 티베트를 둘러싸고 경쟁했지만, 만청의 패망과 더불어 티베트는 주장대신 등 일체의 중국인을 티베트에서 축출하고 명실상부한 독립을 선언했다. 민국시대의 중국과 13세 다라이 라마 치세기의 티베트는 어떠한 형태의 정치적 관계도 가진 바 없었다. 1950년에 중화인민공화국의 군대가 티베트로 진입한 것은 명백한 침략이었다. 이른바 '17조 협약'을 체결한 것은 전권을 부여받지 못한 티베트 대표단이 중국 정부의 강압에 의해 억지로 체결한 것으로, 원천적으로 효력을 갖지 못한다. 티베트를 군사적으로 정복한 중공은 이후 티베트 정부를 무력화하고 인권을 유린하여, 티베트 인구의 7분의 1을 초과하는 100만여 명의 티베트인을 죽음에 이르게 했다. 14세 다라이 라마가 인도로 망명한 뒤 중공은 티베트에서 강제로 사회주의혁명을 강행하여 티베트 고유의 정치·사회·문화적 질서를 소멸시켰다. 특히 티베트 불교를 탄압하여 대부분의 사찰을 파괴하고 라마를 살육, 혹은 강제 환속케 했다. 다라이 라마가 이끌고 있는 달람살라의 망명 정부는 전체 티베트인을 대표하는 합법적 정부이다.

이 같은 티베트 측의 주장은 중국 측에 의해 전면적·적극적으로 부인되었다. 중국 측의 주장에 의하면 토번 시기에 당의 문성공주가 손챈감포(松贊干布)에게 출가한 것은 토번의 군사적 압력에 의한 것이 아니었으며, 그로 인해 당과 토번은 정치·문화적으로 밀접한 관계를 유지하게 되었다고 한다. 또한 중국의 송(宋)과 명(明)은 '중건다봉(衆建多封)'과 '다마호시(茶馬互市)' 등을 통해 티베트의 지방 세력들을 농락했다. 원(元)은 티베트 고원을 정복하여 사캬파(薩迦派)의 최고위 라마에게 티베트 통치를 위임함으로써 '서장은 처음으로 조국의 판도 안으로 들어갔다.' 청(淸)은 겔룩파(格魯派)의 다라이 라마와 판첸 라마(班禪喇嘛)를 책봉하고 카론(噶倫)을 임명하여 티베트 통치권을 부여하는 한편, 여러 차례 군대를 보내고 흠정장정(欽定章程)을 제정하며 주장대신을 상주시켜 티베트 내정을 통제했다. 민국시대에는 심라(Simla)회의와 조약을 통해 티베트를 독립시키려 한 영국 등 제국주의 세력의 침략 기도 등을 무산시 킴으로써 '중국이 서장 지방 정권에 대해 주권을 행사해온 원대(元 代) 이래의 전통을 계속 유지할 수 있었다.' 중화인민공화국 인민해 방군이 1950년 창두(昌都)로 진군하고, 1951년 라싸에 진주한 것은 '외국에 대한 침략'이 아니라 '해방을 위한 통일 전쟁'이었다. 1951 년 베이징(北京)에서 조인된 '서장의 평화해방 방법에 관한 중앙 인 민정부와 서장 지방정부의 협의'는 전권을 부여받은 '중앙 인민정 부'와 '서장 지방정부' 대표들이 자유로운 조건에서 조인한 합법적 인 '협의'였다. 이후 티베트 인민의 요청에 따라 사회주의혁명이 티 베트에서 성공적으로 진행되어 농노가 해방되고 경제가 비약적으로 발전했다. 1965년에는 서장자치구가 건립되어 티베트의 중국 편입 이 완료되었다. 14세 다라이 라마는 '조국'을 배반한 분열주의자이 며, 그가 이끄는 달람살라의 망명 정부는 불법 집단이다.[2]

요컨대 티베트 측이나 중국 측이 모든 쟁점에서 상반된 주장을 펼치면서도, 양측 모두 전통시대의 국가관계를 통해 티베트와 중국 의 역사적 관계를 규정하려 했다는 점에서는 일치한다. 그러나 '티 베트'나 '중국'은 국가의 개념이 아니라 역사공동체의 개념을 포함 하는 말이다. 티베트는 티베트 고원이라는 매우 특수한 자연환경 속 에서 티베트 불교 등 고유한 전통 문화를 창조, 향유해오면서 정교 합일(政敎合一)의 독특한 역사적 경험을 공유한 역사공동체였다. 이와는 달리 중국은 황허(黃河) 중하류역의 중원이라는 자연 조건 하에서 '예의(禮義)'라는 독특한 문화를 창조, 향유하면서 진한(秦

---

[2] 김한규, 《티베트와 중국-그 역사적 관계에 대한 연구사적 이해-》(소나무, 2000).

漢) 이래의 연속된 통일 국가를 건립해온 또 다른 역사공동체였다. 물론 동일한 국가체제 안에 포섭되어 정치적 경험을 함께 나누는 것은 역사공동체를 구성, 유지하는 데 중요한 요소의 하나임이 분명하지만, 국가와 국가의 관계만으로 역사공동체 상호간의 관계를 규정할 수는 없다. 자연환경이나 문화적 특질, 역사의식의 계승 등이 함께 고려되어야 하기 때문이다. 따라서 티베트의 국가들과 중국의 국가들의 상호관계를 통해 티베트와 중국의 역사적 관계를 규정하려 한 양측의 논쟁은 처음부터 방향이 잘못 설정된 것이라 하지 않을 수 없다. 그러한 방향 착오는 기본적으로 '국가' 개념과 '역사공동체' 개념을 구분하지 않았거나 못한 것에서 기인한다.

3. 고구려사 논쟁

모든 전쟁이 그러하듯이 최근 중화인민공화국 사회과학원 중국변강사지연구중심(中國邊疆史地研究中心)의 '동북공정'(東北邊疆歷史與現狀系列研究工程)이 한국 사회에 알려짐에 따라 촉발된 이른바 '한중 역사 전쟁'은 매우 폭력적이고 감정적이어서, '전쟁' 발발의 합리적 이유를 발견하기가 쉽지 않다. 이 '전쟁'의 한국 측 선봉에 나선 논객들은 "중국인들이 고구려사를 중국사의 일부로 편입시키려 한다"고 하면서, 이를 한국에 대한 부당한 '침략'이라고 규탄했다. 이들이 이를 부당한 '침략'으로 간주하는 까닭은 "고구려는 자주적이며 독립적인 강대 국가였다"는 것이다.[3] 그러나 고구려가 독립적인 국가였다는 사실이 고구려사의 중국사 편입을 가로막을 수 있는 이유가 될 수는 없다. 고구려 이외의 역사상의 수다한 독립적 국가들, 예컨대 흉노나 돌궐, 몽골 등의 역사도 중국사의 일부로 편입되어 왔으며, 이러한 사실에 대해 지금까지 별다른 이의 제기가 없었다. 중국인들이 이처럼 흉노 등 독립된 강대 국가들의 역사를 중국사의 일부로 편입한 까닭은 "중국사의 범위는 현재 중화인민공화국의 영토를 범주로 한다"[4], 즉 "중국사는 역사상의 중국을 자칭한 각 왕조의 역사뿐만 아니라 당시의 왕조에는 속하지 않았지만 지금은 중국을 이루는 각 족의 인민과 각 지역의 역사를 모두 포함한다"[5]는 원칙을 갖고 있기 때문이다. 이러한 원칙을 설정한 까닭은 중화인민공화국의 건국 이후 56개 민족을 아우르는 '통일적 다민족 국가'를 유지해야 할 현실적 과제에 역사학이 '복무'해야 했기 때문이다.[6] 이러한 원칙에 비추어본다면 고구려사가 중국사의 일부로 편입되는 것은 당연한 일이다.

---

(3) 예컨대 2003년 12월 9일에 열린 한국사 관련 17개 학회 공동 주최 '중국의 고구려사 왜곡 대책 학술발표회'에서 "고구려가 '제천대회'를 열었다는 기록은 고구려가 제후국이 아닌 독자적인 정치체제를 가진 국가였음을 시사한다"(최광식, 〈동북공정의 배경과 내용 및 대응 방안〉)고 하고, "고구려 왕이 '책봉'을 받았다는 것을 중원 정권을 대신해 통치권을 행사한 것으로 보아서는 곤란하다"(임기환, 〈고구려와 중국의 조공-책봉 관계〉)고 했으며, 혹은 "고구려의 독자적 天下觀으로 보아…… 고구려는 중국 및 유목민 세계와 대등하면서도 그와 다른 독자적인 세계를 형성했음을 알 수 있다"(양기석, 〈劉子敏 옌볜대 교수에 대한 토론 요지〉)고 하고, 혹은 "고구려는 당과 어깨를 나란히 한 당당한 외국 독립국가였다"(신용하, 〈2005. 12. 9일자 조선일보 기고문〉)든가, "北魏 정권조차 고구려가 만주와 동몽골 일대의 九夷를 제압한 독자적 세력권을 확보하고 있음을 인정했다"는 등의 주장이 제기되었다. (《주간조선》 1784호, 2003. 12. 25).
(4) 白壽彝, 〈論歷史上祖國國土問題的處理〉, 《光明日報》 1951. 5. 5).
(5) 何玆全, 〈中國古代史敎學存在的一個問題〉, 《光明日報》 1959. 7. 5).
(6) 金翰奎, 〈古代 東아시아의 民族關係史에 대한 現代 中國의 社會主義的 理解〉, 《東亞硏究》 24, 1992).

역사적 인식이란 사물이 형성되는 과정을 이해함으로써 그 사물의 본질에 접근하려는 태도를 말한다. 이러한 관점에서 본다면 현재의 중국을 기준으로 중국사의 범위를 획정하려는 중국인의 태도는 잘못되었다고 말할 수는 없다. 한 예로 고구려 영토의 대부분이 현재 중국의 공간적 범주에 포섭되었고, 고구려 인구의 상당 부분이 현재 중국인의 조상이 되었으며, 고구려 문화의 많은 요소가 현재 중국 문화를 형성하는 데 기여했다면, 중국인이 고구려사를 중국사의 일부로 간주하려는 태도는 그들이 설정한 중국사 범주에 관한 원칙에 부합할 뿐만 아니라 역사적 인식의 본질과도 크게 어긋나지 않는다. 그럼에도 불구하고 흥미롭게도 중국인은 이 치열한 '역사 전쟁'에서 이 전가의 보도를 당당하게 사용하지 않았다. 그 대신 '고구려는 중국 왕조의 일개 지방정부였음'을 주장함으로써 고구려사가 중국사의 일부였음을 입증하려고 했다.

이른바 '역사 전쟁'의 포문을 연 변중(邊衆)의 〈試論高句麗史研究的幾個問題〉에서 이러한 측면이 잘 드러나 있다. 이 글에서 "고구려는 한(漢)나라 안에 있던 일개 지방 정권"으로 출발하여 "중국의 중원 왕조가 관할하는 지역에서 주로 활동했으며, 중원 왕조와 종속관계를 유지했다. 고구려 정권은 중원 왕조의 제약을 받았고, 중국 지방 정권의 관할하에 있었으므로, 고대 중국에 있었던 변방의 민족 정권으로 보아야 한다." 고구려는 남북조시대에도 "스스로 중국의 중앙 왕조에 대해 종속관계를 유지했을 뿐만 아니라 고구려는 책봉을 받았고 조공을 바쳤으며 질자를 보냈다. …… 당나라가 세워진 후 고구려는 당으로부터 책봉을 받았으니, 이는 고구려의 왕조가 당의 승인을 받았다는 증거이고, 중국으로부터 자주 독립을 하지 않으려

했다는 뜻이다." 따라서 "수당(隋唐)과 고구려의 전쟁은 통일 전쟁이었다." 요컨대 "고구려는 중국 동북 지역 역사에 출현했던 소수민족 정권이라"[7]는 것이다. 또한 중국변강사지연구중심의 인터넷 홈페이지에 게재된 이대룡(李大龍)의 〈高句麗是古代中國的地方民族政權〉이라는 글에서도 "고구려는 우리나라 경내의 민족이 건립한 지방 정권이라"고 규정하고, 그 이유로 "고구려 정권은 서한(西漢) 시기에 현도군(玄菟郡) 고구려현(高句麗縣) 경내의 변강 민족이 건립한 지방 정권이었으며," 그 뒤에도 고구려와 '아국(我國)' 중앙 왕조는 계속 신속(臣屬)관계를 유지했고, "역조(歷朝) 각 대의 통치자들이 모두 고구려의 활동 구역이 중국의 고유한 영토였음을 인정했다"[8]는 사실을 들었다. 이처럼 국가, 혹은 정권 사이의 역학적·제도적 관계라는 무기를 사용했다는 점에서 중국인의 태도는 한국인의 그것과 하등 다를 바 없었다.

고구려는 건국 초기에는 중국 국가인 한(漢)의 변군(邊郡) 체제 안에 포섭되어 있었고, 고대국가로 발전한 뒤에는 중국의 국가들과 책봉과 조공을 교환했으며, 그 군주는 중국 국가의 군주에게 칭신했다. 이 점에 있어 중국인의 주장은 사실과 다르지 않다. 그러나 이러한 사실이 곧 고구려가 중국의 국가였음을 증좌하는 것은 아니다. 중국 국가와의 정치외교적 관계와 중국으로의 귀속은 별개의 문제이기 때문이다. 그 한 예를 든다면 한대(漢代)의 중국인은 변군이 설치된 곳을 중국으로 여기지 않았고, 그곳의 주민을 중국인으로 간

---

(7) 《光明日報》 2003. 6. 24 (《新東亞》 531, 2003. 8. 22에서 재인용).
(8) www.chinaborderland.com

주하지 않았다. 당시 '중국'과 '변군'은 서로 포함하는 관계에 있지 않았고, 오히려 '화(華)'와 '이(夷)'의 서로 대응하는 개념이었다.[9] 변군은 중국과는 구별되는 별개의 역사공동체를 정복하고 그곳에 설치한 것이기 때문이다. 따라서 초기의 고구려를 포섭한 현도군도 한이라는 중국 국가의 일개 변군이었음은 분명하지만, 그것이 곧 중국이었던 것은 아니다. 변군체제에서 이탈한 뒤의 고구려야 더 말할 필요도 없다. 요컨대 한중 간의 고구려사 논쟁은 처음부터 국가 개념과 역사공동체 개념을 구별하지 못함으로써 문제의 핵심에 접근하지 못한 채 외곽에서 맴돌고 있었다.

　전통시대 동아시아의 국가는 특정한 가문이 국가 권력을 독점하는 왕조의 형태로 존재했다. 따라서 '한'은 곧 왕조의 명칭이며, 국가의 칭호였다. 그러나 '중국'은 국가 개념이 아니다. 그것은 중원(中原)이라는 특정한 활동 공간에서 중화 문화를 창조, 향유하면서 역사적 경험을 공유한 특정 역사공동체의 명칭이었다. 중국이라는 역사공동체와 중국에서 출현하여 중국을 지배하는 국가는 서로 긴밀하게 관련되어 있었으나, 서로 일치되는 역사적 실체는 아니었다. 한이라는 국가의 영토이면서도 변군이라는 이유로 중국에 포함되지 못한 것도, 한이라는 국가와 중국이라는 역사공동체가 일치되지 않았기 때문이다. 춘추전국시대에 '중국'이라는 개념이 출현한 이후 전통시대가 끝날 때까지 중국에서는 국가와 역사공동체가 일치하지 않는 상황이 지속되었다. 따라서 중국의 역사와 관련하여, 이 양자의 개념을 엄격하게 구별하지 않으면 어떠한 논의도 적확한 소득을

---

(9) 金翰奎, 〈'中國' 槪念을 통해서 본 고대 중국인의 세계관〉(《全海宗敎授華甲紀念論叢》, 1979).

얻을 수 없다.

4. 티베트 역사공동체

이처럼 이른바 '한중 역사 전쟁'의 과정에서나, '티베트 문제'에 관한 티베트 측과 중국 측의 논쟁에서 '국가'와 '역사공동체'를 구분하지 않음으로써 국가 간의 관계와 역사공동체 사이의 관계를 일치시키는 경향을 발견할 수 있다. 이러한 경향은 동아시아 세계의 역사상을 정확하게 이해하는 것을 저해하는 가장 근본적인 요소의 하나가 된다. 왜냐하면 역사상의 동아시아 세계는 일반적으로 한 국가가 한 역사공동체를 지배하거나 한 역사공동체가 한 국가를 건립하지 않고, 복수의 국가가 한 역사공동체를 분점하거나 복수의 역사공동체를 한 국가가 통합 지배하는 양상으로 전개되어 왔기 때문이다. 전자의 경우 삼국시대나 현재의 한국이 그 전형이 될 것이고, 후자의 경우는 진한시대 이래 현재까지의 중국이 그러할 것이다. 한 국가가 한 역사공동체를 지배할 경우에는 국가적 특성으로 역사공동체의 정체성까지 확인할 수도 있겠지만, 복수의 국가가 한 역사공동체를 지배하거나 한 국가가 복수의 역사공동체를 지배할 경우에는 국가의 지배를 받는 역사공동체의 성격을 그 국가적 특성만으로 규정할 수는 없는 것이다.

무엇보다도 한 국가가 복수의 역사공동체를 통합 지배하거나 한 역사공동체가 복수의 국가를 건립할 경우에는 국가의 영토 범위와 역사공동체의 공간적 범주가 일치하지 않는다. 한(漢)의 영토와 중국의 범주가 일치하지 않았던 것이 그 한 예가 될 것이다. '한'은 왕조, 즉 국가이고, '중국'은 곧 역사공동체인데, 한의 영토 안에는 '중국'뿐만 아니라 '변군'까지 포함되어 있었다. '중국'은 '내군(內郡)'의 설치 지역만을 지칭했기 때문에 '변군'은 흔히 '외군(外郡)'이라 불리기도 했고, '변군'은 일반적으로 비중국계 인구, 즉 '이적(夷狄)'의 거주 지역에 설치되었기 때문에 '이적'이라 불리기도 했다. 따라서 '한'이라는 국가는 곧 '중국'과 '이적'이라는 복수의 역사공동체를 동시에 지배하고 있었던 것이다. 한의 변군은 여러 이적, 즉 '제이(諸夷)'에 설치되었으므로, 한은 중국뿐만 아니라 이적의 여러 역사공동체를 통합, 지배했다. 한의 변군 (지배)체제에 포섭되었던 이적의 역사공동체 중에는 중국 동북방의 맥(貊)과 예(濊), 북방의 호(胡)와 동호(東胡), 서방의 강(羌)과 저(氐), 남방의 월(越)과 만(蠻) 등이 두루 포함되어 있었다. 한은 맥과 예를 함께 지배하고 있던 조선을 멸망시키고 4군(郡)을 설치했으며, 호와 동호를 통합, 지배했던 흉노를 공격하여 그 남부에 여러 개의 군을 설치했고, 서남이(西南夷)의 제국을 멸망시키고 6개의 변군으로 편입시켰으며, 남월(南越)과 동월(東越), 민월(閩越) 등을 멸망시키고 9개 변군을 설치했던 것이다. 따라서 당시의 중국인들은 '변군'을 '중국'의 상대 개념으로 파악하고 있었으니, 이는 당시인들의 염철(鹽鐵) 논쟁에 잘 나타나 있다.[10]

한대 이후에도 중국사에 출현한 수많은 중국의 국가들은 중국 이외의 여러 이적 역사공동체를 통합, 지배했는데, 중국인들은 지금까

---

(10) 桓寬, 《鹽鐵論》誅秦, 輕重 등.

지도 이러한 이적의 변군 설치 지역을 '변강'이라고 불렀다. 따라서 역사상 중국인들이 '변강'이라고 부른 곳은 '중국'의 일부가 아니라 '중국'의 밖, 별개의 역사공동체들을 가리킨다. 지금도 중국인들은 요동과 몽골, 서역, 티베트, 전검(계), 대만 등을 '변강'이라 하면서 '동북', '북방', '신강', '서장', '서남', '해강' 등으로 부르는데, 이는 곧 이들 '변강'이 '중국'의 일부 '지방'임을 강조하기 위함이다. 그러나 이들 '변강'은 자연환경이나 문화적 특질, 역사적 경험 등 여러 가지 측면에서 중국과는 구별되는 별개의 역사공동체였으니, 특히 요동과 티베트가 그러한 특성이 두드러진다.

먼저 티베트의 역사공동체적 면모에 대해 살펴보자. 티베트인들이 거주하고 활동해온 티베트 고원이라는 공간은 매우 독특한 자연환경을 나타내고 있다. 흔히 '세계의 척추'라고 불리는 티베트 고원은 남쪽의 히말라야 산맥에서 북쪽의 쿤룬(崑崙) 산객에 이르는 대고원 지역으로, 거의 전 지역이 높고 춥고 건조하여 그 동방의 중국 평원(=中原)이나 동남부의 쓰촨(四川) 분지, 북방의 고비 사막, 서방의 중앙아시아 초원, 남방의 인도 평원 등과는 명료하게 분별된다. 티베트는 흔히 위(衛=前藏), 짱(藏=後藏), 캄(康), 아리(阿里), 암도(安多) 등 여러 지역으로 구성된 것으로 간주되지만, 이러한 구분법은 정치적 의미가 강하다. 자연환경의 특성을 기준으로 본다면 티베트는 민역(悶域)과 장남(藏南), 장북(藏北), 장동(藏東) 등 4개 지역으로 나누는 것이 자연스럽다. 민역이란 평균 해발 약 5,000미터의 히말라야 산맥과 평균 해발 500미터의 인도 평원 사이의 히말라야 남쪽 기슭을 말한다. 장남이란 히말라야 산맥과 강디쓰(岡底斯)-녠칭탕구라(念靑唐古拉) 산맥, 헝돤(橫斷) 산맥 등으로 에워싸인 하곡(河谷)으로 위짱(衛藏)이라고도 한다. 이곳은 비교적 고도가 낮고(평균 해발 3,500미터), 위도도 낮아 기온이 따뜻하며, 그 한 가운데로는 야루짱푸(雅魯藏布) 강이 흐른다. 강디쓰-녠칭탕구라 산맥과 쿤룬 사맥 사이의 장북 고원은 흔히 창탕(羌塘)이라고도 불리는데, 티베트어로 '북방의 황량한 고원'이라는 뜻이다. 4,500미터 이상의 고산들이 중첩되어 있고, 수많은 분지와 호수가 분포해 있다. 헝돤 산맥 이동의 장동은 흔히 캄(康)이라고도 하는데, 평균 해발 4,000~5,000미터의 험준한 산악이 남북으로 누첩되어 있다. 그 사이 사이에 누장 강(怒江), 란창 강(瀾滄江), 진사 강(金沙江) 등의 깊은 계곡이 줄지어 흐르고 있는데, 산정과 협곡의 고차가 2,500미터에 달한다. 이처럼 티베트 고원을 구성하는 여러 지역들은 자연 형세와 기온, 강우량, 공기량 등이 다르지만, 기본적으로는 높고 춥고 건조하며 숨찬 고원지대라는 점에서는 별다른 차이가 없다. 이로 인해 이곳의 인구밀도도 극히 낮으며, 중국인 등 다른 지역 사람들이 들어가서 살기가 매우 어렵다. 현재 중화인민공화국 영토 내의 여러 '소수민족' 거주 지역 중에서 중국인의 인구가 과반을 차지하지 않는 곳이 거의 없지만, 이곳 티베트 고원에서는 중국인의 인구 점유률이 5%에도 미치지 못한다는 사실이 그것을 증명하고 있다. 티베트 고원의 이 같이 특수한 자연환경은 티베트 역사공동체를 형성하고 유지하는 데 결정적인 역할을 담당했다.[11]

티베트 고원에서는 그 특수한 자연환경과 조화를 이루는 매우 독

---

(11) 任乃强, 〈西藏的自然區劃〉; 洪滌塵, 〈西藏地理〉, 《西藏地方志資料集成》, 中國藏學研究所, 1999) 1~8쪽.

특한 의식주 생활이 영위되어 왔다. 티베트인들은 고원의 추위를 막기 위해 양털로 짠 방로(氆氌)라는 피륙으로 외투를 만들어 입고, 쇠가죽으로 두껍게 만든 긴 장화를 신고, 털로 짠 전와모(氈窩帽)를 쓴다. 여자는 수십 종류의 염색 모사로 정교하게 짠 낭전(幇典)이라는 아름다운 앞치마를 두르고, 이마에는 마노(瑪瑙)를 엮고 은반(銀盤)을 얹으며 앞가슴에는 불합(佛盒) 등 은합(銀盒)을 꿰어 화려하게 장식한다. 티베트인은 청과(青稞)를 볶아 빻은 참파(糌粑)를 수유차(酥油茶)에 섞어 먹는다. 수유차는 소나 양의 젖을 정련한 수유를 찻물에 섞은 것으로, 메마르고 기름진 참파와 육포를 주식으로 하는 티베트인에게는 하루라도 마시지 않을 수 없는 필수 음료이다. 소와 양의 고기를 얇은 조각으로 말린 육포와 치즈, 크림, 젖찌꺼기, 산유(요구르트) 등 각종 유제품, 청과로 빚은 낮은 도수의 창이라는 술도 티베트인의 주요 음식물이다. 농경 정착생활을 영위하는 일부 티베트인은 흙과 돌을 쌓아올린 누실(陋室)이나 돌로 벽을 여러 층 쌓는 조방(碉房)에서 거주하지만, 목축 지역에서는 야크의 털로 짠 피륙으로 만든 직사각형 장봉(帳篷), 즉 천막집을 이용하여 옮겨 다닌다. 이 같은 티베트의 독특한 의식주 생활을 상징적으로 나타내는 동물이 야크(牦牛)이다. 티베트인은 야크의 고기를 육포의 재료로 사용하고, 그 우유를 이용해 치즈 등 각종 유제품을 만들며, 그 기름은 사원에서 촛불의 재료로 사용하고, 털은 천막을 만드는 피륙의 재료로, 뼈는 가구를 만드는 재료로, 분뇨는 연료로 사용한다. 뿐만 아니라 야크는 4,000~5,000미터 고산의 영하 2,30도의 혹한에서도 100근 이상의 무거운 짐을 옮길 수 있기 때문에 여행의 동반자로도 환영받는다.[12)]

티베트 고원 특유의 자연환경은 독특한 의식주 생활뿐만 아니라 특이한 혼인, 장례, 명절 풍속을 탄생시켰다. 티베트에는 일처다부제라는 세계적으로 보기 어려운 독특한 혼인 풍속이 전래되었고, 천장(天葬)이라는 기이한 장례 풍속도 있다. 티베트의 일처다부제는 유목 사회에서 흔히 볼 수 있는 전방제(轉房制)의 한 변형으로 이해되며, 조장(鳥葬)이라고도 불리는 천장 풍속은 사람과 자연을 일체화하는 불교적 전통과 관계 있다. 고유한 역산법(曆算法)을 갖고 있는 티베트인들은 티베트 일력(藏曆)의 12월부터 정월까지 죽소절마(竹素切磨) 등 독특한 음식과 춤 등으로 새해 맞이 축제를 벌이고, 설돈절(雪頓節, 藏戱節), 광림카(逛林卡), 망과절(望果節) 등의 고유 명절에 갖가지 도신(跳神)과 말 달리기, 활쏘기, 씨름, 춤 등을 즐긴다. 이외에도 사람을 만날 때 카따(哈達)라는 예물을 증정하거나, 개두(磕頭)로 인사하고, 오체투지(五體投地)로 조불(朝佛)하는 풍습 등 티베트에는 다른 역사공동체에서는 보기 어려운 매우 독특한 고유 풍속이 적지 않다.[13]

독립된 역사공동체를 유지케 하는 가장 중요한 표지의 하나가 고유한 언어인데, 티베트인은 고유한 언어를 보존하고 있을 뿐만 아니라 고유한 문자도 갖고 있다. 티베트어는 중국-티베트어계, 티베트-미얀마어족, 티베트 어지(語支)로 분류된다. 비록 위짱 방언과 캄 방언, 암도 방언 등이 공존하지만, 티베트는 한 역사공동체의 공

---

(12) 赤列曲扎,《西藏風土志》(西藏人民出版社, 1982) 200~247쪽; 余漢華,〈西藏民族生活諸形態〉,《西藏地方志資料集成》, 42쪽.
(13) 赤列曲扎, 152~184쪽; 洪滌塵, 22~28쪽.

통된 언어를 오래 전부터 사용해왔다. 마치 고대 한국인이 자국의 언어가 중국어와 다름을 자각하여 한글을 창제했듯이, 고대 티베트인들도 적어도 토번의 손챈감포 시기 이후부터는 체계화된 독자적 문자를 만들어 사용했다. 티베트 고유의 언어와 문자는 특유의 문학을 발전시켜, 민간 고사(故事)와 민가(民歌), 연극 등 여러 양식이 모두 독특한 풍격을 갖추게 되었다.[14]

그러나 티베트 역사공동체의 정체성을 확립하는 데 가장 크게 기여한 것은 역시 흔히 라마교(喇嘛敎)라 불리는 티베트 불교(藏傳佛敎)였다. 1950년 중국군의 침공이 있기 전만 해도 티베트 총인구의 4분의 1이 출가 승려였고, 1968~1978년 문화혁명의 여파로 티베트 불교사찰이 대부분 파괴되기 전만 해도, 티베트 전역의 사찰이 6,000여 개 이상이었을 정도로 티베트 고원은 그 자체가 하나의 불국(佛國)이요, '서천(西天)'이었다. 불교는 1300여 년 전에 티베트 고원으로 유입되었으나, 불교가 이 땅에 들어오기 전 이미 티베트에는 토착 종교인 뵌교(笨敎)가 있었다. 이로 인해 불교는 티베트에서 오랜 기간 뵌교와 투쟁하고 융합하는 과정을 거쳐 다른 어느 나라에서도 볼 수 없는 매우 독특한 교의와 의식을 갖추게 되었다. 특히 인도 후기 불교, 즉 탄트리즘을 포함한 밀교(密敎)의 건입으로 티베트 불교에는 샤머니즘적 뵌교의 전통과 탄트리즘적 밀교의 요소가 함께 혼입되어 독특한 교의 체계를 갖추게 되었는데, 그 대표적인 예가 활불(活佛) 숭배사상이었다. 이 활불 숭배사상은 활불전세(活佛轉世)의 제도로 정착되어, 정교일치(政敎一致)의 독특한 정치체제

---

(14) 瞿靄堂,〈藏族的諺言和文字〉,《中國藏學》1992~3, 146쪽; 赤列曲扎, 200~239쪽.

를 형성했다. 티베트 고원에서는 토번 왕국이 붕괴된 뒤부터 통일 왕조가 다시는 건립되지 못했다. 그 대신 활불전세 제도로 운영되는 정교일치의 정치체제가 현재에 이르기까지 가동되어 왔다. 티베트에서 정교일치의 정치체제가 운영된 것은 사캬파의 고승 파스파(八思巴)가 몽골의 제5대 칸 쿠빌라이(忽必烈)의 위촉과 보호를 받으면서 티베트 전역을 통치하면서부터다. 겔룩파의 최고위 승려 14세 다라이 라마가 달람살라 망명 정부를 통치하는 지금까지 지속되고 있는데, 특히 겔룩파가 집권한 뒤로는 활불전세 제도가 정치체제로 전용되어 티베트 역사공동체의 정체성을 더욱 돋보이게 하고 있다.[15]

티베트인의 혈통적 기원에 대해서는 북방 몽골에서 왔다는 북래설, 남방 인도에서 왔다는 남래설, 언어가 같은 어족에 속하는 미얀마에서 왔다는 주장, 중원에서 왔다는 한장일원설(漢藏一元說), 강남에서 왔다는 묘장동조설(苗藏同祖說), 요동에서 왔다는 선비기원설(鮮卑起源說), 칭하이에서 왔다는 장강동원설(藏羌同源說) 등 갖가지 학설이 있지만, 야루짱푸 강 유역의 야룽(雅隆) 하곡에서 일어났다는 토착설이 최근의 고고학적 성과로 인해 가장 큰 설득력을 얻고 있고, 여기에 더하여 야룽에서 일어난 뿌걔인(悉勃野人)이 점차 북쪽으로 세력을 확장하면서 칭하이와 쓰촨 서부 일대의 강인(羌人)과 융합하게 되었던 것으로 이해하는 것이 더욱 합리적이다. 여러 소국으로 분산되어 있던 티베트인은 7세기 초에 이르러 뿌걔인

---

(15) 야마구치 즈이호, 야자키 쇼켄, 《티베트 불교사》(민족사, 1990) 22~134쪽; 弘學, 《藏傳佛教》(四川人民, 1997) 173~307쪽.

을 중심으로 통일하게 되는데, 이렇게 해서 성립된 통일 왕국이 토번이다. 손챈감포 시기의 토번 왕국은 태종(太宗) 시기의 당조(唐朝)와 힐항하면서 당시 동아시아 세계의 한 중심축을 형성할 정도로 번성했다. 그 뒤 9세기 말에 당조와 함께 토번도 붕괴하여 티베트 고원은 수많은 지방 정권으로 분열되었지만, 정교일치의 사캬파 정권이 수립되어 다시 정치적 통일을 이룩했다. 이후 티베트에는 이웃 중국 등에서 출현한 왕조, 즉 혈통적 세습을 통해 특정 가문이 국가 권력을 독점하는 국가 형태는 나타나지 않았지만, 활불전생의 제도를 통해 특정 불교 교파가 국가 권력을 독점하는 형태의 국가는 계속 존속해왔다. 이러한 형태의 국가는 세계의 다른 역사공동체에서는 발견하기 어려운 매우 독특한 것이지만, 그 독특한 정치적·역사적 경험이 티베트 역사공동체의 정체성을 정립하는 데 적극적으로 기여했다.[16]

역사공동체란 역사적 경험과 역사의식을 공유한 공동체를 말한다. 티베트인들은 오래 전부터 티베트 고원에서 이와 같이 독특한 역사적 경험을 공유했을 뿐만 아니라, 자신들이 이웃한 다른 역사공동체, 특히 중국과는 다른 역사 체계를 의식하고 있었다. 티베트인들은 오래 전부터 중국을 가리켜 '갸나(甲那)'라 하고, 중국인은 '갸미(甲米)'라고 했는데, 이 말의 개념에는 티베트나 티베트인의 의미가 전혀 포함되어 있지 않았다. 그것은 '중국'이라는 말에 '티베트' 혹은 위짱(衛藏), 서장(西藏) 등의 의미가 포함되지 않은 것과 마찬

---

(16) 鄭汕,《西藏發展史》(雲南民族, 1992) 3~9쪽; 김한규,《티베트와 중국의 역사적 관계》(혜안, 2003) 187~202쪽.

가지이다. 현대의 중국인은 티베트(인)의 의미를 포함시킨 '중화민국' 혹은 '중화인민공화국', '중국', '중화민족' 등을 뜻하는 새로운 티베트어를 만들어 '갸나' 혹은 '갸미' 대신에 사용하도록 티베트인에게 강요하고 있다. 그러나 전통시대의 티베트인이 자신들을 중국인과 구별했듯이 전통시대에는 중국인들도 자신을 티베트인과 스스로 구별했다.[17]

  1950년 중화인민공화국의 인민해방군이 티베트의 창두를 침공하고, 1951년 라싸에 진군한 이후 티베트는 중화인민공화국의 지배를 받게 되었고, 1965년에는 서장자치구(西藏自治區)로 편입되었다. 그러나 이러한 정치적 귀속의 변화가 곧 티베트 역사공동체의 소멸을 의미하지도 않거니와, 티베트 역사공동체의 전통적 존재를 부정하는 근거나 기준이 될 수는 없다. 이와 마찬가지로 요동도 현재는 중화인민공화국의 '둥산성(東三省)'으로 편입되어 '동북(東北) 변강(邊疆)'으로 불리고 있지만, 이러한 현재 상황으로 인해 요동 역사공동체의 역사적 존재와 그 활동이 부정되거나 망각될 수는 없다.

5. 요동(遼東) 역사공동체

  한국과 중국, 일본, 월남 등이 별개의 역사공동체로서 서로 다른 특성을 갖추고 있듯이, 티베트와 요동도 매우 독특한 개성을 갖고

---

(17) 王貴 等,《西藏歷史地位辨》(民族, 1995) 33~36쪽; 김한규,《티베트와 중국-그 역사적 관계에 대한 연구사적 이해-》(소나무, 2000) 438~470쪽.

있다. 특히 요동은 그 자체로서 한 역사공동체를 이룸과 동시에, 그 하부에 군소 역사공동체들을 누층적으로 포섭하고 있다는 점에서 매우 특이한 구조를 갖추었다. 대싱안링(大興安嶺)과 발해(渤海)가 만나는 접점에 설치된 산하이관(山海關)은 중국과 요동을 가르는 상징적 표지물로서, 산하이관의 동쪽, 즉 관동(關東) 지역은 그 서부의 산악지대와 동부의 산악 지역, 그리고 그 사이의 중앙 대평원 등 크게 3개의 권역으로 구성되어 있다.[18] 이 가운데서 대싱안링을 중심으로 한 서부의 산악 고원 지역에서는 동호(東胡), 동부의 산악 지역에서는 숙신(肅愼), 중부의 대평원 지역에서는 예맥(濊貊)의 역사공동체가 기원전에 각각 발생, 발전했다. 이후 동호는 오환(烏桓)과 선비(鮮卑) 등으로 분화되고, 거란(契丹)과 습(霫), 해(奚), 실위(室韋), 몽그 등으로 발전했으며, 숙신은 읍루(挹婁)와 물길(勿吉), 숙신(肅愼), 말갈(靺鞨), 여진(女眞), 만주(滿洲) 등으로 계기적(繼起的)으로 발전했다. 이에 반해 예맥은 원래 예(濊)와 맥(貊)의 두 공동체로 출현했다가 한 역사공동체로 점차 융합되었다. 이처럼 요동의 세 권역에서 출현한 3종의 역사공동체는 그 자연환경과 역사적 전개 과정에서 약간의 차이를 보였지만, 요동이라는 역사적 무대에서 공동의 역사적 경험을 공유함으로써 '요동' 역사공동체라는 한 단계 높은 수준의 공동체를 공동으로 창출하여 '중국사(中國史)'와는 다른 계통의 '요동사(遼東史)' 체계를 건립했다.

요동사의 서장을 장식한 주역은 예맥이었다. 예맥, 특히 맥(貊)은 조선과 고구려라는 국가를 요동에서 건립했는데, 조선과 고구려는

---

(18) 許逸超, 《東北地理》(正中書局, 1936) 24~32쪽.

맥뿐만 아니라 예(濊)까지 통합, 지배함으로써 맥과 예 공동체는 서로 융합되어 하나의 공동체로 발전했다. 특히 고구려는 예맥뿐만 아니라 동호계(東胡系)의 거란과 숙신계(肅愼系)의 말갈까지 통합, 지배함으로써 요동을 구성한 3계통의 군소 역사공동체들은 모두 한 국가체제 안에서 역사적 경험을 공유하게 되었다. 고구려의 이러한 역사적 역할이 수세기에 걸쳐 장기적으로 전개됨으로써, 3계통의 군소 공동체들이 서로 융합하여 하나의 요동 역사공동체가 성립되는 환경이 조성되었다. 이 같은 일은 그 다음 단계에서도 되풀이되었다. 고구려가 멸망하고 발해가 건국한 사건은 예맥계와 숙신계 공동체가 다시 한 국가체제 안에서 융합되는 계기를 마련했다. 발해 인구의 대부분은 숙신계 말갈인이었고, 이로 인해 발해는 '발해말갈(渤海靺鞨)'이라고도 불려졌지만, '발해인'은 단순한 말갈인이 아니라 예맥계와 숙신계가 융합해 이루어낸 제3의 새로운 공동체 성원이었다. 발해가 멸망한 뒤 요동사의 주역은 다시 동호계로 돌아갔지만, 이 단계에서도 3계통 공동체의 융합은 지속적으로 이루어졌다. 거란의 지배체제 안에는 거란인뿐만 아니라 습, 해, 실위 등 동호계의 군소 공동체들이 모두 포함되었다. 나아가서는 발해와 말갈 등까지 포섭되었기 때문에, 3계통의 군소 공동체들은 한 국가체제 안에서 역사적 경험을 함께하면서 점차 서로 융합되었다. 따라서 요대(遼代)의 '거란인'이란 순수한 동호계 인구를 가리키는 것이 아니라 발해의 후예와 흑수말갈인(黑水靺鞨人) 등이 융합해 이루어낸 제3의 새로운 역사공동체 성원이라고 할 수 있다. 거란의 요가 멸망한 뒤 그 역사적 역할이 숙신계의 여진(女眞)으로 넘어갔다. 흑수말갈에서 발전한 여진은 요동을 다시 통일하여 그 인구들을 한 지배체제 안으로 포섭했는데, 이로 인해 금대(金代)의 요동에서도 동호계 인구와 숙신계 인구, 그리고 발해 유민 등의 융합이 더욱 진전되었다. 여진의 금은 동호계의 몽고에 의해 멸망되었고, 동호계는 다시 요동사의 주역으로 복귀했다. 몽원(蒙元)과 고려의 긴밀한 관계로 인해 이때의 요동 중심부에는 대규모의 한국인이 거주했다. 따라서 몽고 지배하의 요동에서도 몽고인과 거란인, 여진인, 그리고 한국인 등이 융합되어 새로운 요동인이 생성되었다. 몽원이 멸망한 뒤에는 중국의 명(明)이 요동으로 진출하여 요동 중심부에 요동도사(遼東都司)라는 군정기관을 설치했는데, 이는 조선이 멸망한 뒤에 한(漢)의 4군(郡)이 요동에 설치된 이래로 두 번째 발생한 중국인의 요동 진출이었다. 이로 인해 명의 요동도사가 존립한 시기에도 요동 서부 우량하(兀良哈) 삼위(三衛)의 몽고화한 거란인, 요동 동부 누르간도사(奴兒干都司)의 여진인, 요동 중부의 중국인 등이 서로 융합했다. 여진이 흥기하여 명의 세력을 요동에서 축출한 뒤 청(淸)이라는 통일 국가를 세우고 '만주인의 요동'을 선포했을 때 '만주'란 단순히 '여진'의 개칭이 아니라 여진을 중심으로 한 몽고인, 한국인, 중국인 등이 융합하여 이루어낸 새로운 '요동인'의 이름이었다. 따라서 비록 요동이 세 계통의 군소 역사공동체들로 구성되어 있었고, 요동사의 주도권이 서로 다른 역사공동체에 의해 빈번하게 교체되어 단순한 역사 체계의 수립을 방해하는 요소로 작용하기도 했다. 그러나 세 계통의 역사공동체는 각각 독립된 역사 체계를 갖춤과 동시에 한 국가체제 안에서 역사적 경험을 공유하는 과정에서 서로 융합하여 제3의 새로운 역사공동체를 창출함으로써 요동 전체를 범주로 하는 하나의 역사 체계, 즉 '요동사'를 확립했다. 요동사는 여러 계통의 군소 역사공동체가 요동이라는 한 용광로 안에서 서로 융합하여 하나의 새로운 역사공동체를 창출해내는 정반합(正反合)의 발전적 역사였다.

요동 역사공동체의 역사적 전개 과정에서 발견되는 또 다른 특징의 하나는 요동 공동체는 끊임없이 통합 국가를 산생했다는 점이다. 통합 국가란 복수의 역사공동체를 동시에 아울러 지배하는 국가를 말한다. 예컨대 조선은 예와 맥의 두 공동체를 함께 지배했고, 고구려는 예와 맥뿐만 아니라 동호계의 거란까지 함께 지배했으며, 발해는 여기에 숙신계의 말갈까지 통합, 지배했다. 이러한 현상은 10~11세기 이후에 이르러 새로운 양상을 띠게 되었다. 요동뿐만 아니라 중국까지 통합, 지배하게 된 것이다. 거란이 세운 요는 요동의 동호계와 숙신계를 통합하여 요동을 통일한 다음, 장성(長城) 이남의 연운16주(燕雲十六州)를 점유하고 요를 세워 요동과 중국을 함께 지배했다. 그 뒤를 이어 여진이 낳은 금(金)도 요동을 통일한 뒤 중원까지 점령하여 요동과 중국을 통합, 지배했으며, 그 뒤를 이어 몽고가 산생한 원(元)도 요동과 중국을 모두 지배했다. 원이 장성 이북으로 축출된 뒤에는 중국의 명(明)이 요동의 일부까지 장악하는 매우 이례적인 상황이 일어났지만, 그 뒤에 다시 만주가 세운 후금(後金)과 청(淸)이 요동을 통일한 뒤에 중국까지 지배하여 전형적인 통합 국가를 이루었다. 즉 10~11세기 이전의 고대에는 요동의 군소 역사공동체들이 산생한 국가가 요동의 여러 군소 역사공동체들을 아울러 통합, 지배하는 양상이 지속되었으나, 10~11세기 이후에는 요동의 역사공동체가 특정한 요동 국가에 의해 통일된 뒤 다시 중국이라는 역사공동체도 아울러 통합, 지배되는 양상이 전개

되었다는 것이다.[19]

요동 국가가 요동의 역사공동체뿐만 아니라 중국의 역사공동체까지 아울러 통합, 지배한 10~11세기 이후의 동아시아 역사는 그 중심이 중국이 아니라 요동에 있었다. 이 시기의 중국인들은 10여 세기에 걸친 긴 기간 동안 지속적으로 요동 국가의 침략을 받아 부분적 혹은 전면적으로 정복당했다. 이 기간에 중국인이 건립한 국가들은 대부분 요동인이 건립한 국가들의 침공을 받아 멸망했으며, 멸망하기 전에도 동아시아 세계 질서의 주도권을 요동 국가에 침탈당했다. 따라서 이 기간에 요동이 중국의 '변강'이었다고 하는 것은 오로지 중국인의 자기중심적 허장성세의 강변일 뿐 동아시아 세계의 객관적 입장에서 본다면 당시의 요동은 세계의 변두리가 아니라 중심이었다. 역사적 상황의 본질적 변화와 관계없이 언제나 중국을 세계의 중심에 놓는 중화주의적 역사 서술은 전통시대 동아시아 세계사 체계를 심각하게 왜곡시켰으며, 요동사를 중국사의 일부로 매몰시킨 것은 그 왜곡의 한 전형적 사례였다.

중국인은 요동 공동체가 세운 여러 국가, 예컨대 동호계의 거란이 세운 요, 숙신계의 여진이 세운 금, 동호계의 몽고가 세운 원, 숙신계의 만주가 세운 청 등을 마치 중국 공동체가 건립한 정통적 국가인 것처럼 역사 체계를 갖추어 주장하지만, 엄밀히 말하면 이들 국가는 모두 요동에서 요동인에 의해 건립되어 요동을 통일한 뒤 중국까지 통합, 지배한 통합 국가였다. 따라서 이들에 의해 구성되는 역사 체계는 중국에서 중국인에 의해 건립된 진(秦), 한(漢), 당(唐), 명(明)

---

(19) 김한규, 《遼東史》(문학과지성사, 2004) 579~619쪽.

등 정통적 중국 국가들로서 구축되는 역사 체계와는 엄격하게 구별되어야 한다. 진, 한, 당, 명 등 중국 국가들도 통합 국가였다. 이들은 중국에서 일어나 중국을 통일한 뒤에 요동 등의 일부 혹은 전부를 통합, 지배했다. 그러나 진, 한, 당, 명 등이 중국과 요동 등을 통합, 지배했을 때는 세계의 중심이 중국에 있었으며, 세계 질서도 중국인에 의해 주도되었다. 또한 요, 금, 원, 청 등이 요동과 중국 등을 통합, 지배했을 때는 세계의 중심이 요동에 있었으며, 세계 질서도 요동인에 의해 주도되었다. 진, 한, 당, 명 등은 중국사의 주류에 위치하지만, 요, 금, 원, 청 등도 요동사의 주류라는 위상을 인정받아야 한다. 따라서 이들 두 계통의 통합 국가들은 그 본질적 성격과 세계사상의 위상에 있어 엄격히 구분되어 이해되어야 할 것이며, 양자에 의해 구성될 역사 체계도 명료하게 분별되어야 할 것이다.

물론 '변강'의 문제는 정치적 중심과 주변의 관계만으로 논단할 수는 없다. 특히 문화적 측면은 간과할 수 없다. 전통시대 중국인의 중화주의적 사고방식, 즉 중화(中華)와 이적(夷狄)의 구별의식이란 것도 엄밀히 말하면 종족적 분별법이라기보다는 문화적 차별의식이라 할 수 있다. 그들에게 중국이란 문화가 발생, 발전하여 세계 최고의 수준에 이른 곳이며, 이적이란 '황복(荒服)', 즉 문화의 불모지로서 중화 문화의 세례를 받아 '한화(漢化, 즉 中國化)'되어야 할 곳이었다. 전통시대 중국인은 문화란 언제나 중국에서 발생, 발전하여 이적으로 전파되는 것이었다. 그들에게는 중국의 공간적 확대는 곧 중국 문화의 확장 과정과 일치한다. 그러나 중국인의 일원적 문화발생론은 신석기 혹은 청동기 문화의 동시다발적 출현 과정을 입증하는 최근의 고고학적 발굴 성과들에 의해 그 설득력을 잃고 있다.[20]

고대 동아시아 세계를 구성했던 호(胡), 적(狄), 융(戎), 강(羌), 저(氐), 파(巴), 만(蠻), 월(越), 이(夷), 맥(貊), 예(濊), 한(韓), 왜(倭) 등 여러 역사공동체는 각각 고유한 문화를 생산, 발전시켰으며, 이들 상호간의 인적·물적 접촉과 교류를 통해 각 공동체 특유의 문화도 서로 교류, 융합함으로써 새로운 보편 문화가 창출되어 동아시아 세계의 모든 공동체 성원들이 함께 공유, 향유했다. 따라서 전통시대 동아시아 세계의 문화적 접촉은 일방적 '동화(同化)'의 과정이 아니라 상호 '융합(融合)'의 과정이었다. 물론 여러 역사공동체 가운데서도 특히 중국은 양호한 자연환경과 수많은 인구를 보유했기 때문에 문화적 창조 역량도 다른 어느 공동체보다 뛰어났으며, 이로 인해 세계 문화의 재창조에 기여한 바가 컸음은 따로 강조할 필요도 없다. 그러나 이러한 사실이 중국 문화의 일방적 흐름, 즉 한화(漢化)의 근거가 될 수는 없다. 역사공동체 상호간의 문화적 독자성과 상대성을 인정하지 않으면, 전통시대 동아시아 세계의 구조적 특성에 정확하게 접근하기는 어려울 것이다.

다른 모든 역사공동체들과 마찬가지로 요동의 여러 역사공동체들도 중국의 문화와는 구별되는 독자적 문화를 창출, 향유했다. 맥의 경우 이미 선진(先秦)시대부터 수렵에 의한 '문피(文皮)'의 제조(《管子》揆道), 중국의 복식과 다른 '맥복'(貊服, 《竹書紀年》魏紀), '맥적(貊炙)'이라 불린 음식(《釋名》釋飮食), 20분의 1세(稅) 등 중국과 다른 통치질서(《孟子》告子), 중국과 다른 '습속'(《荀子》勸學)

---

(20) 文物出版社, 《文物考古工作三十年》(1979); 田繼周, 《先秦民族史》(匹川民族出版社, 1996) 13~64쪽.

등이 중국인에게 널리 알려져 있었다. 동호계의 오환, 선비 등 군소 공동체들도 이동성이 강한 기사(騎射)의 수렵생활, 가죽 연마와 모직물 제조, 궁려(窮廬) 가옥, 육식과 털가죽 옷, 전발(翦髮), 보요관(步搖冠) 장식, 모계제 사회, 부(部) 단위의 국가체제, 데릴사위제와 유사한 결혼 풍속, 계모와 형수를 취하는 전방제(轉房制), 조점(鳥占), 순견(殉犬)의 장례 풍습 등《魏書》烏桓鮮卑傳), 중국과 다른 고유 문화를 갖고 있었다. 숙신계의 읍루, 물길, 말갈, 여진 등도 수렵 중심의 경제생활, 지하 수혈(竪穴) 가옥, 호시(楛矢)와 청석(靑石) 독화살, 쇠뇌, 인뇨를 사용하는 가죽 연마, 변발(辮髮), 돼지고기와 기름, 가죽의 활용, 도태산(徒太山, 太白)과 토템 숭배 등(《三國志》東夷傳;《晋書》東夷傳;《魏書》勿吉傳;《唐書》靺鞨傳) 공통의 문화적 특징을 갖고 있었다. 이들 요동의 여러 군소 공동체들은 지역적·시대적 차이에 따라 그 문화적 특성을 달리하고 있지만, 여러 차례에 걸쳐 역사적 경험을 함께하는 과정에서 문화적 융합을 반복하여 요동 특유의 보편 문화를 함께 창출, 향유했다. 예컨대 고조선시대에는 비파형(琵琶形) 청동단검을 표지 문물로 하는 독특한 청동기 문화와 요동식 고인돌 문화를 창출했고, 고구려와 발해 시대에도 요동에서는 이웃의 중국이나 한국의 그것과는 구별되는 독특한 장묘(葬墓)와 혼례, 복식 문화 및 관제 등이 발전했다. 10~11세기 이후에는 요동과 중국을 아울러 지배하는 통합 국가가 요동에서 연속으로 출현함으로써 요동과 중국의 문화적 융합이 광범위하게 진행되어 요동 문화의 정체성이 현저히 희석되기도 했지만, 근현대에 이를 때까지 요동에는 여전히 요동 특유의 문화가 여러 방면에서 지속적으로 전개되었다.

티베트와 마찬가지로 요동도 현재 독립된 국가를 갖고 있지 못하다. 1912년의 신해혁명으로 중화민국이라는 국가가 중국에서 중국인에 의해 건립된 이후 요동에 중국 국가의 '동북(東北) 3성(省)'이 건립되어 요동 공동체가 중국 국가의 지배를 받게 된 이래로, 요동에서는 다시는 독립된 국가가 건립되지 못했다. 근 1세기에 걸쳐 중국과 통합된 상태에 놓임으로써 요동 공동체의 정체성은 심각하게 훼손되었다. 특히 1949년부터 중화인민공화국의 전체주의적 통치 하에 놓이게 된 뒤로는 언어, 문자, 의식 형태, 습속, 의식주 생활, 정치경제 생활 등 문화의 거의 모든 부문에서 중국과의 융합이 진행되어, 현재는 역사공동체로서의 정체성도 거의 소멸된 상태이다. 그러나 현재 독립된 국가도 없고 별개의 역사공동체도 소멸되었다고 해서 그 역사적 궤적까지 지워지는 것은 아니다. 적어도 전통시대에는 요동에 중국과는 구별되는 별개의 역사공동체가 오랜 기간 존속해 있었고, 요동 공동체가 산생한 일련의 국가들이 요동을 독립적으로 통치하고 있었음은 엄연한 사실이다. 따라서 현재의 상태를 기준으로 과거에 엄존한 독립적 역사공동체를 부정하고 중국의 일개 '변강'으로만 치지하는 것은 객관적 상황을 도외시하고 자기중심적 시각으로만 세계를 보는 협소한 '애국주의'적 사고방식의 표현이라 하지 않을 수 없다.

6. 다양한 역사공동체들에 대한 이해와 통찰

한중 간의 '역사 전쟁' 과정에서 한국의 학계와 언론계가 '고구려사의 중국사 편입'을 규탄하면서 "고구려사는 오로지 한국사의 일부일 뿐이라"고 주장하는 것도 자기중심적 사고방식의 전형적인 표현이라 할 수 있다. 역사가 사물을 형성하는 과정의 서술임을 인정한다면, 고구려 역사가 현재의 한국을 형성하는 과정의 일부였음과 마찬가지로 현재의 중국을 형성하는 과정의 일부일 수도 있다는 사실을 인정할 수 없는 이유가 어디 있겠는가. 고구려사가 중국사인가 한국사인가 하는 문제는 처음부터 논쟁거리가 되지 못한다. 이 문제를 논쟁거리로 삼아서 이른바 '역사 전쟁'을 운운하는 사람들은 고구려사가 한국사의 일부인 동시에 중국사의 일부일 수도 있다는 너무나 당연하고 기초적인 사실로부터 고의적으로 눈을 돌린 것이다. 뿐만 아니라 고구려라는 '국가'와 한국 혹은 중국이라는 '역사공동체'의 개념을 구별하지도 못한 것이다. 이들은 흔히 "고구려는 중국이 아니라 한국이다"라고 하는데, 국가 개념과 역사공동체 개념을 구별하지 못하는 이러한 문장은 논리적으로 성립되지 못한다. 중국 학계의 문장에서도 흔히 발견되는 이러한 무분별은 논쟁의 방향을 처음부터 잘못 설정하게 했다. 만약 고구려가 어느 역사공동체에서 건립된 국가인지 혹은 어느 역사공동체를 지배한 국가인지 하는 문제를 설정한다면, 그 답의 대체는 고구려가 한국의 국가도 아니고 중국의 국가도 아닌 제3의 요동 국가라는 것이다. 보다 엄격하게 표현한다면 고구려가 요동의 동부에서 건립되어 요동의 중심부로 발전한 전기에는 순수한 요동 국가였다고 해야 할 것이고, 고구려가 그 발전의 방향을 남쪽으로 선회하여 평양으로 천도하고, 한강 일대를 점령한 후기에 이르러서는 요동과 한국의 일부를 아울러 지배한 통합 국가로 발전한 것으로 이해할 수 있을 것이다. 따라서 역사 체계적으로 본다면 고구려사는 한국사의 일부일 수도 있고, 중국사의 일부일 수도 있다. 그러나 한국사나 중국사상에서는 주변적 요소에 지나지 않는 데 반해, 요동사상에서는 핵심적 가치와 위상을 갖는다고 할 수 있다. 이처럼 자기중심적 사고를 버리고 세계사적 관점을 견지할 수 있다면 동아시아사, 특히 중국사나 한국사의 역사 체계에 대한 객관적이고 새로운 시각을 확보할 수 있다.

티베트 문제에 대해서도 이러한 관점을 통해 새로운 이해를 얻을 수 있다. 중국인과 티베트인이 벌여온 역사 논쟁 가운데서 가장 첨예한 논쟁의 초점이 된 주제는 전통시대의 최왼=공시 관계에 관한 것이다. 몽원의 대칸과 티베트의 사캬파 고승 사이에 맺어진 이후 근대에 이르기까지 지속되어 온 이 특수한 관계를 거론하면서 티베트 측에서는 티베트와 중국 사이의 수평적·독립적 관계를 강조하고, 중국 측에서는 양자의 수직적·종속적 관계를 주장함으로써 동일한 사실을 전혀 다르게 해석했다. 그러나 한편으로는 양측 모두 국가 개념과 역사공동체 개념을 구별하지 못했다는 점에서는 같은 입장에 서 있었다. 최왼=공시 관계가 가장 강조되었건 시기는 몽원과 사캬파, 만청(滿淸)과 겔룩파 시기였는데, 몽원은 요동의 동호계 역사공동체인 몽고가 세운 통합 국가였고, 만청은 요동의 숙신계 역사공동체인 만주가 세운 통합 국가였다. 따라서 이 두 시기의 중국은 몽원과 만청이라는 요동의 통합 국가에 의해 지배되고 있었다. 그럼에도 불구하고 중국과 티베트 양측 모두는 몽원의 대칸과 사캬파의 고승, 만청의 황제와 겔룩파의 다라이 라마 사이에 맺어진 특수한 최왼=공시 관계를 통해 중국과 티베트의 관계를 규정하려 했다. 국가와 그 국가에 의해 지배되고 있는 일부 역사공동체를 혼동한 것이다. 몽원 대칸과 사캬파 고승 사이의 최원관계를 통해 몽원과 사캬파의 관계, 혹은 몽고와 티베트의 관계를 이해할 수는 있지만 중국과 티베트의 관계를 이해할 수는 없다. 마찬가지로 만청 황제와 겔룩파 고승 사이의 공시관계를 통해 만청과 겔룩파, 혹은 만주와 티베트의 관계를 이해할 수는 있지만 중국과 티베트의 관계를 이해할 수는 없다. 그 이유는 당시 동아시아 세계에는 몽고 혹은 만주와 중국, 티베트 등 서로 다른 독립적 역사공동체가 병존하고 있었기 때문이다.

동아시아에서 서로 다른 여러 역사공동체들이 한 국가에 의해 통합, 지배되는 양상은 이미 오래 전부터 현재에 이르기까지 장기간 지속되어 왔다. 현재의 '중국', 즉 중화인민공화국은 요동과 티베트, 그리고 몽고와 서역, 전검(계), 대만 등 여러 역사공동체를 아울러 지배한 만청의 전통을 그대로 계승하면서 이들 여러 역사공동체들을 '변강'으로 간주하고 있다. 다른 한편으로 현재의 동아시아는 중국과 한국, 일본, 베트남, 몽고 등 5개의 역사공동체만으로 구성되어 있는 것처럼 보이지만, 실제로는 이보다 훨씬 더 많은 역사공동체가 '중국의 변강'이라는 이름 속에 숨겨져 있다. 따라서 중국인들이 '변강'이라 부르는 것의 역사적 실체가 복수의 독립적 역사공동체였음을 통찰하고, 현재의 '중국'이 역사상의 여러 역사공동체 위에 구축된 역사적 허상임을 간파하여 하나의 '중국'을 여러 역사공동체로 해체, 분석하지 않는 한 전통시대 동아시아 세계의 구조적 본질을 정확하게 이해하는 것은 불가능하다 할 것이다.

근대의 국경, 역사의 변경

엮은이 | 임지현
기획 | 비교문화역사문화연구소

1판 1쇄 발행일 2004년 10월 4일
1판 2쇄 발행일 2018년 11월 26일

발행인 | 김학원
편집주간 | 김민기 황서현
기획 | 문성환 박상경 임은선 김보희 최윤영 전두현 최인영 정민애 이문경 임재희 이효온
디자인 | 김태형 유주현 구현석 박인규 한예슬
마케팅 | 김창규 김한밀 윤민영 김규빈 송희진
저자·독자 서비스 | 조다영 윤경희 이현주 이령은(humanist@humanistbooks.com)
조판 | 홍영사
제작 | (주)이펙피앤피

발행처 | (주)휴머니스트 출판그룹
출판등록 제313-2007-000007호(2007년 1월 5일)
주소 | (121-869) 서울시 마포구 동교로23길 76(연남동)
전화 | 02-335-4422 팩스 | 02-334-3427
홈페이지 | www.humanistbooks.com

ⓒ 비교역사문화연구소, 2004

ISBN 978-89-5862-014-3 03900

만든 사람들

기획 | 선완규
편집 | 박민애
디자인 | 이준용
문의 | 전두현(jdh2001@humanistbooks.com)

- 이 책은 저작권법에 따라 보호받는 저작물이므로 무단 전재와 무단 복제를 금합니다.
- 이 책의 전부 또는 일부를 이용하려면 반드시 저자와 (주)휴머니스트 출판그룹의 동의를 받아야 합니다.